핸즈커피 이야기

===o○

——✖

진정성과 성실함으로 나누는 소중한 경험

먼저 읽는 분들에게 죄송하다는 말씀부터 전합니다. 원래 추천사는 책의 내용
에 대해 잘 알고 있는 전문가가 하는 것이 관례입니다. 하지만 솔직히 고백하
는데 저는 경영이나 프랜차이즈 사업에 문외한입니다. 그래서 진경도 대표로
부터 책의 추천사를 써달라는 부탁을 받고 제일 먼저 받은 느낌은 당혹스러움
이었습니다.

이 책은 진경도 대표가 자신의 삶을 바쳐 이룩한 핸즈커피 프랜차이즈 사업
의 경영철학과 방식을, 앞으로 경영자의 길을 가려는 사업가 후배들에게 알려
주는 내용입니다. 저는 한평생 심리학과 상담을 공부해 온 학자로서 사업체 경영

에 대한 지식과 경험이 전혀 없기에 과연 추천서를 쓸 자격이 있는지 염려가 되었습니다. 혹시라도 경영의 문외한이 추천사를 써서 진경도 대표의 진심이 왜곡되거나 방해되는 일이 있을지 모른다는 생각에 두렵기까지 했습니다.

하지만 진경도 대표 역시 제가 경영 분야에 대해 문외한이라는 것을 알고 있습니다. 따라서 자신이 이 책을 통해 전하려는 경영에 관한 내용이 옳다는 것을, 제가 보증해 주기 바라는 것이 아니라는 사실 때문에 이 추천서를 쓸 용기가 났습니다. 그래서 제가 경험한 진경도 대표의 인간적인 면을 이야기하기로 마음먹었습니다.

진경도 대표를 처음 만난 때는 오래전이라 정확히 기억나지 않을 정도입니다. 하지만 처음 만난 장면은 지금도 선명합니다. 제가 기독교 계통 교육기관에서 심리학에 대해 일주일 동안 여름방학 특강을 할 때였습니다. 30대 부부가 첫 시간부터 맨 앞자리에서 너무나 열심히 강의를 들었습니다. 쉬는 시간에 서로 가벼운 대화를 나누면서 무엇을 하는 분들인지 물었습니다. 그랬더니 지금은 커피 관련 사업을 준비하기 위해 잠깐 쉬고 있다고 대답했습니다. 그래서 제가 커피를 무척 좋아한다고 말했더니 앞으로 사업을 시작하면 커피를 보내주겠다고 말했습니다. 그때 조금 의아했던 기억이 납니다.

"어떤 삶의 목표를 가지고 또 그걸 이룰 자신이 있으면 삼십 넘은 나이에 부부가 심리학 강의를 열심히 들을 수 있을까요?"

시간이 한참 흘러 그 만남을 잊고 있었는데 어느 날 집으로 커피가 배달됐습니다. 의아해하면서 포장을 뜯으니 '핸즈커피'라고 쓰여 있었습니다. 진경도 대표 내외가 농담 삼아 주고받은 약속을 잊지 않고 커피 관련 사업을 하자 약속을 지킨 것입니다. 그 이후로 지금까지 거의 매달 핸즈커피가 집으로 정확히 배달되고 있습니다. 이 일화를 소개하는 것은 진경도 대표가 어떤 분인지를 잘 보여주기 때문입니다.

그 후 대구를 방문하여 핸즈커피 본사 직원들에게 의사소통 교육을 했고, 직영 매장에 가서 커피를 마시면서 진경도 대표와 그 부인의 경영 철학을 직접 들을 기회가 있었습니다. 그 두 분은 단지 돈을 벌기 위한 목적이 아니라 '더 큰 삶의 목표를 이루기 위해 사업을 하고 있구나'라고 확신했습니다. 그리고 커피 관련 사업은 그 목표를 이루는 중요한 수단인 것도 그때 알았습니다. 그 삶의 목표 중 하나는 커피 사업을 하려는 분들에게 자신들의 경험과 철학을 알려주어 성공하도록 진심으로 돕는 것이었습니다. 저는 이 책을 읽는 이들이 단지 커피 사업 한 분야에 관한 내용뿐만 아니라, 중요한 삶의 목표를 이루기 위해 열심히 살고 있는 진경도 대표의 진정성과 성실함, 그리고 소중한 경험을 기꺼이 나누려는 배려로 읽기를 바랍니다.

왜냐하면 어느 특정 분야의 경영철학과 이 철학을 구현하는 현실적인 방법은 한 분야에 국한되는 것이 아니라 보편적이라고 저는 믿고 있기 때문입니다.

한성열 | 고려대 심리학부 명예교수 | 상담목회 아카데미 <예상> 원장

핸즈커피의 꿈과 함께

"하나님은 당신의 놀라운 선물인 '커피'를 많은 사람이 누릴 수 있도록 해 줄 사람을 찾고 있지 않을까요?"

2006년 스페셜티 핸드드립 커피 프랜차이즈를 하고 싶다며 저를 찾아온 진경도 대표가 제게 한 말입니다. 저는 이러한 하나님의 마음이 핸즈커피의 꿈이라고 생각합니다.

1991년 패션 회사에서 만나, 30년이 넘는 시간을 동행하며 삶을 나누었는데, 저는 이 책을 읽으며 그의 삶을 다시 보았습니다. 이 책은 진경도 대표의 모든 경험과 지식을 실제 사례와 함께 정말 아낌없이 소개하고 있습니다. 창업을 준비하거나 프랜차이즈 사업을 하려는 분들에게 크나큰 도움이 되리라 확신하고, 경영서만 아니라 인생서로 많은 이들이 꼭 읽어보기를 권합니다.

이광일

프랜차이즈 경영의 노하우

저의 모비브 강의를 듣기 위해 대구에서 서울을 12주 동안 한번도 빠짐없이 참석한 진경도 대표가 어느 날 조심스레 본인의 컬럼을 몇 편 보여주었습니다. 현장에서 부딪치는 문제와 지혜로운 해결 과정이 깨알같이 상세하고 진솔하게 적혀 있더군요. 사업을 키우고자 하는 분들이라면 꼭 읽어야 할 내용이어서 출판을 강권하였습니다.

프랜차이즈의 꿈을 가진 분들을 많이 봅니다. 그러나 그 꿈을 이룬 분은 극히 적습니다. 이 책은 돈을 다루는 방식과 사람을 대하는 마음가짐에서부터 시스템화에 이르기까지 본인의 경험에서 스며 나온 프랜차이즈 경영의 노하우를 가감 없이 공개하고 있습니다.

장사와 사업이 다르다는 말을 많이 합니다만, 어떻게 사업화해야 할지 막연합니다. 더구나 직영과 프랜차이즈는 게임 방식이 전혀 다릅니다. 궁금하신 분들은 꼭 읽어 보시길 강력히 추천합니다.

홍성태 | 한양대 명예교수 | 모비브 대표교수 | 『브랜드로 남는다는 것』 저자

―――✖

위대한 사업을 일구려는 이들에게

요즘 가치와 명분, 그리고 사명으로 비즈니스를 하는 분들이 많습니다. 그들은 비즈니스를 통해 종업원, 고객, 그리고 세상을 섬기는 숭고한 사역을 하고 있습니다. 이 책은 바로 그런 이들이 경영에서 진정성, 투명성, 책임성, 그리고 배려와 신뢰를 어떻게 구현할 수 있는가를 구체적으로 제시하고 있습니다.

특히 비즈니스의 기본인 꼼꼼한 회계 관리와 메뉴얼 경영을 통한 시스템 구축을 강조하고 있습니다. 선하고 좋은 뜻으로 비즈니스 하는 것도 중요하지만, 사업은 치밀한 준비가 필요합니다. 기본적인 비즈니스 역량의 토대 위에서, 위대한 사업을 일구려는 이들에게 일독을 권합니다.

박철 | 고려대학교 융합경영학부 교수 | 한국마케팅학회 회장 | 전 기독경영연구원장

──�

특별함과 독특함을 찾고 싶은 사업가라면

이 책은 요즘 말로 어마무시합니다. 어떤 분야든 브랜딩은 나음보다 '다름', 다름보다 '다움'을 추구하는 과정에서 솟는 특별함과 독특함일텐데, 이 책에는 저자가 커피 사업을 하면서 일군 특별함이 알록달록하게 담겼고, 핸즈커피라는 브랜드가 가진 독특함이 영롱하게 빛납니다.

　이 책은 사업을 시작하고 싶은 'MZ세대'나 가게 하나 반듯하게 세우고 장사에서 사업으로 전환을 궁리하는 '사장님'이 꼭 읽으면 좋겠습니다. 술술 읽히는 내용의 행간에는 살 떨리는 사업 '풍경'이 훤히 보이고 목차마다 꾹꾹 눌러 담은 사업가 '다운' 지혜는 천금마냥 소중하고 묵직합니다.

조기성 | 지큐레이션 대표

핸즈커피 이야기 to $\frac{1}{160}$

진경도 지음

비즈니스의 좋은 멘토와 리더를 만났습니다

거절할 권리를 포기하지 마세요

로컬 브랜드local brand 지원사업을 진행 중인 어느 단체에서 지원 대상 기업 대표들에게 하루 시간을 내어 상담을 해 달라는 요청을 해 왔습니다. 그래서 만난 로컬 브랜드 대표들 중 한 분은 연세 많은 여성 대표님이었습니다. 그런데 그분의 표정이 그리 밝지 않았습니다. 지난 세월 '내 아이에게 먹인다'라는 마음으로 수제 양갱羊羹 만들기에만 전념했는데, 지원사업에 선정된 후 연결된 서울의 브랜딩 파트너사와 일하는 게 생각보다 너무 힘들다는 게 이유였습니다.

제가 '브랜딩 회사와 어떤 부분에서 어려우신가요?' 물었더니 브랜딩 회사가 제시하는 방향과 자신이 원하는 콘셉트가 다른데 서울에서 부산까지 오게 하는 것도 죄송하고 워낙 유명한 회사라 브랜딩에 대해 아무것도 모르는 제가 맘에 든다 안든다 말하는 것도 너무 죄송한 상황이라고 했습니다. 그래서 제가 이렇게 말했습니다.

"대표님, 아무리 지원사업이라도 대표님이 거절할 권리를 포기하셔서는 안되죠. 지원사업 주최 측에서도 그걸 원하지는 않을 겁니다. 그러니 맘에 안 드는 부분이 있다면 맘에 안 든다고 말씀하세요. 그러면 브랜딩 파트너사도 좋아할 거고, 결국 더 좋은 결과가 나올 겁니다. 제 말을 믿으시고 나는 생각이 다르다고 말씀해 보세요."

그 말을 들은 로컬 브랜드 대표님이 눈물을 글썽이며 '그래도 될까요?'라고 했습니다.

몇 달 후, 새로운 콘셉트로 리뉴얼한 브랜드 모델 숍을 오픈한다는 소식을 듣고 마음 한켠 어떤 결과가 나왔을까 염려와 기대하는 마음으로 매장을 방문했습니다.

문 앞에서 만난 대표님이 저를 반갑게 맞으며 환하게 웃었습니다. 그 얼굴이 너무 아름다웠습니다. 너무 멋진 가게가 완성되었고 새로운 심벌 로고와 브랜드 톤 앤 무드가 너무 맘에 든다고 말했습니다. 제가 봐도 완성도 면에서 예전과는 차원이 다른 브랜드가 되었다 싶었습니다.

경영은 흐르는 강물 위에 배를 띄우는 것과 같습니다. 흐르는 강물은 시장이고 배는 기업입니다. 그 기업을 운영하는 수단은 노櫓인데 노의 기능이 바로 거절입니다. 경영자와 관리자는 흐르는 물에 배를 맡겨 자연스럽게 흘러가게 하기도 하지만 노를 사용해 흐르는 물을 거스르기도 하고 암초와 장애를 비켜 가기도 해야 합니다. 결국 경영자는 승인권자가 아니라 거절권자입니다.

거절의 권한을 가장 잘못 사용하는 방법은 자신에게 주어진 거절의 권한을 포기하는 것입니다. 거절의 권한을 가벼이 여겨 직원이나 제삼자에게 넘기는 사람은, 처음에는 어떨지 모르지만 결국 리더십을 잃게 될 것입니다. 가장 안타까운 리더는 '그래 네게 권한을 줄테니 한번 잘 해봐라'라고 말하면서 거절의 의무를 포기하는 사람입니다. 잘못 될지 잘 될지 확신이 없을 때 그 권한을 타인에게 넘기면 그것은 자신이 리더임을 스스로 포기하는 것입니다.

———✄

나는 리더를 찾아 떠난다

저는 대학에서 경제학을 전공했는데, 누가 봐도 공부를 열심히 했기 때문에 다들 제가 금융권으로 가거나 대학원으로 진학하여 학자가 되리라 생각했나 봅니다. 제가 모 패션 회사에 취직해서 전공과 전혀 관련이 없어 보이는 옷 만드는 일을 하자, 후배들이 '형은 왜 그 회사에 들어갔어요?'

라고 물었습니다. 그때 저는 '리더를 찾아 떠난다'라고 답했습니다. 얼떨결에 한 대답이었지만 그 말에는 제 진심이 담겼습니다.

첫 직장에서 만난 멘토는 지난 30년간 제 인생의 동반자가 되어 본인이 가진 모든 경험과 경영 지식을 아낌없이 나누어 주었습니다. 핸즈커피를 창업할 때 프랜차이즈 사업에 대해 무지했던 저는 하나부터 열까지 수많은 질문과 고민을 안고 보름에 한 번꼴로 서울과 대구를 오가며 멘토를 만났습니다. 프랜차이즈 사업이 커지고 비즈니스가 복잡해지면서, 그룹사에서 인사와 브랜드 경영을 책임지고 있던 멘토의 조언은 저에게 매번 보석같이 귀한 통찰을 일깨워 주었습니다.

첫 직장에서 3년 근무하고 아버님이 경영하던 건설회사 기획실장으로 자리를 옮겼는데, 저는 그곳에서 경영자인 아버지가 어떤 분인지 새롭게 발견했습니다. 그는 치밀하고 집요한 분이었습니다. 뭐든지 공부하고 노력하면 해 낼 수 있다는 생각으로 가득한 분이었죠. 저는 아버지가 돌아가시고 유품 중에 딱 하나, 아버지가 매일 쓰던 노트를 제 것으로 만들었습니다. 매일의 업무 내용과 회계 데이터들이 빼곡히 적힌 노트를 들여다보면 지금도 옆방에 아버지가 계신 듯 그때가 떠 오릅니다.

아버지가 돌아가시고 몇 년이 지나지 않아 저는 재정적으로 어려워졌습니다. 아내는 저의 손을 잡고 시내 서점으로 가서 제가 책을 통해 새로운 길을 볼 수 있도록 도와주었습니다. 함께 책을 읽고 생각을 나누던 어느 날, 아내가 서울에서 열리는 강좌를 한번 들어보자고 했습니다. 말이 강좌지 2년 코스의 아카데미였죠. 그곳에서 우리는 다시 좋은 리더를 만났습니다. 1년 남짓 그의 심리학 강의를 들으며 우리는 사람을 조금 이해할 수 있게 되었습니다. 어쩌면 제 비즈니스는 그에게 심리학을 배우기 전과 후로 나뉜다 해야 할 정도로 배움이 컸습니다. 그렇게, 제 비즈니스 여정에는 늘 좋은 리더가 함께하고 있었습니다. 그들은 자신이 가진 지혜와 지식을 아낌없이 나누어 주었고, 어떤 보상도 요구하지 않았으며, 저희 성장과 성공을 축복했습니다.

저를 찾는 이들은 대개 소상공인입니다. 그들은 인사관리는 어떻게 해야 하는지, 필요한 자금은 어떻게 동원하는지, 경영은 어떻게 하고 매뉴얼은 어떻게 만드는지 묻습니다. 창업하고 몇 년 동안 장사를 잘했는데 다음 단계에서 무엇을 어떻게 해야 하는지 배울 곳이 없다고들 하지요. 저는 경영학자도 컨설턴트도 아니기에 제가 경험했던 일과 리더들에게 배운 교훈, 그동안 시도했던 방법을 들려주었습니다. 저에게는 가벼운 대화였는데 제 이야기가 도움이 되었다고 합니다. 시간이 흐를수록 더 많은 이들을 만났고 그 만남을 통해 그들에게 도움을 줄 수 있는 경험과 지식이 제게 있다는 사실을 알게 되었습니다.

사업을 시작한 후 제가 만났던 멘토와 리더들이 없었다면 지금의 '핸즈커피'는 없었겠지요. 그들에게 값없이 받은 것처럼, 저와 비슷한 고민을 하는 이들에게 저의 이야기를 차분히 들려주고 싶습니다.

차례

VALUE

2   가치가 먼저입니다

LANGUAGE

3   회계는 비즈니스 언어입니다

MANUAL

4 매뉴얼이 시스템을 만듭니다

PERSON

1 | 사람이 중요합니다

01 A급 가맹주를 찾으세요

우리는 아직 B급, 아니 C급 브랜드도 안되는 신생 브랜드인데, 만약 A급 매장주가 우리 가맹점의 주인이 된다면, 우리는 곧 A급 브랜드가 될 수도 있을 것이다. 만약 B급, C급 매장주가 가맹점을 운영하면, 비록 우리가 A급 브랜드라 하더라도 곧 B급, C급 브랜드로 전락할 수밖에 없다. 그래, 브랜드보다 더 중요한 것이 매장주다.

안녕하세요, 맛있는 핸즈커피입니다

2020년 3월 어느 날 주말에 아내와 함께 시내로 나가 H 백화점 지하 주차장에 차를 세워 두고 걸어서 인근에 있는 핸즈커피 반월당점을 향해 발걸음을 옮겼습니다. 핸즈커피 반월당점은 2007년 10월에 오픈해서 지금까지 13년째 운영 중인 자랑스러운 매장 중 하나입니다. 처음에는 8.5평 소형 매장으로 시작해, 5년 재계약 시점에 15평으로 늘렸다가, 이번에 6평 정도를 더 확장했습니다.

한국에서 가장 먼저 코로나19 감염자가 나와 세간의 주목을 받았던 대구 시내는 일요일인데도 마치 지구 멸망을 다루는 영화의 한 장면처럼 사람들의 흔적을 찾을 수 없었습니다. 대구에서 가장 많은 사람이 이동하는 반월당 거리에는 마스크를 착용한 몇몇 사람들만 눈에 띄었습니다. 가게로 가는 내내 리뉴얼 오픈 첫날인 반월당점이 걱정되었습니다.

하지만 매장 입구에 도착하자 가게가 주는 느낌 덕분에 걱정이 사라졌습니다. 13년 전 이런 가게를 만들었다는 게 참 자랑스러워지는 순간이었습니다. 지금이라도 길을 가다가 이런 카페를 만나면 행복할 것 같은 매장입니다. 이 매장을 운영하고 계신 점주님은 핸즈커피가 말하는 진짜 A급 매장주입니다. 10년 이상 한 장소에서 비즈니스를 한다는 것은 장사만 잘된다고 가능한 것이 아닙니다. A급 매장주가 되려면, 놀라운 끈기와 전문성, 자신의 비즈니스에 대한 남다른 철학을 가져야 합니다. 지난 13년간 이 공간을 한결같이 지켜주고 계신 우리 점주님의 얼굴을 얼른 보고싶어졌습니다. 문에 들어서자, 직원들의 밝은 인사가 귀를 울렸습니다.

"안녕하세요, 맛있는 핸즈커피입니다."

핸즈커피 초기 매장의 콘셉트인 '수백 년간 커피 사업을 해 온 커피 명문가를 방문한 듯한 분위기'를 그대로 살려 리뉴얼한 핸즈커피 반월당점 매장에 앉으니까 13년 전 핸즈커피를 처음 시작했던 때가 떠올랐습니다.

저는 2006년 8월 말, 프랜차이즈 사업을 하기로 결심하고 2개의 직영점을 오픈했습니다. 23평 남짓했던 첫 번째 매장은 콘셉트 없이 그저 손가는 데로 만들었습니다. 두 번째 매장은 브랜드답게 만들겠다는 부담 탓에, 18평 규모의 조그마한 매장 하나를 만드는 데 2개월이 걸렸습니다. 크리스마스와 겨울을 지나 다음 해 5월까지 7개월 동안 매출과 투자 타당성에 대한 데이터를 수집했지요. 잘 팔리는 메뉴와 매출이 높은 요일, 손님이 몰리는 시간대, 재료 비율과 인건비 비율, 적정 임대 비율 등을 파악했습니다. 이 정도면 가맹점을 내줘도 욕은 얻어먹지 않겠다고 생각할 즈음 가맹 사업을 시작했습니다.

가맹 사업을 결심한 후 제일 먼저, 1991년 저의 첫 직장 E 그룹에서 만나 지금까지 저를 멘토링해 주는 멘토를 찾아가 조언을 구했습니다. 멘토는 저에게 제일 먼저 '수익을 투자해서 가게를 오픈하는 사람들이 진 사장이 만든 브랜드로 인해 행복하도록 해줘야 합니다. 그들은 커피와 자영업에 대한 경험이 없기 때문에 핸즈커피라는 브랜드를 선택했습니다. 그래서 그들이 행복한지 불행한지는 거의 가맹 본부의 역할에 달렸어요'라는 무서운 이야기를 들려주었습니다. 그리고 '그들에게도 가맹 본부의 역할과 역량이 중요하듯이, 가맹 본부 입장에서도 점주의 역할과 자질이 너무너무 중요하다는 것을 잊으면 안 됩니다'라고 했습니다. 매장주를 잘 선택해야 건강한 브랜드가 될 수 있다고 이야기해 주시던 그날, 저의 마음에 담긴 한 문장은 'A급 매장주를 모셔야 한다'라는 말이었습니다.

아직 브랜드 인지도나 사람의 이목을 끌만한 홍보 능력이 없는 우리가, 단지 2개의 매장에서 불과 7개월 정도 검증해 봤다고, 누구나 이렇게 하면 어디서나 장사가 잘될 것으로 생각하는 것은, 브랜드를 만드는 사람의 전형적인 착각입니다. 왜 브랜드가 되고, 왜 장사가 잘되는지, 브랜드를 만든 자신도 정작 모르고 있을 때 하는 생각입니다. 브랜드를 만들 때 전문가들은 동일한 공간 콘셉트로 동일한 Q·S·C (Quality·Service·Cleanliness)를 제공하면 같은 성과를 올릴 것이라고 기대하지만, 정작 그렇게 오픈해도 47% 가 1년 안에 문을 닫는다고 합니다.[1] '나는 다르다. 이번에는 다르다. 우리는 다르다'라고 생각하는 것은 '거대한 착각'입니다. 저는 깊게 생각했습니다.

"우리는 아직 B급, 아니 C급 브랜드도 안되는 신생 브랜드인데, 만약 A급 매장주가 우리 가맹점의 주인이 된다면, 우리는 곧 A급 브랜드가 될 수도 있을 것이다. 만약 B급, C급 매장주가 가맹점을 운영하면, 비록 우리가 A급 브랜드라 하더라도 곧 B급, C급 브랜드로 전락할 수밖에 없다. 그래, 브랜드보다 더 중요한 것이 매장주다."

결론적으로 핸즈커피는 지역에서 자본도, 경험도, 조직도, 시스템도 부족한 상황에서 A급 매장주를 모셔야 한다는 한 가지 소신만 가지고, 오늘날 국내 100여 개, 중국에 20여 개의 가맹점을 운영하는 브랜드로 성장했습니다. 제 책상 회전의자를 돌려, 뒤편 책장에 일렬로 정리해 둔 가맹점 계약 파일을 보면 오픈한지 10년 넘은 매장들이 눈에 들어옵니다. 진열된 파

---

1   〈가맹업계의 갈등, 상생협력을 위한 방안은?〉| 한국개발연구원(KDI) | 2019. 3. 26

일들 위로, 저와의 첫 만남부터 오늘까지 커피에 대한 첫사랑을 버리지 않고, 끊임없이 자신을 갖추어 온 자랑스러운 점주님들의 얼굴이 겹칩니다.

"그럼 A급 매장주는 도대체 어떤 분들인가요?"

"제가 U 브랜드를 경영할 때 생각했던 A급 매장주의 정의가 있긴 하지만, 핸즈커피의 A급 매장주는 진 사장이 정리해야 하지 않을까요?"

이 글을 읽는 사람들도 'A급 매장주의 정의'를 상세하게 정리해 가져가고 싶을 것입니다. 하지만 그건 소용없는 일입니다. 모든 브랜드 창업자는 스스로 A급 매장주의 요건과 특징을 연구하고 정의해야 합니다. 간략하게 핸즈커피가 가진 A급 매장주의 정의를 말하자면 F·A·T (Faithful ·Available·Teachable) [2]로 말할 수 있습니다. 이 기준은 기업의 인사에서도 유용합니다.

첫 번째, A급 매장주는 가장 먼저 충성스러운 사람입니다. 자신이 하는 일에 한결같다는 뜻입니다. 메뉴에서도, 청결에서도, 서비스에서도 어느 것에나 한결같아야 합니다. 그래야 직원이 따르고, 고객이 신뢰합니다. 돈을 벌고 점주가 없어도 매장이 잘 돌아가면, 그때부터 편함을 추구하는

---

2 『인재경영의 법칙』(존 C. 맥스웰 | 비전과리더십 | 2003) 이 책에서 존 맥스웰은 "리더형 인재는 탁월한 F·A·T를 가지고 있다."고 했다.

점주가 많은데, 그런 매장이 한순간에 무너지는 것을 저는 여러 번 봤습니다.

체인 본부를 운영하면서 제일 난감한 일은, 예비 가맹점주가 창업을 재테크 정도로 생각하는 경우입니다. 이런 분들에게 원칙적으로는 가맹점을 내주면 안 되지만, 체인 본부 대표로서 솔직히 고민이 됩니다. 매장을 확장해야 본부가 돈을 벌고 시도하고 싶은 일을 할 수 있기 때문이지요. 그런 분들은 장사가 잘되면 매장 하나 더 오픈할 수도 있고, 주변에 돈 좀 있는 친구들도 많습니다. 하지만 그런 분들은 대부분 손가락 하나 까딱하지 않고, 자신이 살아온 방식대로 자존심을 내세우면서 체인 본부 직원들과 매장 직원들, 고객들을 대할 가능성이 큰 분들입니다. 경험도 없으면서 그다지 노력도 안 하고 수익성에만 관심을 가집니다. 잘하실 수 있겠냐고 질문하면 자신은 잘할 수 있다고 말하지만, 막상 매장을 오픈하고 나면 평소 태도가 비즈니스 가운데 자연스럽게 드러납니다. 이런 예비 창업자들은 카페 창업보다는 다른 재테크 수단을 찾는 것이 낫겠다고 이야기 해줘야 합니다. 오히려 창업 자금이 조금 부족해서 의자, 탁자 가격 하나까지 조율해서 어렵게 오픈하는 생계형 창업자가 더 충성스러운 점주가 됩니다. 돈을 벌지 않으면 안 되는 갈급함을 넘어서는 동기가 그들에게 있기 때문입니다. 그런 한결같음이 바로 충성스러움입니다.

두 번째, A급 매장주는 신체적, 정신적, 환경적으로 커피 '비즈니스에 적합한' 사람입니다. 아무리 학력 좋고 탁월한 사람도, 현재 가정 사정이나 건강 상태가 적합한 상황이 아니면 경영을 잘하기 어렵습니다. '간절히 원하면 온 우주가 돕는다'라는 말이 있는데, 비즈니스는 그렇지 않습니다. 보통 창업을 계획하면 가족도, 친구도, 친지도, 스승도 반대합니다. 준비 과정에 만나는 현실은 훨씬 험난합니다. 따라서, 성공적인 비즈니스가 되기 위해서는, 예비 창업자가 우선 육체적으로 건강하고, 정신적으로 밝아야 합니다.

이혼 과정에 있거나 가정불화가 진행 중인 상태, 돌봐야 할 어린아이를 둔 여성은 적합한 상황이 아닙니다. 보건 위생상 건강의 문제가 되는 경우도 확인해야 합니다. 지적 능력 또한 중요합니다. 왜냐하면 가맹점주는 누군가의 리더와 보스이기 때문입니다.

창업 상담을 하면 예비 가맹점주 중에 적합하지 않은 분들이 너무 많습니다. 모두 도움을 드리고 싶지만, 그것은 우리가 할 수 있는 영역이 아니죠. 사회봉사 단체나 국가가 감당해야 할 서비스의 영역이지 비즈니스의 영역은 아닙니다. 저는 예비 가맹점주가 적합한 상황인지 이해하려고 많은 상담 기법을 활용했고, 충분히 대화하려고 많은 시간을 투자했습니다.

세 번째, A급 매장주는 '배우려는 마음'을 가진 사람입니다. 사람들은 커피 비즈니스를 누구나 쉽게 창업할 수 있는 아이템으로 생각하는 경향이 있습니다. 상대적으로 배워야 할 지식이 많지 않고 시스템이 잘 갖추어진 아이템이라 그렇게 생각할 수도 있습니다. 하지만 창업 시장에서 경쟁이 가장 치열한 곳이 커피 시장입니다. 1년 이내에 망할 확률이 35%, 5년 이내에 망할 확률이 71%인 시장[3]에서 충분히 준비하지 않고 살아남는 것은 거의 불가능에 가까운 일입니다. 자고 일어나면 3차, 4차, 6차 산업으로 변화하는 비즈니스 세상에서 끊임없이 공부하지 않으면서 경쟁력을 유지하기는 어렵습니다. '배우려는 마음'은 너무 중요한 A급 매장주의 자질입니다. 시장이 계속 움직이기 때문에 본부의 메뉴 레시피가 변하고, 핸드드립 추출 기준도 달라집니다. 가격 정책도, 결제 시스템도 수시로 변합니다. 그래야 살아남고 경쟁력을 유지할 수 있습니다.

돌아보면 이런 분들을 만나는 것은 쉬운 일이 아니었습니다. 돈만 있는 사람, 의욕만 있는 사람, 의도만 좋은 사람이 대부분이었고, 진짜 A급 매장주라고 판단할 수 있는 사람은 30%가 채 되지 않았습니다. 30%도 우리는 같이 해 보고 싶은데, 그분들이 핸즈커피를 선택하지 않는 경우가 절반이 넘었습니다. 그래서 초기 창업 상담 노트를 보면 10명 정도 창업 상담해서 겨우 한 명 정도가 핸즈커피 가맹점주가 되었습니다.

저는 가맹 사업 초기 A급 매장주를 모시려고, 제일 먼저 모든 예비 가맹점주를 직접 만나 두세 시간씩 대화하는 시간을 가진 후, 이분이 A급 가맹점주가 될 수 있는 분인지 분별하는 시간을 가졌습니다.

창업 상담일 2~3일 후 인터뷰 결과를 통보했는데, 그때 문자 내용은 아래와 같습니다.

---

3 〈2018년 기준 기업 생멸 행정 통계〉| 통계청

"○○○님, 핸즈커피 창업에 관심을 가져 주셔서 감사드립니다. 핸즈커피는 귀하를 핸즈커피의 자랑스러운 점주님으로 모시기로 결정하였습니다. 이제 ○○○님이 핸즈커피를 선택해 주시면 한 가족이 되었다는 마음으로 최선을 다해 핸즈커피 오픈을 도울 것입니다. 연락 기다리겠습니다. 감사합니다."

초기 20호점까지 오픈한 핸즈커피 매장주 중에는 지금도 한결같이 자신을 갖추어 가며 배우는 자의 자세로 현장에서 일하고 계신 A급 매장주가 네 분이나 있습니다. 서두에 언급한 반월당점 점주님도 그중에 한 분이죠. 이런 분들 덕에 오늘까지 한국과 중국에 180여 개의 매장을 오픈했고, 2018년 핸즈커피는, 커피 프랜차이즈 최초로 중소기업청 인증 '우수 프랜차이즈 명예의 전당 헌정'이 되었습니다.

맥도날드 창업자 레이 크록이 자신의 책 『사업을 한다는 것』에서 한 말이 기억납니다.

"우리는 소규모 자영업자들로 이루어진 조직이다. 우리가 가맹점주와 공정한 계약을 맺고 그들이 돈을 벌도록 도와준다면 우리도 충분한 보상을 받게 된다."

무명의 브랜드가 A급 브랜드로 성장하기 위해서는 꼭 A급 매장주를 모시는 기술과 시스템부터 준비해야 합니다.

02   만장일치가 될 때까지 기다립니다

하나의 브랜드가 그냥 만들어지는 일은 없습니다. 다수가 동일한 가치와 시스템으로 운영되기 위해서는 누군가의 희생과 포기가 필요합니다. 결국, 오늘의 핸즈커피는 이런 아픔의 생채기가 고스란히 흔적으로 남아 독특하고 아름다운 모습의 브랜드가 되었습니다. 만장일치가 될 때까지 기다릴 줄 아는 사람들과 전체를 위해 자신의 주장을 내려놓을 줄 아는 사람들은 '멀리 가려면 함께 가라'는 진리를 아는 사람들입니다.

대구에 22개만 오픈하겠다

커피 프랜차이즈 사업을 시작하면서 저는 지도를 펴 놓고 대구에 몇 군데 정도 입점할 수 있을지 숫자를 세어봤습니다. 아무리 많이 넣어도 스물두 개 이상은 못 넣겠다는 생각이 들었죠. 초기 가맹 점주 미팅에서 자주 대구에 스물두 개 정도 넣고 다른 지역으로 확장해 갈 것이라는 계획을 이야기했습니다. 경험 부족에서 나온 근시안적인 생각이었습니다. 1호점을 오픈하고 2년이 채 안 되어서 대구에만 20호점을 넘기자, 점주들 사이에 불만과 걱정의 소리가 나왔습니다. 당시 오픈을 위해 공사 중인 매장이 2개 더 있었으니 술렁일 만한 상황이었습니다. 점주 몇몇이 전화가 와서 '벌써 스물두 개를 다 채웠는데 어떻게 할 거냐? 점주들과의 약속을 지켜라! 당신을 믿고 투자했는데 약속을 지켜 주길 바란다' 등의 말을 했습니다.

제가 어리석었다는 생각이 들었지만 뱉은 말을 지키는 것이 비즈니스의 기본이니 나 몰라라 하고 지나갈 상황이 아니었지요. 급히 전체 가맹점주 모임을 소집했습니다. 사안이 중요해서인지 한 분도 빠짐없이 다 모였습니다. 이 일을 계기로 가맹점주 정기 모임이 시작되었고 매년 3월 전체 가맹점주 모임을 진행합니다.

1시간 넘게 열띤 토론을 진행했고, 저는 날카로운 언어들의 칼날에 만신창이가 되었습니다. 잠시 정회를 선언하고 생각을 정리했습니다. 그때 제 욕심으로 사람들을 설득하려고 해서는 안 되겠다는 생각이 들었습니다. 점주들에게 돌아가 "여러분들이 충분히 생각하고 토론하신 후 대구에서 더 이상 매장을 전개하지 말라는 결론을 내리시면 저는 그 결정을 따르겠습니다. 오늘 충분히 의논하시고 이야기해 주십시오. 약속을 지키겠습니다." 라고 말했습니다. 이후 속회된 토론에서 대구에서 더 이상 매장이 늘어나서는 안 된다는 점주들과 오히려 더 늘려야 한다는 점주들의 의견이서로 대립했습니다.

"다른 브랜드가 내 가게 주변에 들어오는 건 괜찮다. 그런데 같은 핸즈커피가 내 가게 근처에 들어오는 건 치명적이다."

"본부가 돈을 벌었으니 이제 본부 직영점을 곳곳에 세울 수 있다. 그러면 장사 잘되는 매장 근처에 대형 직영 매장을 넣을 것 아닌가? 그러니

더는 매장을 확장하지 못하게 하는 것이 안전한 방법이다."

"도시의 특성상 새로운 상권이 계속 생겨난다. 그런 곳에 매장을 못 넣게 되면 결국 핸즈커피의 브랜드 위상이 떨어질 것이다."

생각의 간격이 좁혀질 것 같지 않던 순간, 갑자기 D점 점주님이 일어나 자신의 의견을 말하기 시작했습니다. 그분은 토론 내내 경청만 하던 분이었습니다.

"진 사장도 프랜차이즈 사업에서 초짜이고, 여러분들도 프랜차이즈 사업을 처음 하시는 거니까 제가 한 말씀 드리겠습니다. 참고로 저는 닭집도 해 봤고, 김밥집도 해 봤고, 핸즈커피를 운영하면서 지금도 김밥집 2군데를 운영 중입니다. 이런 체인 본부는 없어요. 누가 이런 일 가지고 점주들과 의논하느냐 말이에요. 체인 본부 사장이 가맹점주와 이런 의논을 하는건 본 적도 없고 들은 적도 없어요. 계약서에 대구에서 스물두 개만 전개하겠다고 적은 것도 아니고, 말로 한 것을 가지고 이렇게 지키겠다고 노력하는 사장이 어디 있습니까? 본부를 좋게 봐야 합니다. 저는 본부 사장이 맘에 듭니다."

갑자기 모두 조용해졌죠. 그러자 주부 두 분이 동업으로 운영하고 계셨던 M점의 점주님 한 분이 일어나서 이렇게 말했습니다.

"우리도 본부를 못 믿어서 이러는 건 아니니 이렇게 합시다. 우리 상권을 철저하게 지키는 조건으로 본부는 숫자에 매이지 않고 프랜차이즈 사업을 잘할 수 있도록 우리가 지지해 줍시다."

충분한 토론이 된 것 같아서 투표를 진행했습니다. 대구에서 핸즈커피는 스물두 곳만 전개하겠다던 약속을 지키는 것과 계약 상권을 철저히 지키는 조건으로 숫자에 매이지 않고 가맹점을 전개하도록 지지한다는 것 중에 선택하도록 투표했습니다. 결과는 만장일치였죠.

핸즈커피는, 현재 대구에 40개 넘는 매장을 보유하고, 매장당 평균 매출은 당시와 비교해 2023년 현재 3배 이상 늘었습니다. 희소해서 가치를 높이는 경우가 있지만, 시장 점유율이 늘면 얻는 게 더 많아집니다.

그때 이후 저는 가맹 사업을 하면서 만장일치가 될 때까지 토론하거나 최종 결정의 시간을 미루는 것이 가장 좋은 방법이란 생각을 하게 되었습니다. 늦은 것 같지만 빨리 가는 방법이고, 밀어붙이면 당장 빠를 것 같아도 결국 함몰 웅덩이가 되어 자신의 발목을 잡는 경우가 너무 많습니다.

———✂

속력과 속도

몇 년 전 한 직원이 페이스북에 쓴 '중요한 건 속력보다 속도다'라는 글을 읽었습니다. 순간 '이 두 단어가 다른 의미였나' 하는 생각이 들었습니다.

사전을 찾아보니, 속력은 '시간당 이동 거리'이고, 속도는 '출발 지점에서 목적 지점까지 소요된 시간'을 의미했습니다. 그러니까 속력은 방향이나 목적지와 관계없이 얼마나 빨리 움직이느냐는 개념이고, 속도는 육지로 가든 공중으로 가든 이동 경로와 방법을 떠나 도착지까지 걸린 시간이 얼마나 걸리느냐는 개념입니다.

토끼와 거북이의 경주를 생각하면 쉽게 알 수 있죠. 토끼는 엄청난 속력으로 달렸지만, 목적지까지 도착한 속도는 거북이보다 늦었습니다. 반면 거북이는, 토끼보다 속력이 느렸지만, 꾸준하고 성실하게 달려 더 빨리 목적지에 도착했습니다.

많은 사람이 기업의 성장 속도를 이야기하면서 속력과 속도를 구분하지 못하는 경우를 봅니다. 2006년 9월 1일, 18평짜리 조그마한 가게를 임대하고 인테리어해서 오픈하는 데 거의 두 달이 걸렸습니다. 많은 사람이 '도대체 뭐 하느라 이렇게 오래 걸리느냐?'라고 물었죠. 매일 열심히 일하는데 오픈하지 않으니 다들 걱정되었나 봅니다.

돌아보면 그 두 달이란 시간은 프랜차이즈 사업을 위한 모델을 완성하는 데 필요한 시간치고는 아주 빠른 속도였습니다. 핸즈커피를 창업한 지 17년 차가 되는 지금 시점에서 '핸즈커피가 얼마나 빨리 성장했나'를 속력으로 평가한다면 아주 많이 늦은 회사입니다. 하지만 우리가 가진 물적, 지적 자산과 경험, 진짜 원했던 커피 비즈니스가 가진 클래식한 문화를 생각한다면 핸즈커피는 아주 빨리 성장했습니다.

창업 17년 동안 오픈한 국내외 매장 180여 개. 이 결과에 대해 경영 전문가들이나 프랜차이즈 컨설팅 업체는 '핸즈커피가 너무 느리게 성장해 확장의 시기를 놓친 건 아닌지 걱정된다'라는 이야기를 자주 합니다. 사실 저도 불안합니다. 사람의 지식과 경험으로 보면 충분히 성장 속도가 너무 느리다고 판단할 수 있는 속력이었죠.

그러나 저는 핸즈커피가 지난 17년 동안 가장 빠른 속도로 여기까지 왔다는 확신이 있습니다. 속력은 재능과 자산이고, 속도는 경륜과 은혜입니다. 기업의 성장과 유지를 위해 어느 것이 더 중요한지는, 마지막 목적지에 도착해봐야 알 수 있습니다. 그래서 여전히 저는 기대가 큽니다. 핸즈커피의 성장 속도는 최선이었고 앞으로도 그럴 것이기 때문입니다.

———✄

따라쟁이는 결국 지게 된다.

2014년 무렵 '설빙' 열풍이 전국을 강타했습니다. 카페 B사와 E사가 앞다투어 설빙의 메뉴를 도입해서 매출을 올리고 개인 브랜드들도 너나 할 것 없이 '눈꽃 빙수'를 출시했습니다.

일부 점주들과 손님들이 '핸즈커피는 왜 옛날 빙수만 고집하느냐?'는 불만이 쏟아졌습니다.

제 생각은 달랐습니다. 브랜드는 새로운 상품과 문화를 창출하고 자기만의 브랜드 컬러를 다듬어 더 매력적인 가치를 만들어 가는 것에 집중해야 하는데, '트렌드를 좇고 경쟁 브랜드의 상품을 베끼는 것을 실력이라고 생각하는 사람들의 말을 과연 귀담아들어야 하는가'라고 생각했습니다. 경영자가 그렇게 판단하면, 직원들도 트렌드를 쫓고 핫한 상품을 카피하는 습관이 몸에 밸 것이고, 그 결과 브랜드는 본래의 색깔을 잃고 정체성 없는 브랜드가 됩니다.

눈꽃 빙수를 출시하자는 점주들의 요구로 점주 긴급회의를 열었습니다. 많은 분이 모일 줄 알았는데 정작 회의 당일 모임 장소에 가보니 열 분 정도 오셨습니다. 소수였지만 충분히 나머지 가맹점의 생각을 대변할 수 있는 영향력을 가진 분들이었습니다. 토론을 시작하고 2시간 정도 흘렀습니다. 중간 휴식 없이 내리 2시간 넘도록 격렬하게 생각을 나눈 후, 투표하지도 않았는데, 누군가가 '우린 따라쟁이 하지 맙시다'라고 했고, 모두가 '맞아요, 그렇게 합시다. 우리는 우리 색깔을 지켜갑시다'라고 말했습니다.

이 회의는 2015년 봄에도 한 번 더 소집되었는데 결과는 같았습니다. '우리는 따라쟁이를 하지 않아야 한다'라는 생각이 한 번 더 확인되었죠. 그때 모인 점주님들이 저에게 '설빙에 눈꽃 빙수가 있듯이 핸즈커피에도 매장에 가면 떠오르는 뭔가를 만들어 주세요'라고 부탁했습니다. 저는 자신이 있었습니다. 우리에겐 와플이 있었기 때문입니다.

———�֎

멀리 가려면 함께 가라

2006년 핸즈커피를 시작할 때 우리는 무명의 브랜드였습니다. 같은 이름

1 | 사람이 중요합니다

의 간판 달린 곳이, 대구 시내 주택가 두 군데 달려 있었을 뿐이니 브랜드라고 말할 수도 없었습니다. 우리는 고객들의 관심을 끌 특별한 아이디어가 절실했는데 그래서 만든 서비스 제도가 아너스 멤버십 할인,[4] 리필 서비스, 테이크아웃 할인, 핸즈의 아침 세트 할인,[5] 가맹점 선택 메뉴 시스템[6] 같은 것들이었습니다. 만드는 서비스마다 고객들이 좋아했고, 덕분에 핸즈커피가 브랜드로 성장 할 수 있었다고 말할 수 있을 정도로 중요한 기여를 했습니다. 프랜차이즈 사업 초기에는 이런 매력을 주는 서비스 아이디어들이 꼭 필요합니다.

하지만, 브랜드가 성장하면서 다양한 크기의 가맹점들이 생겨나고, 상권에 따라 적합한 영업 방식이 서로 달랐기 때문에, 이런 좋은 아이디어들이 가맹점 사이 갈등의 원인이 되는 경우가 발생했습니다. 어떤 매장에서는 이 서비스가 영업에 도움이 되는데, 다른 매장에서는 불필요하다는 것입니다. 한 가지 예가 '테이크아웃 할인' 제도였습니다.

초기 핸즈커피 매장은 대부분 20평 내외의 소규모 크기였습니다. 커피 맛집으로 소문이 나면서 자리가 없어 돌아 나가는 손님이 너무 많았고, 우리는 돌아가시는 손님들에게 테이크아웃 잔에 무료 커피를 제공했습니다. 그래서 생각한 아이디어가 테이크아웃 할인 제도였죠. 매장에 자리를

---

4 프리 쿠폰에 도장을 60개 찍으면 얻는 특별 회원 자격이다. 핸즈매장에서 메뉴 구매할 때마다 10% 할인 등 다양한 혜택을 제공한다.

5 오전에 매장에서 커피를 주문하면 빵 3가지를 선택할 수 있다.

6 Branch Choice Menu. 가맹점에서 직접 개발하고 체인 본부에서 승인한 메뉴

차지하지 않는 손님에게 20%를 할인해 주는 것은 어찌 보면 당연한 서비스였습니다. 단, 테이크아웃 할인을 받으신 분은 리필 서비스를 하지 않는다고 안내했습니다. 테이크아웃 할인은 우리의 전체 매출을 다시 20% 정도 상승시켜주었습니다. 그러나 혼란이 생겼습니다. 바닷가에 있는 G 매장에서였습니다. 손님들이 바닷가에 나갈 수 있도록 종이컵에 달라면, 직원은 테이크아웃 손님으로 인지하고, 20%를 할인해 드렸습니다. 하지만 그분이 매장에서 나가지 않고 실내에서 커피를 마셨는데, 도기 잔에 정가로 계산한 손님들이 보고, 저마다 테이크아웃 컵으로 20% 할인해달라고 요구했습니다. 그래서 테이크아웃 컵으로 실내에서 드시고 있는 손님에게 외부로 나가 달라고 요청하면, 그분도 나름의 이유를 대면서 화를 냈습니다. 또 다른 관광지에 있는 A 매장은 관광버스 출발 전에 실내에서 먹다가 갑자기 출발한다고 하면 커피를 들고 나가야 하기 때문에, 당연히 테이크아웃 컵으로 주문하는 데, 테이크아웃 컵으로 제공하면 20% 할인을 받으니까 점주 입장에 불합리하다고 생각하는 상황이 발생했습니다.

결국 2014년 3월 전체 점주가 모이는 가맹점주 직무 교육OJT[7]에서 테이크아웃 할인 제도를 없애자는 의견이 나왔습니다. 테이크아웃 할인은 창업 초기에 만든 고객과의 중요한 약속이었습니다. '제도를 잘 설명하고

---

7   On the Job Training. 핸즈커피는 OJT를 연간 1~2회 진행한다. 이를 통해 체인 본부와 가맹점은 브랜드 전략과 신메뉴 개발, 브랜드의 중요한 변화 등을 공유한다. 2023년부터 핸즈 경영주 교육이란 명칭으로 변경했다.

손님을 이해시켜야지 좀 불편하다고 포기하면 안 된다'라는 입장과 '좋은 취지의 서비스를 악용하는 사람이 너무 많고 잘해 주려다가 오히려 고객에게 실망을 주는 일이 생긴다면 시행하지 않는 것이 낫다'라는 입장이 팽팽하게 맞섰습니다. 테이크아웃 할인 제도를 지키자는 주장은 주로 초기 중소형 매장주들에게서 나왔고, 폐지해야 한다는 주장은 주로 관광지에 있으면서 매장 규모가 큰 매장주들에게서 나왔습니다. 한 시간여를 토론했으나, 결론이 날 것 같지 않아서, 저는 의장의 권한으로 표결에 부치겠다고 선언했습니다. 투표 결과는 폐지 55%, 유지 45%였습니다. 참 예매한 결과였죠. 아직 수용이 안 되는 분들이 45% 정도 있다는 것은 큰 부담이었습니다. 저는 이렇게 말했습니다.

"점주님들, 우린 창업 이래 테이크아웃 할인 제도를 지금까지 이어왔습니다. 현재 테이크아웃 할인 제도의 문제점에 대해 본부 직원들이 보완 방안을 정리해서 혼란을 최소화하도록 노력해 볼 테니, 올해 테이크아웃 할인 제도 폐지 건은 내년에 한 번 더 토론해 보는 것이 어떻겠습니까? 지금 제도를 폐지하기엔 우리의 생각들이 너무 나뉘어 있습니다."

그러자 즉시, 폐지 쪽에 있었던 점주님 한 분이 '그럽시다. 지금까지 해왔는데 일 년 정도 더 해보지요.'라고 하셨습니다. 그래서 '그러면 이분의 동의에 박수로 재청해 주실 수 있겠습니까?'라고 제가 다시 질문했습니다. 그랬더니 전체가 함박웃음을 지으면서 큰 박수로 재청해 주셨습니다.

그날 그 자리에 있었던 60여 명의 점주님들 얼굴이 모두 밝았습니다. 일
년 후, 점주 OJT에서 테이크아웃 할인 제도를 두고 다시 토론했습니다.
이번에도 생각이 좁혀지진 않았죠. 결국 투표를 진행했고 폐지하자는 의
견이 85%였습니다. 체인 본부 대표로서 저는 큰 고민에 빠졌습니다. 잠시
정회를 선언하고 15% 점주들의 입장을 다시 한번 생각했습니다. 그분들
은 8년 전 핸즈커피 초기 아주 작은 핸즈커피를 선택하셨던 분들이었는
데, 제 비즈니스의 형님, 누나들이었고 친구 같은 분들이었죠.

"점주님들! 오늘 우리는 투표를 통해 테이크아웃 할인 제도의 폐지를
결정할 수 있는 명분을 얻었습니다. 그렇게 해도 우리가 서명하고 약속한
계약상의 규칙에는 아무런 하자가 없습니다. 그러나 15%의 점주님들은
이 할인 제도가 너무 중요합니다. 우리 6개월 후에 다시 최종 토론하면 어
떻겠습니까?"

제 말이 끝나자마자, 누가 먼저랄 것 없이 큰 박수를 보내주었습니다. 그
순간 저는 우리가 모두 핸즈커피란 상호 아래에서 하나가 되었다는 느낌을
받았습니다. 만장일치가 될 때까지 치열하게 토론하고, 끝까지 기다려 주
고, 마지막 소수의 점주님까지 존중하는 분위기가 만들어졌습니다. 6개
월 후, 점주님들이 다시 모였을 때는 토론이 필요 없었습니다. 우리는 충
분히 토론했고 이제 마지막 결정만 남아 있었던 것이죠. 투표 결과, 점주
님 한 분만 반대하고 나머지는 모두 테이크아웃 할인 제도를 폐지하자는

의견에 손을 들었습니다. 제가 마이크를 다시 드니까 테이크아웃 할인제
도 폐지를 반대했던 점주님이 벌떡 일어나 이렇게 말씀하셨습니다.

"제가 반대했지만, 더 미루지 말고 폐지합시다. 우리는 민주주의 국가
에 살잖아요?"

그 자리에 모인 점주님들이 모두 한바탕 크게 웃었습니다. 하나의 브
랜드가 그냥 만들어지는 일은 없습니다. 다수가 동일한 가치와 시스템으
로 운영되기 위해서는 누군가의 희생과 포기가 필요합니다. 결국 오늘의
핸즈커피는 이런 아픔의 생채기가 고스란히 흔적으로 남아 독특하고 아
름다운 모습의 브랜드가 되었습니다. 만장일치가 될 때까지 기다릴 줄 아
는 사람들과 전체를 위해 자신의 주장을 내려놓을 줄 아는 사람들은 '멀
리 가려면 함께 가라'는 진리를 아는 사람들입니다. 이 글을 마치면서 저
의 부족함을 여전히 '신뢰'로 보답해 주시는 점주님들에게 마음 다해 존
경과 감사를 표합니다.

03　핵심 직원이 경쟁점을 차렸습니다

이 직원이 퇴사해서 새로운 직장을 얻거나, 사업을 시작해서 우리 회사의 노하우를 사용해도 욕하지 맙시다. 저는 여러분 앞에서 공식적으로 허락합니다. 우리의 매뉴얼과 레시피, 이 직원이 핸즈커피에서 경험한 일들은 오롯이 이 사람 것입니다. 그것을 사용한다고 비난하지 맙시다. 저도 한때는 어떤 회사의 직원이었고, 제가 거친 회사의 노하우 없이 핸즈커피를 설립하고 경영했다고 말하면, 그것은 거짓말입니다. 저도 배우고 사용했으니, 그들도 배운 것을 써먹을 수 있어야 합니다.

────────✄

오히려 자랑스럽다

비즈니스를 하면 만남과 헤어짐이 반복됩니다. 어떤 만남은 기회지만 어떤 만남은 위기가 되기도 하지요. 인터뷰 노하우가 있다면 좋은 인재를 얻을 수 있지 않을까 생각하지만, 사실 창업 초기에는 면접을 보러오는 사람이 거의 없기에, 인터뷰에서 찬밥과 더운밥을 가릴 처지가 못 됩니다. 급여가 적고 언제 망할지도 모르는 중소기업에 누가 들어오겠습니까? 그러니 오는 대로 특별한 결격 사유가 없으면 채용하는 상황이 대부분입니다. 그래서 창업 초기는 최대한 '알고 뽑자'라는 인사 원칙을 갖고 일해야 합니다. 정직원이 아닌 아르바이트나 계약직으로 채용해서, 충분히 사람의 가능성, 성품, 미래의 꿈 등을 알아보는 시간을 가진 후, 여러 사람의 의견을 참고해서 정직원으로 전환해야 합니다. 이러한 방법이 인터뷰 노하우를 쌓는 것보다 더 정확하지요. 최대한 가까운 곳에서 찾는 방법도 좋습니다. 성공한 기업의 초기 창업 멤버는 대부분 친구, 선·후배로 구성된 것을 볼 수 있습니다.

인재가 부족해서 일할 수 없다는 말은 일종의 핑계입니다. 사업 초기 운 좋게 탁월한 인재를 만나지만, 탁월한 인재들은 대부분 회사를 떠난다는 것도 알아야 합니다. 인재가 들어오면 경영자는 그를 잡으려고 다양한 기회와 혜택을 제공하는데, 다른 직원들의 시샘에도 불구하고 집중적으로 투자해도, 한두 해 만에 회사를 떠나는 경우가 대부분입니다. 떠날 뿐 아니라 회사의 중요한 지식도 함께 갖고 떠납니다. 그러니 더 허망하고 화가 납니다. 비슷한 감정을 느낀 어느 날, 저는 이런 글을 쓴 적이 있습니다.

"그토록 원했던 물질이 나의 주인이 되고, 그토록 원했던 인재가 나를 잠 못 들게 한다."

인재는, 있어도 문제고 없어도 문제입니다. 그러니까 지금 나와 함께 일하는 동료가 가장 탁월한 인재라고 생각해야겠죠. 진짜 인재인지 아닌지는 '만약에 이 직원이 우리 회사에 없다면 어떤 일이 일어날까?'를 생각하면 압니다. 기업의 지식은 문서나 시스템이 아니라 '사람'에게 있기 때문입니다.

지식을 가진 인재가 회사를 떠나면 어떻게 할까요? 떠나는 것에 그치지 않고 회사의 핵심 지식을 그대로 사용하거나 도용해서 경쟁 회사를 차리면 어떻게 될까요? 생각만 해도 머리가 아픕니다. 그런 일은 없어야겠지만 비즈니스 세상은 그런 일의 반복입니다.

결론부터 말하면 그런 걱정은 할 필요가 없습니다. 핵심 인재나 직원이 퇴사한 후, 경쟁점을 차려서 원조 혹은 모회사를 뛰어넘은 경우를 거의 본 적이 없기 때문입니다. 만약 뛰어넘은 사람이 있다면, 그 사람은 원래 그런 지식이 없어도 뛰어넘을 사람입니다.

저는 퇴사하는 직원 환송회에서 전체 직원들에게 여러 번 이런 이야기를 했습니다.

"이 직원이 퇴사해서 새로운 직장을 얻거나, 사업을 시작해서 우리 회사의 노하우를 사용해도 욕하지 맙시다. 저는 여러분 앞에서 공식적으로 허락합니다. 우리의 매뉴얼과 레시피, 이 직원이 핸즈커피에서 경험한 일들은 오롯이 이 사람 것입니다. 그것을 사용한다고 비난하지 맙시다. 저도 한때는 어떤 회사의 직원이었고, 제가 거친 회사의 노하우 없이 핸즈커피를 설립하고 경영했다고 말하면, 그것은 거짓말입니다. 저도 배우고 사용했으니, 그들도 배운 것을 써먹을 수 있어야 합니다. 세상에 새것은 없습니다."

제가 이렇게 자신 있게 말할 수 있는 이유는 여러 가지입니다.

첫째는 진심으로 떠나는 직원을 축복해 주고 싶습니다. 한때 동고동락하던 가족이었는데, 회사를 떠나서 핸즈커피에서 경험한 것으로 잘 살 수 있다면 아쉬울 게 없을 것 같기 때문이죠. 무엇이든 못 줄 게 없습니다.

얼마 전, 사업 초기부터 핸즈커피와 한 회사처럼 교육과 생두 구매 등을 함께 한 G 사의 C 대표를 오랜만에 만났습니다. 사업 초기 어려웠던 일, 좋았던 일들을 회상하다가 제가 이런 말을 했습니다.

"C 대표님과 그 시절 함께 했던 멤버들이 독립해서 국내 커피 업계의 리더들이 되었어요. 특히 P 사원은 P 사를 설립하고 한국을 대표하는 회사가 되었고, 다른 직원들이 P 사로 이동한 것 같던데 어려움은 없었나요? A 직원은 전국적으로 유명한 바리스타로 활동하고 있더군요. 그런 모습을 보면 느낌이 어때요?"

C 대표가 이렇게 말했습니다.

"그들 탓에 힘든 적은 전혀 없었습니다. 제가 그들을 키운 게 아닌데요 뭐, 제가 오히려 자랑스럽습니다."

C 대표의 생각과 말이 정확합니다. 원래 탁월한 인재들이었고, G 사에서 충분히 기여하고, 자신만의 가치를 만들려고 떠난 것입니다. C 대표는

그들의 성공적인 비즈니스를 보면서 저들이 한때 동료였다는 게 자랑스러운 것이고요.

둘째는 성공 비결에 대한 확신 때문입니다. 역사 이래로 아이디어나 기술, 레시피와 매뉴얼이 회사 성장과 수익의 핵심 비결이었던 적은 없었습니다. 물론 예외는 있습니다만, 회사의 핵심 성공 비결은 대부분 명료하게 정리되지 않습니다. 지식이나 경험이 성공 비결이라면, 돈을 못 버는 사람이 없고, 성공하지 못할 비즈니스가 없을 것입니다. 성공은 쉽게 전수 되지 않고, 비즈니스는 우리가 생각하는 것보다 훨씬 복잡합니다.

'우리 직원이 회사 노하우 가져가서 저렇게 큰 기업 만들었다'라는 말은 하지 않으면 좋겠습니다. 남은 직원들이나, 제삼자가 듣기에도 불편합니다. 정말 중요하고 회사의 사운이 달린 지식이라면, 한 사람이 가질 수 없도록 관리했어야 했고, 철저히 회사를 떠나지 않을 사람과만 공유했어야 합니다. 코카콜라가 그렇고, 오랜 맛집의 레시피가 가족 내부에서만 공유되는 이유가 그렇습니다.

———✾

지키면 망하고 개방하면 커진다.

제과사 엘리자베스 프루이트Elisabeth Pruiett와 제빵사 채드 로버트슨

Chad Robertson 부부는, 2002년 샌프란시스코 중심가에서 조금 벗어난 미션 지구에 '타르틴 베이커리Tartine Bakery'를 오픈했다. 간판은 없고, 인테리어가 특별한 것도 아니고, 빵 종류도 적은 평범한 동네 빵집 같은데, 2013년 미국 내 6천 개가 넘는 소매 베이커리 중에 최고의 베이커리로 선정되었다. 「USA 투데이」와 다양한 요리 잡지, 「뉴욕타임스」와 「월스트리트 저널」 등에도 여러 차례 소개되었다.

타르틴 베이커리를 유명하게 만든 빵은 '컨트리 브레드'로 만든 '크로크 무슈'(치즈와 햄을 빵 위에 올려 바싹 구운 빵류)와 '에클레어'(길쭉하게 생긴 원통형 모양 빵, 겉에 초콜릿 코팅을 바르고 속은 커스터드 크림으로 채운 후식류), '팽 오 쇼콜라'(속에 초콜릿이 들어있는 페이스트리)이다. 소품종, 소량 생산 체제를 유지하면서 빵만 구워서 팔지 않고 '크로크 무슈' 같은 토스트나 샌드위치도 함께 판매한다.

지역에서 생산한 유기농 밀을 사용해 재료 선정에 신경 쓰고, 대표 메뉴인 '컨트리 브레드' '사워 도우'(발효를 거쳐 시큼한 맛이 나는 빵) 같은 천연 발효 빵을 만들어 슬로우 푸드를 원하는 사람들의 기대를 채웠다. 공장에서 찍어내는 빵이 지겨운 미국인에게 굽는 데 오랜 시간 걸리는 프랑스식 정통 빵을 만드는 타르틴 베이커리는 지역의 자랑으로 자리매김했다.

두 사람은 2008년 요식업계의 아카데미상이라 불리는 '제임스 비어드상James Beard Awards'을 받았다. 「뉴욕타임스」는 타르틴 베이커리가 만드는 빵이 '세계 최고의 빵'이라고 극찬했고, 「허핑턴포스트」는 타르틴 베이커리 초콜릿 크루아상을 콕 집어 '죽기 전에 꼭 먹어야 할 25가지 음식' 중 하나로 꼽았다.

KBS 뉴스(2018년 3월 1일)와 「행복이 가득한집」 포스트(2018년 3월 19일) 요약

2010년 〈타르틴 베이커리〉는 『타르틴의 빵Tartine Bread』이라는 제과 제빵 책을 출판했습니다. 이 책에서 채드 로버트슨은 독자들에게 타르틴에서 만드는 빵에 대해 하나하나 직접 알려줍니다. 저자는 베이킹에 익숙하지 않은 누구라도 실패하거나 좌절하지 않도록 자세한 설명과 사진을 책에 첨부했습니다. 기본 레시피를 소개하고 거기에다 응용할 수 있는 방법까지 하나하나 보여줍니다. 자신이 가진 노하우를 숨기지 않고 여러 사람에게 내보인 것이죠.

저는 타르틴 베이커리가 세계적인 기업이 된 이유를 이 책의 출판으로 봅니다. 그들은 노하우를 비책으로 생각하지 않고, 책에 모든 노하우를 담았으며, 더 많은 사람이 맛있는 빵을 먹을 수 있도록 돕고 싶다고 했습니다. 그런 다음 한 이야기는 의미심장합니다.

"직접 빵을 만들어 보세요. 그러면 알게 될 겁니다."

채드 로버트슨은 타르틴 베이커리의 성공 비결을 레시피로 보지 않는다는 뜻입니다. 다른 사람들이 애써 지킨 비결을 그는 모든 사람의 행복

을 위해 내놓았습니다. 그랬더니 세상 사람들이 존경하는 영광과 부도 함께 얻게 된 것이죠. 이런 것이 비즈니스 하는 재미입니다. 전부 내려놓았더니 얻는 것이 더 많았던 것이죠. 채드 로버트슨은 이렇게 말합니다. '사람들이 타르틴 베이커리의 레시피를 전부 알았으니 나는 더 혁신적인 레시피를 개발할 수밖에 없었다.' 그 결과, 오늘날의 타르틴 베이커리가 탄생한 것이 아닌가 생각합니다.

가맹 사업을 하면 직원 한두 명이 나가서 경쟁 매장을 차리는 것보다 더 위험한 일이 있는데, 잘 나가던 가맹점이 개인 브랜드로 전환하는 경우입니다. 2018년 여름 핸즈커피의 대표적인 매장 중 한 곳이, 3개월 후에 개인 브랜드로 전환하겠다고 공문을 보내왔습니다. 오픈 후 장사를 잘하고, 본사와 관계가 너무 좋았던 매장이라 모든 직원이 놀랐습니다. 우리가 무엇을 잘못해서 브랜드 전환을 생각했는지 이해가 되지 않아 점주님과 미팅을 요청했습니다. 어쩌면 이 일로 우리가 더 큰 위기를 예방할 수도 있겠다는 생각도 있었죠.

"핸즈커피와 관계는 전혀 문제가 없어요. 단지 젊은 우리 자녀들이 핸즈커피의 그늘에서 벗어나 독자적인 자생력을 갖출 수 있도록 기회를 주고 싶었습니다. 우리는 커피에 대해 전혀 몰랐는데, 핸즈커피 덕분에 첫 단추를 너무 잘 끼웠습니다. 핸즈커피와 인연이 좋다고 평생 가맹만 할 건 아니니까, 자녀들이 잘할 수 있을지 몰라도, 30대 초반 자녀들에게 지금이 적기라고 생각했습니다. 그동안 많이 도와주시고 지도해 주셔서 감사합니다."

직원도 가맹점도 평생 함께하는 것을 기대할 수는 없습니다. 결국 우리에게 배운 노하우는 각자의 비즈니스에 사용됩니다. 제어할 방법은 없습니다. 특히 커피 업계는 더욱 그렇습니다. 그래서 저는 점주님에게 이렇게 말했습니다.

"여전히 부족한 게 많은 저희를 선택해 주시고, 큰돈을 투자해서 핸즈커피 간판으로, 지난 3년 동안 함께 해 주신 것만으로도 저희는 충분히 감사합니다. 향후 2년 동안 근처에 가게를 입점하지 않을 테니 자녀들이 성공적으로 운영할 수 있기를 바라겠습니다."

잘 만나는 것이 중요하지만, 잘 헤어지는 것이 더 중요하다고 생각했기에 진심으로 말했습니다. 사무실 돌아와서 직원들에게, 그 매장은 3개월 후에 개인 브랜드로 전환하게 될 것이라고 전체 공지를 했습니다. 직원들은 '그런 A급 매장이 가맹점에서 이탈하면 브랜드 이미지에 큰 손상이 되고, 이게 사례가 되면 다른 가맹점도 이탈할 가능성이 높아지는 것 아닐까요?'라고 걱정을 쏟아 놓았습니다. 저는 '영향이 없을 순 없겠지만 결과적으로 우리는 잃을 게 없을 것입니다. 그들이 독립해서 사업을 잘하면, 커피 사업을 새롭게 시작하고 싶은 사람들이 찾아오는 계기가 되어 우리는 또 다른 기회를 잡게 될 것입니다. 그들이 핸즈커피 간판을 내리고 매출이 떨어지면, 핸즈커피 브랜드가 중요하다는 사실을 알릴 수 있는 계기가 될 것이니 그 또한 좋을 것입니다'라고 했습니다.

경쟁점은 언제나 생기는데, 만약 그 경쟁점의 강점이 무엇인지 안다면 대응하기가 더 낫습니다. 가맹점주는 다른 브랜드가 생기는 건 괜찮지만 같은 브랜드가 인근에 생기면 안 된다고 합니다. 사실 곰곰이 생각하면 같은 브랜드나 잘 아는 사이와 경쟁하는 편이 더 나을 수 있습니다. 기본만 잘하면 되고, 무리하게 이벤트를 할 필요 없이 서로 협조하면서 일할 수 있기 때문이죠. 다른 브랜드가 생기면, 가격도 다르고 메뉴도 다르게 공략하기 때문에 더 힘들어집니다. 결국 생각하기 나름이고 언제나 더 좋은 방법은 있습니다.

결론적으로, 우리를 뛰어넘지 못할 사람의 이탈을 두려워할 필요는 없습니다. 우리보다 탁월한 사람이, 우리 회사를 거쳐 가서 더 큰 기업을 세우면 오히려 자랑거리입니다. 회사를 떠난 탁월한 사람이 어떤 모습에 실망했는지 안다면, 부족한 부분을 보완해서 우리는 새로운 기회를 얻게 됩니다. 모든 상황은 두려워할 일도 실망할 일도 아니죠.

우리가 준비하고 성장할 수 있다면 떠난 이도 자랑스럽게 생각할 것입니다. 말이 핵심 지식이지 외식업에서 핵심 지식이란 없습니다.

04 무엇을 파는 회사인가요?

우리는 가능하면 일을 안 하고 놀거나 여행만 다니면서 살면 좋겠다고 생각하는데, 사실 일을 하지 않으면, 아무리 공부를 많이 하고, 돈이 많고, 건강해도 그것이 다 부끄러움이 됩니다. 학력도 외모도 여가도 일을 해야 자랑스러운 것이죠. 매일 놀고 돈이 많으면 상팔자라 생각하지만, 사실 부끄럽고 민망한 일입니다. 결국 장성한 사람은 직업이나 비즈니스를 가져야 멋져 보입니다. 그러니까 비즈니스를 만들어 주는 비즈니스는 아낌없이 투자하고 싶은 아이템이 되는 것이죠.

———✄

업의 본질을 아는 것이 경쟁력의 시작이다.

우리 회사가 어떤 사업을 하는지 고객 편에서 정의한 것을 '기업의 정체성'이라고 합니다. 다른 말로는 '업의 본질'이라고 하죠. 요즘은 업의 본질을 좀 더 쉽게 표현하기 위해 '우리는 ○○을 파는 회사이다'라고 정의하는 경우도 많습니다.

저는 경영학자 홍성태 교수가 쓴 브랜딩 관련 책을 곁에 두고 즐겨 읽습니다. 그의 책은 읽기 쉽고 적용점이 많기 때문이죠. 그의 대표작 『모든 비즈니스는 브랜딩이다』[8]에 업의 본질을 잘 이해하고 있는 기업 이야기가 자주 나옵니다.

책에 나오는 사례를 읽는 것 자체가, 우리의 비즈니스를 이해하는데 상당한 통찰을 줍니다.

미국 화장품 회사 레블론Revlon 본사 입구에 이런 글귀가 있습니다. "We Sell Hope". 화장품 회사가 '화장품을 판다'라거나, 조금 더 그럴듯하게 '아름다움을 판다'라고 할 텐데, 레블론은 그렇게 생각하지 않나 봅니다. 조금만 생각하면 이유를 알 수 있습니다. 화장품 회사가 화장품을 판다면 차별점이 없습니다. 아름다움을 판다면, 레블론 화장품을 산 소비자가, 화장품을 발랐는데 며칠이 지나도 아름다워지지 않는다면서, '아름다움을 판다고 해 놓고 왜 아름다워지지 않느냐'고 불평할 수 있습니다. 요즘은 다양한 고객들이 워낙 많아서 이런 걱정도 미리 할 줄 알아야 합니다.

업의 본질을 다르게 정의하면 고객의 반응만 달라지지 않습니다. 레블론 직원들은 자신이 고객들에게 화학 약품을 팔고 있는 것이 아니라, 기대와 희망을 팔고 있다는 신념으로 일할 수 있으니, 제품을 판매하는 마음가짐이 달라집니다. 이렇게 콘셉트의 차이가 큰 성과로 이어진 사례는 무수히 많습니다.

한때 백화점사업은 황금알을 낳는 거위였지만 요즘은 사양 산업입니다. 수많은 백화점 브랜드가 생겨나고 경쟁은 끝이 없죠. '백화점 입점'이 곧 성공을 의미하던 때가 있었지만, 지금은 유명 온라인 쇼핑몰에 입점해

---

8 홍성태 | 샘앤파커스 | 2012

야 성공하는 세상입니다. 백화점을 단순히 상품을 판매하는 기업이라고 보면 치열한 경쟁 시장에서 차별성을 갖기 힘든 시절입니다.

현대 백화점은 '생활 제안업Life Stylist'으로 기업의 본질을 정의했습니다. 고객의 생활에 초점을 맞춘 것이죠. 직원들에게 자신들의 일이 '생활 제안'이란 것을 알려주자, 고객들의 삶을 향상시킬 새로운 아이디어가 샘솟기 시작했습니다.

테마파크 사업으로 돈을 벌던 디즈니는, 파라마운트 사장 마이클 아이스너Michael Eisner를 대표로 영입했습니다. 아이스너는 테마파크 사업의 본질을 '즐거움을 주는 사업'으로 정의했고, 디즈니는 10년 만에 40배의 매출 성장을 기록했습니다.

핸즈커피는 무엇을 파는 회사일까요? 핸즈커피는 2006년 창업하면서 업의 본질을 "메이킹 텐트 메이커Making Tent Maker"로 정의했습니다. 텐트 메이커란, 성경에서 사도 바울이 천막 제작을 하면서 전도 여행을 다녔다고, 그에게 붙은 별명입니다. 저는 기독교 선교사들이 선교지에서 비즈니스를 하면서 포교 활동을 할 수 있도록 도우려는 의도로 핸즈커피 비즈니스를 시작했습니다. 소자본으로 창업할 수 있는 생계형 비즈니스 모델을 만들었고, 선교사들이 한국에서 짧은 시간 집중적인 교육을 받고 돌아갈 수 있는 시스템이 필요했습니다.

선교사들이 짧은 시간에 비즈니스 노하우를 습득하고, 사역하는 나라로 돌아가 카페를 오픈하고 운영할 수 있도록 돕기 위해서, 모든 운영 노하우를 담은 매뉴얼을 만들었습니다.

아침 오픈은 어떻게 하고 저녁 마감은 어떻게 하는지, 기계가 고장 나면 어떤 조치를 해야 하는지, 기계가 고장 나지 않도록 평소 장비 유지 관리는 어떻게 하는지, 사진을 하나하나 첨부하고 자세한 설명이 담긴 매뉴얼을 만들었습니다. 커피 지식과 메뉴 레시피 정보를 담은 영상으로도 제작해 줘야, 편리하게 공부하고 활용할 수 있을 것이라 생각한 것 역시 같은 맥락입니다. 그래서 교육과 메뉴 제조 영상을 만들기 위해 영상 전문가를 초기부터 영입했습니다.

핸즈커피 비즈니스가 선교사들에게 도움을 줄 수 있다는 사실이 뚜렷해지자, 직원들은 거룩하고 멋진 목적을 위해 일한다는 사명감으로 똘똘 뭉쳤고, 끊임없이 교육 시스템을 업그레이드하고 스스로 자신의 업무를 매뉴얼로 만들었습니다. 특히 기독교 신앙을 가진 직원들은 더 열심을 낼 수밖에 없었죠.

기독교 선교사가 선교지에서 비자 문제를 해결하고, 스스로 비즈니스를 해서 생계 문제를 해결하도록 돕자는 기업의 정체성을 지켜가다보니, 이 시스템이 일반 가맹 사업에도 아주 적합한 정체성이란 걸 깨닫게 되었습니다. 이후 핸즈커피는 공식적인 정체성을 메이킹 텐트 메이커에서 '메이킹 비즈니스Making Business'로 변경했습니다.

기업의 정체성이 명료해지니 직원들이 일하기가 좋아졌습니다. 자신이 하는 일이 무엇이며 어떤 가치가 있는지 잘 알게 된 것이죠.

핸즈커피가 커피를 파는 회사라고 생각하셨다면 잘못 아신 겁니다

2015년 이후, 저는 전 세계 커피 시장의 대형화 움직임을 주목했습니다. 강릉에서 시작한 테라로사가 제주 서귀포에서 히트를 친 후, 부산 수영구에서, 이전 커피 시장이 상상할 수 없었던 규모의 카페 테라로사 1963을 오픈하면서 분위기를 주도했습니다. 서울의 대림창고와 엔트러사이트, 제주도의 에스프레소 라운지, 경기도의 나인블럭과 부산의 웨이브온, 김포의 카페 진정성 같은 신생 대형 카페들이 줄줄이 생겨났습니다.

스타벅스가 미국 시애틀에서 로스터리 리저브 매장을 성공적으로 오픈 한 후, 전 세계 주요 도시에 로스터리 리저브 카페를 오픈하겠다는 계획을 발표하고, 상해에서 대규모 로스터리 리저브 매장을 준비한다는 소식이 커피 업계의 중요한 이슈로 등장했기 때문에, 핸즈커피도 언젠가 대형 커피 전문점 모델을 개발해 대규모 가맹점을 전개하는 기업으로 전환할 수 있을 것이라 생각했습니다.

마침 2016년 오픈한 매장 중 두 곳이 100평 이상의 대형 매장이었는데, 그 매장들로 인해 핸즈커피 역시 대형 매장을 전개할 수 있는 노하우가 있다고 말할 수 있게 되었습니다.

2017년 1월, 기존 생계형 매장과 다른 차원의 초대형 매장을 전개할 기회가 왔습니다. 요즘 커피 전문점 규모에 비하면 큰 편이 아니지만, 대지

500평, 건축 면적 150평, 주차 대수 30대 이상 규모는, 모두가 "카페 맞아?"라고 다시 물을 정도로 큰 규모였습니다.

그러다 보니 공사 규모도 창업 이래 가장 컸지요. 가맹개발팀은 점주의 요청으로, 가맹점주가 소유한 다수의 부지를 검토한 후, 주변에 수만 가구가 살고 있는 대구의 한 아파트 밀집 지역 부지를 최종 선정했습니다. 설계가 완료된 후, 예산을 수립하니 건축과 인테리어 공사비만 12억 넘는 엄청난 규모의 프로젝트였습니다. 가맹비와 기물비, 실거래가로 평가한 부지 가격까지 합치니 80억이 넘는 대규모 프로젝트였습니다. 창업 이후 이렇게 큰 가맹점을 계약하게 되는 날이 오리라곤 상상도 못했는데 마침내 이루어진 것이죠.

기존 건축물의 철거와 건축 설계, 착공 신고와 허가까지 3개월이 걸렸고, 단층짜리 건물 하나 짓는 데 몇 달이 걸렸습니다. 장마 기간이 겹쳐 공사를 원활하게 진행하지 못하다가, 무더운 여름이 오자 예정했던 8월 말 오픈은 불가능한 상황이었습니다. 인테리어가 본격화되자 공사 현장에서 가맹점주와의 의견 차이가 수시로 나타났습니다. 그도 그럴 것이 우리는 인테리어 비용을 평당 금액으로 설정해 두고, 인테리어 설계 도면은 미완성 상태로 공사를 진행하고 있었기 때문이었습니다.

당시 이런 대규모 프로젝트를 진행 해 본적이 없었던 저희 회사 수석 디자이너는 '저를 믿고 한번 맡겨주시면 작품을 만들어 보겠습니다'라고 요청했고, 가맹점주는 '당신에게 맡길테니 멋진 공간을 만들어 주길 바란다'라는 말로 격려했습니다. 하지만 막상 매일 현장을 나와 보면, 진도는 느리고 시공했다가 부수고 계속 수정하는 일만 반복하고 있으니 가맹점주로서는 안타까울 따름이었던 것입니다.

투자가 큰 만큼 가맹 본부 역시 전사적인 노력을 기울이고 있었지만, 가맹점주 역시 잠 못 이루는 날들을 보내면서 점점 예민해져 있었습니다. 결국 공사 현장을 관리하는 직원이 '이렇게 계속 진행하다가는 도저히 일을 할 수 없습니다. 대표님이 가맹점주님을 한번 만나 주십시오'라는 요청이 들어왔습니다.

일주일 후 가맹점주 부부와 자리를 같이했습니다. 저는 경영진과 디자인 실장, 인테리어 담당자까지 모두 참석해서, 어떤 대화를 나누는지 직접 듣도록 했습니다. 가맹점주는 첫 마디부터 '설계 없이 공사를 진행하는 경우가 어디 있습니까? 평생 이렇게 공사하는 회사는 처음 봅니다'라고 쏘아붙였습니다. 분위기를 보아하니 잘못하면 감정싸움으로 번지겠다는 생각이 들었죠.

"점주님, 혹시 결례가 아니라면, 제 이야기부터 먼저 들어 보시고 질문을 하시면 어떨까요? 제가 어떤 질문이든 다 답해 드리겠습니다. 오늘 어떤 이야기가 오갈지 충분히 짐작이 가기 때문에 제가 먼저 제안합니다."

점주님이 좋다고 했습니다. 그래서 저는 질문으로 다시 이야기를 건넸습니다.

"점주님은 우리 회사가 무엇을 파는 회사인지 혹시 아시는지요?"

"커피를 팔고 가맹점을 내주는 회사 아닌가요?"

그제야, 저는 핸즈커피가 무엇을 파는 회사인지 정확하게 말할 수 있는 분위기가 됐다고 생각했습니다.

"네, 맞습니다. 대부분 우리 회사를 그렇게 생각하지요. 그런데 가맹점을 내주고 원두를 납품하는 회사 정도로 저희를 설명한다면, 점주님이 왜 핸즈커피를 선택했는지 설명하기에는 뭔가 부족할 것 같습니다. 세상에 원두를 납품하는 회사는 수도 없이 많으니까요. 그중에서 가장 맘에 드는 업체를 고르시고, 인테리어를 하는 회사 역시 수없이 많을 테니, 그중에 디자인을 가장 잘하는 업체를 고르시면 됩니다. 지금이라도 저희가 설계 도면을 정밀하게 그리고, 건축업자처럼 공정표를 제출하고 일정에 맞춰 정확하게 시공해 주길 원하신다면, 지금까지 시공 비용은 저희가 책임지고, 계약금은 100% 돌려드리고 현장에서 철수하겠습니다."

"제가 계약을 파기하고 싶어서 여기까지 온 건 아니고, 어떻게 하면 이 상황을 잘 해결할 수 있을까 해서 온 겁니다. 제가 어떻게 카페 인테리어를 직접하고 메뉴 개발과 인력 교육을 전부 할 수 있겠습니까?"

점주님도 이 상황을 잘 해결하고 싶으신 것이지 계약을 파기하려는 것은 아니었습니다. 저는 용기를 내 이렇게 이야기했습니다.

"우리 회사가 무엇을 파는 회사인지 설명하자면, 핸즈커피는 '비즈니스를 파는 회사'입니다. 지난 10년 동안, 저희는 무수히 많은 매장을 오픈하면서, 어떻게 하면 성공 확률을 높일 수 있을지 연구하고 적용한 후 보완하면서 여기까지 왔습니다. 저희가 선택한 커피와 정해 놓은 기계, 기물들의 조합은, 단순히 개별 단가로 설명할 수 없는 노하우가 담겨 있습니다. 인테리어 역시 동일합니다. 저희는 창업이래, 모든 공간 디자인을 업자에게 맡기지 않았고 직접 내부 인테리어 디자이너가 디자인해 왔습니다. 그러니 바텐 동선과 기물의 위치, 간격과 높이가 모두 지식입니다. 그런 수없이 많은 선택의 조합이 핸즈커피라는 브랜드를 만들었고, 그 브랜드를 점주님은 구매하신 것이지요. 그러니 저희를 커피 원두 납품업자라거나, 인테리어업자로 평가하시면 안 됩니다."

"어떤 시각차가 있었는지 이제 정확하게 이해했습니다. 더 이상 질문할 게 없네요. 이제 저희는 어떻게 해야 하지요?"

"이제 저희를 믿으시고 공사 현장에 오시지 않는 것이 저희를 돕는 거지요."

"알겠습니다."

그 후, 점주님은 약속을 지켰고 오픈 일주일 전까지 공사 현장에 나타나지 않았습니다. 나중에 보니까 새벽마다 몰래 다녀갔다고 했습니다. 마음이 하나 되니까 일이 술술 풀리기 시작했지요. 디자이너는 마음껏 자기 상상력을 공간에 담았고, 저는 최고의 매장이 탄생할 수 있도록 각 파트 담당자에게 전권을 주고 아낌없이 투자하도록 했습니다. 매장은 오픈 예정일보다 두 달 정도 늦게 완공되었지만, 핸즈커피 역사상 다시 재현할 수 없는 작품 같은 매장이 되었습니다.

이 매장을 오픈하고 핸즈커피는 '아키인'이라는 새로운 비즈니스 모델을 완성했는데, 아키인이란, 건축Architecture부터 인테리어Interior까지 전체를 한 번에 설계하고 시공하는 핸즈의 컨셉형 매장을 뜻합니다. 핸즈커피는 2023년 3월까지 총 13개의 아키인 매장을 오픈했습니다. 이는 전체 매장에서 15% 정도에 해당하는 숫자인데, 매출은 전체 매장 매출의 35% 정도를 차지하고 있으니 이야말로 창업 이래 최대의 혁신이 아니고 무엇이겠습니까?

———✄

자녀의 학력과 외모, 자신의 재력과 건강보다 더 중요한 게 비즈니스다

가맹 상담을 하면 20~30대 자녀를 데리고 가맹 본부를 찾는 부모를 자주 만납니다. 부모가 평생 하던 비즈니스는 사양 사업이라 자녀에게 물려주기 곤란하고, 자녀는 직장을 구할 마음이 없고, 무슨 일을 하고 싶으냐고 물으면 그나마 커피 사업은 해 보고 싶다고 해서 상담 받으러 왔다고 합니다. 자녀 학력이 대학원 석사 출신에 해외 유학파인 경우도 종종 있는데 상담 과정에 부모 입장의 안타까운 마음이 전해집니다. 그렇게 자랑스럽던 자녀가 비즈니스가 없으니 답답한 것이죠.

흔히들 가능하면 일을 안 하고 놀거나 여행만 다니면서 살면 좋겠다고 생각하는데, 사실 일을 하지 않으면, 아무리 공부를 많이 하고, 돈이 많고, 건강해도 그것이 다 부끄러움이 됩니다. 학력도 외모도 여가도 일을 해야 자랑스러운 것이죠. 매일 놀고 돈이 많으면 상팔자라 생각하지만, 사실 부끄럽고 민망한 일입니다. 결국 장성한 사람은 직업이나 비즈니스를 가져야 멋져 보입니다. 그러니까 비즈니스를 만들어 주는 비즈니스는 아낌없이 투자하고 싶은 아이템이 되는 것이죠. 고학력이지만 놀고 있는 자녀가 있다면, 그 부모에게 돈보다 더 중요한 것은 비즈니스가 됩니다.

"우리는 무엇을 파는 회사인가?"

단순한 이 질문에 선뜻 답하기는 의외로 쉽지 않습니다. 많은 기업의 대표가, 자신이 경영하는 기업이 무엇을 파는 회사인지 정의하지 못합니다. 혹은 정의하고 있지만 그 의미가 무엇인지 잘 알지 못하는 경우도 많습니다. 대표가 모르니 당연히 직원도 모르거나 잘못 아는 경우가 대부분입니다.

05   해외 진출, 문이 안에서 열려야 합니다

연변 과기대 경영학과 K 교수가 제게 말했습니다. "제가 10년째 여기 살고 있는데, 이 도시의 빙벽은 5m가 안 남았습니다. 아니 지금 도끼를 들면 바로 빙벽이 무너질 수도 있어요." 옆에 앉아 그 말을 듣던 H 선생이, "저도 그런 확신이 있어서 상해에서의 삶과 미래가 보장된 대기업을 포기하고 자신 있게 여기로 이사 왔습니다. 사장님, 한번 해봅시다."라고 말했습니다.

개척자 정신으로

비즈니스에서 획을 긋는 성장 원인이 되는 요소가 있습니다. 성장 요소 가운데 '도전'은 무엇보다 중요한 성장 전략이죠. 도전 없는 성장이 없고, 성장의 이면에는 늘 도전이란 두려움을 극복한 이야기가 있습니다. 32세 이후 27년 동안 경영자로 지내면서 수많은 도전을 했는데, 누군가 어떤 도전이 가장 자랑스러운지 묻는다면 저는 스스럼없이 '핸즈커피의 중국 진출'이라 답하겠습니다.

2008년 10월 중국사업부를 설립할 때, 핸즈커피는 이제 막 가맹 사업을 시작한 지방의 작은 기업이었습니다. 2007년 6월 26일 1호점 계약을 시작으로 15개월 만에 16개의 매장을 전개했으니 대단하다는 사람들이 많았습니다. 하지만, 자본 없이 시작한 사업이고, 사무실과 교육 센터, 제조 공장을 세우는 데 수익금을 전부 투입하느라, 늘 재정적인 압박을 느끼던 시절이었습니다. 사실 이런 고민과 압박은 사업을 하는 동안은 계속되는데 당시는 이런 상황이 조만간 종료될 것이라고 기대했습니다.

해외 진출의 가능성은 중국이 아니라 예멘 프로젝트에서 처음 시작되었습니다. 2007년 4월 어느 토요일 오전에 전화벨이 울렸습니다.

"안녕하세요, 여기는 중동의 예멘입니다. 저는 서울 S 교회에서 파송받고, 예멘 사나에서 사역 중인 H 선교사인데요, 커피 창업자 교육 프로그램을 운영하신다는 소문을 듣고 연락드렸어요."

알고 보니 서너 다리를 건너 아는 사람들과 인연이 있는 분이었습니다. 핸즈커피는, 기독교 선교사들이 선교지에서 커피 비즈니스를 하면서 안정적인 신분을 가지고 선교할 수 있도록 돕기 위해 시작한 회사이기 때문에, 그날의 전화는 우리에게 큰 의미가 있었습니다.

다음 달 H 선교사님은, 그 먼 예멘에서 대구 땅까지 핸즈커피를 찾아와 창업자 과정인 마스터 클래스에 참석했습니다. 그렇게 시작된 핸즈커피와의 인연은, 다음 해 5월 예멘의 수도 사나 외곽지 대학가에 50평 규모의 카페를 오픈하기까지 이어졌습니다. 해외에서 우리의 철학과 전문성을 담은 카페를 오픈한다는 것은 상상만 해도 멋진 일이었습니다. 하지만 현실은 그리 쉽지 않은 과정이었습니다.

해외에서 매장을 오픈하려면, 국내와 완전히 다른 수준의 허들을 넘어야 했습니다. 한국과 매장 임대 시스템이 완전히 달랐고, 익숙한 건축 자재 구하기가 어려우니 설계와 시공 방법 또한 달라야 했습니다. 상호와 상표 디자인, 사업자 등록, 현지 식재료 소싱과 메뉴 레시피 세팅, 원가 계산과 판매가 결정, 예상 손익분기 계산과 사업 타당성 검토, 기계·기구의 구입과 무역,[9] 통관과 기계 장비 세팅, 직원 선발과 교육, 매장 세팅과 오픈 준비, 서비스 시스템 세팅과 고객 관리 등 어느 하나 쉬운 게 없었습니다.

가장 큰 문제는 해외 매장 오픈을 지휘할 사람을 발탁하는 것이었습니다. 우리 직원 중 누군가가 예멘까지 가서 인테리어 설계와 시공, 메뉴 세팅과 직원 교육, 오픈 준비와 런칭까지 모두 도와야 했습니다. 결국 실내 건축을 전공하고, 직영점 매니저로 일하다가 본사로 들어와 메뉴 개발과 교육, 로스팅 등을 담당해 본 경험이 있었던 여직원 하나를 발탁했습니다. 혼자 예멘으로 건너가 2개월 동안 모든 일들을 멋지게 해냈습니다. 놀라운 일이 일어난 것이죠. 그 과정에 우리는 해외 진출의 노하우를 축적할 수 있었습니다.

---

9 당시 예멘에서는 에스프레소 머신과 제빙기 등을 판매하는 대리점을 찾을 수 없어, 한국에서 기계 장비를 구입해 컨테이너에 모두 넣고 예멘까지 배송했습니다.

그해 6월, 저는 중국 상해에서 열린 상해 한인 비즈니스 포럼(SKBF)에 초청받아 예멘 진출 사례를 소개했습니다. 저의 발제를 듣고, 연변 과기대 경영학과 J 교수가, 연길에 와서 조선족 학생들과 중국 내 한인 기업가들에게 한 번 더 이야기해달라고 했습니다. 그렇게 저는 2008년 무더운 여름에 연길 땅을 밟았습니다.

8월 23일. 연길에 도착하니 장맛비 같은 폭우가 쏟아졌습니다. 폭우의 기세는 금세 도시 전체를 덮을 것 같았습니다. 그날 백두산에서는 산사태가 나서 큰 바위들이 관광객들을 덮치고, 수많은 사람이 다치는 사건이 일어났습니다. 하루 전에 미리 연길에 도착했던 세미나 참석자 대부분이 백두산 관광을 갔는데, 산사태를 만나 발이 묶이는 바람에, 세미나가 예정된 시간보다 2시간 정도 미뤄졌습니다. 기다리는 동안 에어컨이 없는 좁은 세미나 장소는, 습도가 너무 높아서 안경을 쓸 수 없을 정도였는데, 옆에 있던 여학생이 시원한 음료수와 냅킨, 과일을 챙겨 줬습니다.

한참을 기다려 온몸이 땀에 젖은 상태로 발제했고, 강사들과 몇몇 졸업생들이 저녁 식사에 초대받았습니다. 제 앞에 젊은 스마트해 보이는 졸업생 부부가 앉아 있었고, 그중 아내인 H선생은, 후에 핸즈커피 중국사업부 본부장이 되었습니다. 그녀는 2개월 전만 해도 상해 S 전자에서 구매팀장으로 고액 연봉을 받던 사람이었습니다. 또래 조선족 여성으로서는 가장 출세한 사람이었는데, 자신의 집을 방문한 J 교수와 대화하던 중 마음을 바꾸고, 13년간 다니던 회사에 사표를 내고, 상해의 집과 자동차 등을 전부 정리한 후, 저를 만나 커피 비즈니스를 시작하기 위해 연길로 왔다고 했습니다. 식사 도중 처음 듣는 놀라운 이야기에 제 마음이 뜨거워졌습니다. 이런 사람과 함께한다면 중국에서도 비즈니스를 해볼 만하겠다는 생각이 들었습니다. 오랫동안 비즈니스를 해 온 저는, 비즈니스는 결국 '사람이다'라는 것을 누구보다 잘 알고 있었기에 '이건 기회다'라는 확신이 들었습니다.

경영학자들은 시장을 빙벽Ice Wall에 비유합니다. 여기서 빙벽은 예측하기 힘든 시장의 막연함을 상징하죠. 사업하는 사람은 이 빙벽 앞에서 빙벽을 기어오르거나 도끼로 깨부숴서 새로운 길을 내려고 합니다. 높이와 두께를 알 수 없는 상황에서 빙벽을 끊임없이 오르거나 깰 수 없기에, 대부분은 이곳저곳을 두드리면서 각자의 방식으로 애쓰다가, 도끼를 버리고 다른 길을 찾아 떠납니다. 빙벽의 두께를 알 수 없는 것처럼, 시장의 장벽이 어느 시점에 무너지고 새로운 시장이 열릴지 알 수 없습니다.

2008년 연길이 딱 그런 상황이었습니다. 인구 20만의 소도시에 소득수준은 1만불(한화 약 1,300만원) 이하였습니다. 연길에서 자라고 공부한 젊은이들은, 연길에 남으면 인생의 낙오자자가 되는 듯한 인식을 가지고 있었습니다. 모두 연길을 떠나고 싶어했죠. 저녁이 되면 일찍 거리의 불이 꺼지고 술집 외에는 갈 곳이 없어 젊은 여성들은 길거리를 걷기도 부담스러울 정도로 어두웠습니다. 젊은이들이 즐길 수 있는 커피 전문점도 고작 한두 곳뿐이었습니다. 반면 그 작은 도시에 다방은 200개가 넘었습니다. 말이 다방이지 음식과 술, 심지어 윤락여성들이 일하는 음침한 곳이 대부분이었습니다. 그런 도시로 H 선생이 다시 돌아온 것이죠.

시장 조사를 하면서, 저는 '이런 곳에서 커피 비즈니스가 될까?'라는 생각을 떨칠 수가 없었습니다. '언제 이 어둡고 거칠며 견고한 문화가 무너지고, 젊은이들이 살고 싶은 밝고 건전한 도시 문화가 자리 잡을 수 있을까, 핸즈커피가 그 일을 해낼 수 있을까' 고민할 때, 연변 과기대 경영학과 K 교수가 제게 말했습니다.

"제가 10년째 여기 살고 있는데, 이 도시의 빙벽은 5m가 안 남았습니다. 아니 지금 도끼를 들면 바로 빙벽이 무너질 수도 있어요."

옆에 앉아 이야기를 듣던 H 선생도 같은 의견이었습니다.

"저도 그런 확신이 있어서 상해에서의 삶과 미래가 보장된 대기업을 포기하고 자신 있게 여기로 이사 왔습니다. 사장님, 한번 해봅시다."

우리는 메일을 주고받으며, 11월에는 중국사업부 론칭 사무실을 만들었고, 경영학과 졸업생 가운데 최고 성적 좋은 학생 두 명이 교수 추천으로 입사 지원서를 제출했습니다. 자세히 살펴보니, 둘 다 인물과 성적이 출중했고, 중국어와 한국어가 능통했으며, 영어와 심지어 일어까지 어느정도 할 수 있는 인재들이었습니다. 두 명 가운데 한 지원자는 연길 강연전 제가 세미나실에서 땀 흘리고 힘들어할 때, 물과 과일을 챙겨 주었던 여학생이었습니다. 참 신기한 인연이라고 생각했습니다. 아직 아무것도 없고 가능성이 확인되지도 않은 회사에 이렇게 좋은 인재들이 지원했으니 저에겐 큰 복이었습니다.

앞에 놓인 빙벽은 그대로였지만, 함께 할 동료들 덕에 용기가 생겼습니다. 누구나 선택할 만하고 특별한 수고 없이도 갈 수 있는 길이라면 성취감이 생길 수 없겠죠. 위험이 없을 때는 무언가를 이루었다는 자부심도 없습니다. 우리가 위대한 일을 할 수 있는 길은, 개척자의 정신으로 무장하고 동료와 힘을 모아 앞으로 나아가는 방법뿐입니다. 새로운 세상을 개척하는 유일한 길이죠. 다른 길은 없습니다.

사업 타당성을 검토할 때는, 치밀함과 신중함이 필요하지만, 결국 모험심과 용기가 더 중요합니다. 모든 시장은 빙벽 같습니다.

정신 차리고 가만히 생각하니까, 창업 2년 차 가맹점 16개, 지방의 작은 커피 회사가 얼떨결에 해외 진출을 시도하는 중이었습니다. 돈도 없고 파견을 보낼 사람도 없으니 우리는 다른 방법을 선택해야 했습니다. 저는 한 달에 일주일을 중국에서 보내겠다고 약속하면서 이렇게 말했습니다.

"저는 한국에서 돈을 가져오지 않을 것입니다. 해외 진출하는 다른 기업들처럼, 돈 들여 외자 법인 설립하고, 직원을 파견해서 사업장을 관리하는 방법을 선택하지 않을 것입니다. 여기서 하는 비즈니스는 순전히 여러분에게 맡길 것이라는 뜻입니다. 여기서 번 돈을 다시 한국으로 가져가지 않을 것입니다. 여기서 번 돈은 오롯이 기업의 성장을 위해 재투자하고, 지역 사회를 돕고, 직원 개개인을 돕는 일에 쓰겠습니다. 저는 기업가적 경험과 핸즈커피라는 브랜드를 투자하고, 여러분은 창업 자금과 현지인으로서의 지식과 경험을 투자해 주시기 바랍니다."

이렇게 핸즈커피 중국사업부가 설립되었습니다. 저는 중국에서 '핸즈커피 슴늡咖啡' 상표를 등록한 후, 마스터 프랜차이즈 계약을 체결하고, 상표권자로서 그들의 파트너가 되었습니다. H 선생은 '내자 법인'을 설립하고, 사무실 임대와 교육장 기물 투자, 그리고 초기 직원들의 급여를 지급하는데 필요한 11만 위안을 자본금으로 투자해서, 핸즈커피 중국사업부 론칭 본부장이 됐습니다.

사무실이 생기고 직원들이 들어왔는데 할 일이 없었습니다. 한 달에 한 번씩 중국 출장을 가면 직원들과 연길 맛집을 돌고, 사무실에서 종일 커피 내리는 연습을 했습니다. 어떤 때는 사무실 복도에서 배드민턴을 치고, 저녁에는 모여서 영화를 봤습니다. 우리는 그렇게 의미 없어 보이는 몇 달을 보냈지만, 급하게 무언가를 해야겠다고 생각하지 않았습니다. 서로 알아가는 시간이 필요하다고 생각했습니다.

어느 날, 빙벽 이야기를 해 줬던 K 교수가 저녁 식사에 저를 초대했습니다. 집에 가니 10여 명의 교수 부부가 있었고, 저는 식사 도중 커피 관련한 여러 이야기를 나눴습니다. 연세가 있었지만, 모두 유학파이시다 보니, 제 이야기를 즐겁게 들어 주셨죠. 식사 자리에는 연변 과기대 부총장과 사회교육원 원장도 있었습니다. 이야기를 마치고 나서는데, 사회교육원 원장이 말했습니다.

"과기대 사회교육원에서 바리스타 과정을 한번 개설해 보면 어때요?"

저는 순간, 바리스타 과정은 지식 사업이기 때문에 투자금이 거의 안 들고, 초기 사업부를 먹여 살릴 수 있는 좋은 아이템이 되겠다는 생각이 들었습니다. 그때 한국에서는 드라마 〈커피 프린스 1호점〉이 대히트를 치면서 바리스타 자격증 과정이 폭발적인 인기를 끌고 있었는데, 한국 문화를 실시간으로 흡수하는 조선족 사회에서 바리스타 자격증 과정은 충분히 관심을 불러일으키는 비즈니스가 되겠다는 확신이 들었습니다.

우리는 사회교육원과 양해각서를 체결하고, 다음 해 3월 학기부터 전문 바리스타 양성 과정을 개설하기로 약속했습니다. 본부장과 2명의 직원을 2~3개월씩 한국으로 데려와 핸드드립, 에스프레소, 머신 관리 등 다양한 분야의 교육을 진행했고, 로스팅 실무와 직영점 현장 훈련을 시켰습니다. 새로운 매장을 오픈할 때는, 준비 과정부터 론칭까지 모든 과정을 함께 경험하게 했고, 모든 경험을 기록했으며 매뉴얼로 만들었습니다. 커피의 '커' 자도 몰랐던 이들을 3개월 만에 커피 교육 강사로 만드는 일은 쉽지 않은 과정이었지만, 그들은 똑똑하고 집요했습니다. 한 명도 낙오 없이 전문가로 멋지게 성장했죠.

2009년 3월, 첫 개강을 앞두고 교육 설명회를 개최했는데, 학교 사회교육원이 아닌 K 호텔 세미나실을 빌려 준비했습니다. 한국커피교육협의회에서 발급하는 바리스타 자격증 취득 과정 설명회를 한다는 소식에 그동안 관심 가졌던 수많은 사람이 몰려왔고, 세미나실이 비좁아 2번에 나뒤 설명회를 진행해야 했습니다. 교육장은 한 클래스에 10명밖에 수용할 수 없는 열악한 환경이었고, 교육비는 연길 대졸 초임인 1,500위안을 훨씬 넘는 2,500위안이었음에도 불구하고 수강생들이 몰려, 학기마다 4개의 클래스를 만들고, 방학 기간에도 교육과정을 진행할 정도로 인기였습니다.

결국 그 해, 연길에서 104명의 바리스타를 배출하는 놀라운 일이 일어났고, 교육과정은, 연변 과기대 사회교육원 역사 이래 최고 인기 과정으로 자리 잡았습니다.

바리스타 과정이 인기를 끌자, 교육생 가운데 많은 이들이 '이 맛있는 커피를 언제든지 사 먹을 수 있는 커피숍을 연길에 만들어 달라'라고 요구했습니다. 저는 중국에서 사업을 하던 지인들에게 연락해서 연길 시장의 가능성을 설명하고, 직영점 투자를 권유했습니다. 하지만, 아무도 빙벽에 가로막힌 연길 시장을 소신 있는 안목으로 봐주는 사람이 없었습니다. 가게를 오픈해야 한다는 방향을 잡고, 몇 달에 걸쳐 투자자를 물색했지만, 뜻대로 진행되지 않았고, 결국 중국사업부 직원들이 직접 투자하겠다고 나섰습니다.

직원들이 직장 생활하고 아르바이트하면서 번 돈을 모아도 여전히 모자라자 부모와 형제까지 설득해 자금을 모았습니다. 그들이 모은 돈은 한국 돈으로 9천만 원 정도였는데, 투자금치고 한국에서는 큰돈이 아니었지만, 한화로 30만 원 정도의 급여를 받는 그들에게는 어마어마한 돈이었습니다. 그렇게 모은 돈으로 우리는 영하 10~20°C를 오가는 추위도 아랑곳하지 않고 공사를 강행해서, 2010년 1월 18일 직영 1호점을 오픈했습니다. 혹한기에는 공사가 거의 중단되는 연길에서, 우리는 최대한 빨리 맛있고 건전한 문화 공간을 사람들에게 제공하고 싶었습니다.

핸즈커피 연길 1호점은, 금세 소문이 나서 젊은이와 해외 주재원, 교수와 방송국 아나운서가 즐겨 찾는, 지역의 명소로 자리를 잡았습니다. 바텐에는 멋진 외모뿐 아니라 대학에서 경영학을 전공하고 한국에 가서 커피를 배운 엘리트 바리스타 강사들이 일했고, 그들이 제공하는 커피는 연길 사람이 처음 접하는 스페셜티 커피였습니다.

우리는 지난 15년 동안, 연변 지역을 중심으로 21개의 핸즈커피를 오픈했습니다. 핸즈커피는 연변에서 '진정한 연변 커피의 진리'라는 별명을 얻었죠. 2015년에는 연길 최초로 술을 팔지 않고, 전 구역 금연을 고집하는 패밀리 레스토랑 '핸즈쿡'을 론칭해서 12호점까지 전개했습니다. 2019년에는 '신짜오'라는 베트남 요리 전문점을 론칭했고, 2020년 12월에는 티벳 지역의 중심 도시인 시닝에 2개의 핸즈쿡과 '아이벡스'란 신규 커피 브랜드를 론칭해서 성공적으로 운영 중에 있습니다.

연길의 조선족 사업가 K사장이 이렇게 말했습니다.

"연길이 이렇게 밝은 도시가 된 것은 핸즈의 기여를 빼놓고는 설명할수가 없다."

저는 해외 진출을 할 때, '돈으로 문을 두드리면 밖에서 여는 것이고,

현지인들이 스스로 돈을 투자하고, 우리에게 브랜드와 전문성을 지원해 달라고 한다면, 문이 안에서 열리는 것이다'라고 생각합니다.

문이 안에서 열렸다는 것은, 그 지역에는 없었던 새로운 문화를 그들 스스로 도입했다는 것을 의미합니다. 국내에서 성공한 기업들이 해외에 진출하는 방식을 보면, 막대한 자금을 투자해 해외 지사를 설립하고 핵심 인재를 투입해서 그 지역의 시장을 장악하려는 모습이 대부분입니다. 국내에서는 가치로 승부하면서 해외로 가면 꼭 자본력과 브랜드 파워로 시장을 장악하고 정복하려는 것이죠. 자신들의 시장을 빼앗고 정복하려는 외자 기업을 해당 국가나 사회가 좋아할 이유가 없을 텐데, 해외 진출 목표를 정복과 장악으로 여기는 기업이 많습니다.

반면 세계적인 기업들, 예를 들어 스타벅스나 구찌 같은 브랜드는 해외 진출을 직접 시도하지 않습니다. 그들은 해당 나라 사람들이 찾아와서 브랜드를 사용할 수 있도록 허락해 달라고 할 때까지 기다립니다. 파트너가 찾아왔다고 덥석 마스터 계약권을 주지도 않습니다. 철저하게 파트너의 전문성과 자금력, 기업 윤리를 조사하고, 자신들의 브랜드 철학을 잘 지킬 수 있는 파트너인지 검토한 다음, 기간과 영역의 캡cap을 씌우고, 조건적으로 브랜드 사용권을 허락합니다. 한국 기업은 그들에게 배울 것이 너무 많습니다.

우리는 돈도, 인재도 없었기에, 어쩔 수 없이 현지 파트너에게 경영과 의사 결정권을 전부 맡기고 사업 확장을 위한 투자 역시 직접 하라고 했습니다. 금전적으로 기여할 수 없으니 우리는 최선을 다해 지식을 전수하고 지역에서 차별화된 브랜드가 될 수 있도록 도왔습니다. 소정의 상표권 사용료를 제외하고 모두 현지 사업부가 건강하게 자리 잡도록 재투자해서 새로운 사업을 개발하도록 도왔습니다. 저는, 그렇게 했기 때문에 중국에서 2번째, 3번째 브랜드가 생겨 날수 있었다고 생각합니다. 서로의 부족한 부분을 채워가며 한 팀이 되니까 어떤 어려움과 결핍이라도 극복할 수 있는 해외사업부가 된 것입니다.

"그럼 우리는 그들에게 퍼다 주기만 했는가?"

예를 들어, 핸즈커피의 차별화된 종이컵은 중국사업부 덕에 개발하고 수입할 수 있었던 상품이었습니다. 우리는 중국이라는 거대한 시장에서 함께 일할 든든한 동료를 얻었고, 덤으로 중국에서 상당한 가치를 보유한 상표권자가 되었으며, 향후 한국에도 론칭할 수 있는 몇 개의 브랜드를 중국에서 준비 할 수 있게 되었습니다. 어쩌면 핸즈커피의 해외 진출은 이제부터 시작입니다. 먼 길을 둘러 온 것 같지만 전혀 늦지 않았습니다.

06   살자고 하는데 반대할 직원은 없습니다

리더는 돈보다 리더십 잃는 것을 더 두려워해야 합니다. 위기의 상황에서 리더는, 직원들에게 숨김없이 과감하게 살길을 보여줘야 합니다. 누구도 살자고 하는데 반대할 직원은 없을 것입니다. 하지만, 직원들에게 그런 이야기를 하기 전에, 리더들부터 먼저 모범을 보여야 합니다.

위기가 감사한 이유

저는 대구에서 살고 있습니다. 대구는 1995년 상인동 가스 폭발 사고와 2003년 2월 18일 중앙역 참사가 발생한 도시입니다. 2020년 31번째 코로나 확진자가 나오는 등 대한민국 코로나 사태의 진원지였습니다. 팬데믹이 선언되고 수개월 동안 대구는 가장 치명적인 통제와 폐쇄의 도시가 되었죠. 가게는 대부분 문 닫았고 유령 도시가 되어버린 대구의 자영업자들은 80% 이상의 매출 하락을 겪었습니다. 가장 먼저 파트 타이머가 해고되었고, 상당수 직원들이 무급 휴가를 갔습니다. 전문가들은 전 세계는 주기적으로 코로나 사태 같은 상황을 맞게 될 것이고 그 주기는 더 짧아질 것이라고 합니다. 이제부터 우리는 일상을 위기로 살아야 합니다. 그 래야 위기가 다시 와도 살아남고, 살아남아야 기회가 오기 때문입니다. 불확실성과 위기는 어떤 기업도 예외일 수 없습니다.

저는 대학을 졸업하고 1991년부터 3년 동안 E 그룹에서 직장 생활을 했습니다. E 그룹 경영진은, E-Spirit이란 18개 경영 철학을 정리해 직원 을 교육했습니다. 내용 중에 '장애물은 나에게만 주어진 기회다'라는 문 구가 있었습니다. '사람들은 장애물을 만나거나 위기가 오면, 남이나 상 황을 탓하고, 자신은 어쩔 수 없어서 망했다고 스스로 위로한다. 하지만, 성공한 사람은 그 장애물을 기회로 삼는다'라는 이야기였습니다.

기업을 경영하면 다양한 위기를 만나는데, 투자 실패로 겪는 위기, 경기 침체에 따르는 위기, 재난 때문에 생기는 위기 등, 위기의 모습은 다양합니 다. 공부를 많이 하고 경륜이 풍부한 사람이라도 갑작스러운 위기를 통제 하거나 극복하기 힘든 것은 마찬가지입니다. 하지만 위기는 기회와 같이 옵니다. 2020년 전 세계를 팬데믹으로 몰고 간 코로나19도 대다수 기업 에는 재앙이었지만 언택트Untact 기술을 제공했던 일부 기업에게는 준비 한 역량보다 몇 곱절 넘는 수확을 얻는 기회가 되었습니다.

그뿐 아닙니다. 위기가 왔을 때 준비된 경영자는 돈으로 살 수 없는 신 뢰를 얻고 직원 가운데 누가 옥석인지 분별할 수 있게 됩니다. 조직은 더 강해지고, 기업은 체질 개선의 명분과 기회를 얻습니다. 운 나쁘게 위기 가 닥쳤다고 투덜거릴 시간이 없습니다. 일본말에서 '고맙습니다'는 '아

리가토'입니다. 아리가토ありがと·有り難うと는 '고난이 있다'로 적고 '고맙습니다'라고 말합니다. 일본인들의 생각에도 고난은 감사의 제목이죠.

──✄

투자에 실패했을 때

2008년 10월 중국에 진출한 후, 2009년 3월부터 커피 교육 사업을 시작했고, 2010년 1월 중국 연길시에 18평짜리 직영점을 오픈했습니다. 금세 소문이 퍼졌고, 작은 가게는 연길시 명소가 되었습니다. 연이어 가맹 매장을 2개 더 추가로 오픈했고 모두 대성공이었죠. 특히 8월에 오픈한 두만강변점은 110평 규모의 대형 매장이었는데 아무도 상상하지 못한 위치에서 성공한 매장이었습니다. 그 결과 핸즈커피는 지역에서 많은 사람이 주목하는 브랜드가 되었습니다.

저는 다음 스텝으로 연길시에서 천 킬로미터 서쪽에 위치한 대련시로 정하고 직원들 동창 중 대련시에 연고가 있는 사람을 수소문했습니다. 그렇게 소개받은 여자 동창 한 명을 채용한 후 한국에서 한 달 동안 커피 전문가 과정과 상권 분석 방법을 가르쳤습니다. 교육을 끝낸 10월 초, 저는 그 직원에게 대련으로 돌아가 입점할 상가를 찾으라고 했습니다. 한 달 후에는 중국 본부장과 함께 대련으로 가서 미리 조사한 가게를 둘러보고 마음에 든 곳에 임대 계약을 체결했습니다. 3일 만에 인구 천만 명이 사는 도시를 돌아보고 상가 계약을 결정한 것이죠.

그 길로 연길에 가서 직원들에게 임대 계약을 했으니, 대련으로 이동하자고 했습니다. 중국 본부장은 별도의 사업을 하던 남편을 설득해야 했고, 한 직원은 결혼을 앞두고 집을 장만해 인테리어를 마쳤는데, 말도 못하고 이삿짐을 싸야 했습니다. 또 다른 한 명은 중병을 앓고 있는 아버지를 홀로 두고, 고향에서 차로 12시간 떨어진 도시로 떠나야 했는데 어느 한 사람 우리 판단과 결정에 반대하는 사람이 없었습니다. 자기 일에 대한 자부심과 리더를 향한 전폭적인 신뢰가 그들 속에 있다는 사실을 대화하면서 느꼈습니다.

하지만 대련으로 이동한 후 걷잡을 수 없는 어려움들이 밀려왔습니다. 공사 관련 다양한 문제가 불거졌는데 인테리어 시설은 도시 미관 심사에 걸렸고, 위생 심사는 지역 주민 100명 이상 동의가 필요했으며, 2층 영업은 소방 심사 문제가 발생했습니다. 아무리 정면 돌파를 하려고 해도 문제는 연이어 터졌습니다. 셰익스피어의 희곡 『햄릿』에 나오는 '불행은 단 한 사람의 염탐꾼으로 오지 않고, 떼거리로 밀어 닥친다'[10]라는 말이 떠올랐습니다.

매년 2만 5천 불씩 소방과 위생 관련 벌금을 내기로 하고 영업 허가를 받았습니다. 절망적인 순간이었죠. 결과적으로 이 도전은 실패한 도전이 되었습니다. 수많은 장애를 넘고 3개월만인 2011년 2월에 대련점을 오

---

10 When sorrows come, they come not single spies. But in battalions.

픈했지만 손님이 없었습니다. 며칠 기다리면 소문 듣고 오겠거니 했지만 한 달이 지나도 손님이 늘지 않았습니다.

3월 중순, 대련시에 가서 3일 동안 직원들과 함께 청소도 하고, 공간도 다시 조정해 보고, 저녁 늦게까지 직원 교육도 진행했습니다. 그리고 한국으로 돌아오는 날 저는 중국 경영진을 불러 모았습니다.

"제가 한국으로 돌아가면 3일 이내에 어떤 결정을 할 것입니다. 결정이 어떤 것이든 여러분은 저의 지시를 따라야 합니다."

직원들은 어떤 결정이든 따르겠다며 상황을 이해해 주었습니다. 이미 제 마음은 결론을 내린 상태였지만, 그래도 스스로 마지막 질문을 던져보고 최종 결정을 해야겠다는 마음이었습니다. 중국 본부장이 실패의 원인을 네 가지로 정리해보고해 왔습니다. ① 상권 조사 실패 ② 대련시로 이동한 것에 대한 보상 심리와 내부 직원들 사이 갈등 ③ 행정 기관의 제재 ④ 벌금으로 인한 원가 상승 등이었습니다. 하지만 저는 본부장이 제일 먼저 꼽고 싶었던 실패 원인은 '경영자의 성급한 판단'이었을 것이라고 생각했습니다.

3일 후, 대련점을 폐점하고 연길로 철수한다는 결정을 내렸습니다. 그 결정은 중국사업부가 전 자산을 투자해 만든 매장을, 불과 2개월 만에 포기한다는 의미였죠. 대학을 갓 졸업한 젊은 창업자들이, 부모와 주변 사람들에게 십시일반으로 투자받아 모은 8만 불 정도의 자금으로, 핸즈커 피를 창업하고 2년 동안 일해서 18만 불을 벌었는데, 그 돈을 한꺼번에 잃어버린다는 것은, 그들의 희망과 기회가 전부 날아가는 것과 같은 것이 었습니다. 어쩌면 그들에게 그 돈은 평생 다시 만질 수 없는 큰 금액이었 습니다. 하지만, 그들은 일체 반문이나 이의 없이 즉각 폐점 절차를 밟고, 연길시로 철수하겠다고 답했습니다. 오히려 자신들의 부족함과 실수를 깊이 반성하는 분위기였죠.

철수 과정 역시 쉽지 않았습니다. 건물주를 만나 매장을 양도할 수 있 도록 허락을 받고, 인테리어와 시설물을 활용해 가게를 운영할 새로운 임 자를 만나야 어느 정도 권리금을 챙길 수 있었습니다. 우리는 연길시로 돌아가 새로운 일을 시도하려면 최소한 8만 불 이상은 회수해야 한다고 생각했습니다. 다행히 2주도 지나지 않아 시설을 인수하겠다는 사람이 나타났고, 협상이 잘 되어 회수할 수 있는 시설물을 모두 가져가는 조건 으로 원했던 8만 불을 확보 할 수 있었습니다.

직원들은 비용을 절약하기 위해 철거팀 용역을 사지 않고, 일주일에 걸 쳐 직접 모든 시설물을 철수했습니다. 전등과 수도꼭지 하나까지 모두 철 거해서 트럭과 승용차에 실었는데, 자리가 부족해서 승용차 천장 위에까 지 짐을 올리고 창문을 내려서 끈을 묶었습니다. 차 위에 짐을 쌓았으니 고속도로를 달릴 수 없었고, 결국 3일 동안 국도로 운전해서 연길시에 도 착했습니다.

이사를 마쳤다는 소식을 듣고, 중국으로 들어가 물건을 쌓아 둔 창고를 들렀는데, 문을 열고 들어가 그곳에 쌓여 있는 물건들을 보니까, 북받쳐 오르는 감정을 억제할 수 없었습니다. 저는 함께 간 직원들을 잠시 내보내고, 서서 한참을 울었습니다.

저는 그날을 평생 잊지 못할 것입니다. 아프고 쓰리고 미안했습니다. '다시 이런 실수를 해서는 안 된다, 이렇게 착한 직원들에게 다시 절망을 안겨서는 안 된다'라고 결심했습니다. 사람이 지킬 수 없는 결심이었지만, 그날의 마음은 진심이었습니다.

눈물의 시간을 보낸 후 연길에서 재창업의 각오로 다시 체인 본부를 차리고, 임대료가 아주 싼 건물에 직영점과 커피 교육 센터를 동시에 열었습니다. 한국 사업부의 디자인과 인테리어를 총괄하는 수석 디자이너가 중국으로 넘어가 2개월 동안 대련에서 뜯어 온 자재들을 재활용해서 멋진 공간을 만들었습니다. 재활용 인테리어는 많은 시간이 필요했습니다.

그렇게 완성된 매장에 연길 젊은이들이 몰려들었고, 중국 핸즈커피는 제2의 부흥기를 맞았습니다. 그 후 3년 만에 20개 매장을 연길시와 인근 도시에 세웠고, 매년 최고의 매출과 수익률을 갱신했습니다. 연길 시민은 우리의 복귀를 기다리고 있었던 것입니다.

대련시에서 겪은 경험을 통해, 우리는 투자에 실패했을 때 어떻게 해야 하는지 알게 되었는데, 정리하면 다음과 같습니다.

실패한 투자는 노력으로 회복되지 않는다

대개 창업자는 자신이 실패했다는 사실을 수용하기 힘들어합니다. 그래서, 이벤트와 홍보, 신메뉴 출시와 고객 서비스로 상황을 극복하려고 노력합니다. 전문가가 오면 해결될 것이라는 착각으로 자문을 구하지만, 매출은 좋아지지 않습니다. 왜냐하면, 실패한 매장은 원인을 명확하게 정의하기 어려운 복합적인 이유가 있기 때문입니다. 대부분 실패 요인은 손댈 수 없는 변동 불가 조건 같은 것들과 관련이 있습니다. 예를 들면, 상권 분석 실패, 지역 문화의 이해 부족 같은 것이죠. 이럴 때는 비즈니스를 즉시 전환해야 합니다. 내리막으로 굴러가는 수레바퀴는 멈출 수가 없습니다. 넘어뜨려야 합니다. 하루빨리 실패를 인정하고 새롭게 시작해야 합니다.

직원들은 매월 10원이라도 흑자가 나는 곳에서 일해야 한다

투자 금액이 아무리 크고, 인테리어가 아무리 아름다워도, 손님이 없고 매월 적자가 난다면 일하는 직원은 불행합니다. 급여는 충분한데 하는 일이 없다면 그것 또한 불행한 일입니다.

직원들은 회사에서 급여뿐 아니라, 성장과 실패의 과정을 통해 얻을 수 있는 경험도 얻게 됩니다. 보수만 받는 것은 일을 통해 얻을 것을 온전히 누리지 못하는 것입니다. 그런 의미에서 성장하지 않는 회사에 탁월한 인재가 남아 있을 이유가 없습니다. 회사는 탁월한 인재를 잃지 않기 위해서라도 속히 적자 내는 투자에 실패를 선언해야 합니다. 어차피 아무 일도 안 해도 돈만 꼬박꼬박 주면 좋겠다는 생각을 하는 직원은 의미 없는 사람입니다. 함께 갈 필요가 없으니 정리하는 것이 맞습니다.

위기를 통해 결속력이 강해진다

직원들은 위기 상황이 아니라 방향을 잃은 리더의 모습에서 두려움을 느낍니다. 위기 상황에서 리더가 원인을 파악하고, 정확한 방향을 제시하고, 흔들리지 않는 모습을 보여주면 직원들은 안정감을 되찾고 문제에 집중합니다. 어쩌면 리더에게는 기회가 될 수도 있습니다. 위기 상황으로 오는 과정에서 생겨난 불신과 갈등은 위기를 함께 극복해야 한다는 결단으로 변화되고 조직의 결속력은 한층 더 강화될 수 있습니다. 우리는 대련 진출의 실패를 통해 상호 신뢰의 역사를 쓸 수 있었습니다. 대련의 실패는 우리가 가진 어떤 자산보다 더 가치 있는 자산이 되었다고 확신합니다.

———✄

경기 침체로 오는 위기

투자에 실패했던 이야기는, 2010년부터 2011년 사이에 있었던 일입니다. 그리고 2018년 무렵 다시 중국사업부에 위기가 찾아왔습니다.

  2018년 12월 17일, 중국 본부장이 메일을 보내왔습니다. 중국 경제의 장기적인 침체로 사업부 운영이 어렵고, 엎친 데 덮친 격으로 연길 지역 커피 시장에 신규 커피 브랜드들이 난립하면서 시장 나눠 먹기가 치열해 졌다는 내용이었습니다. 그리고 사업부 재정이 힘들어 직원들에게 연말 보너스를 줄 수 없는 상태라고 했습니다. 글 행간에 좌절과 절망의 그림 자가 깊게 드리워져 있었죠.

직원들에게 급여를 늦게 준 적 없는 기업인데, 10년 만에 처음으로 약 속한 보너스를 줄 수 없다는 사실이 본부장을 슬프게 한 것입니다. 최근 에 개인 담보로 은행에서 차입해서 급여를 준 적도 있었는데, 이젠 그런 해결 방안도 없다고 말했습니다. 위로하고 격려할 상황이었지만, 저는 모 질게 답했습니다.

"이제부터라도 정확하게 합시다. 경영진은 이제부터 격월로 급여를 받 아야 합니다. 직원들에게 연말 보너스가 없다고 공식화하세요. 모든 식대 와 잡급의 지급을 중지해야 합니다. 현재 회사의 재정상 어려움을 직원들 에게 정확하게 이야기하고, 직원들의 도움을 요청하세요. 리더는 돈보다 리더십 잃는 것을 더 두려워해야 합니다. 위기의 상황에서 리더는, 직원 들에게 숨김없이 과감하게 살길을 보여줘야 합니다. 누구도 살자고 하는 데 반대할 직원은 없을 것입니다. 하지만, 직원들에게 그런 이야기를 하 기 전에, 리더들부터 먼저 모범을 보여야 합니다."

메일을 확인한 본부장은 경영진들을 즉시 소집해서 격월 급여 지급을 합의하고, 전 직원을 모아서 현재 재정 상황을 설명했으며 힘을 모으자고 말했습니다. 그 자리에서 모든 직원은 상황을 수용하고, 더 열심히 일하겠다면서 오히려 더 해야 할 일은 없는지 경영진에게 물었다고 합니다. 좌절이 희망으로 바뀌는 순간이었습니다. 메일을 받은 저는 메일에 답장하면서 다시 이렇게 요청했습니다.

"우리가 가진 자산 중에 현금화가 가장 손쉬운 자산을 매물로 내놓고 최대한 빨리 유동성을 회복하도록 하세요."
"무슨 말씀인지 알겠습니다."

본부장의 답변에 비장함이 느껴졌습니다. 두 달 후인 2019년 2월 16일, 중국에 들어갔습니다. 큰아들 고등학교 졸업식이 겹쳤지만 가야하는 상황이었습니다. 중국 직원을 격려하고, 어디에 집중할지 정확하게 정리하고, 자신감을 회복하도록 도와야 한다고 생각했습니다.

중국에 도착해서 제 책상에 놓여 있었던 '2018년 결산 보고'를 보니 마음이 더 답답해졌습니다. 힘이 빠지는 게 당연한 상황이었습니다. 2년 연속 적자를 기록했고, 특히 2018년 적자는 사상 최대폭이었습니다. 제조 원가 84%, 상품 원가 83%, 공사 원가 87%, 모든 원가가 급격하게 올랐습니다. 프랜차이즈 사업에서는 가히 기록적인 원가율이었죠.

제조 원가율 84%는 더 절망적이었습니다. 중국사업부가 위치하고 있는 지역의 위생 관리국이 '소규모 제조업을 구분해서 관리하지 않고, 규모와 관계없이 대규모 제조업 시설 기준으로 관리하겠으니, 제조업을 유지하려면 대규모 제조업 시설을 갖추라'라는 공문을 보내왔습니다. 갑작스러운 기준 변경으로 공장 부지를 급하게 임대하고, 위생 관리국 요구에 맞춰 시설을 갖추느라, 상당한 돈을 투자했고 직원도 충원해야 했습니다. 임대 비용과 시설 투자에 대한 감가상각 비용, 인건비 등이 급격하게 상승했습니다. 그래서 공장 인허가를 새로 받은 2018년에는 제조 원가가 40% 포인트나 오른 것이죠. 결국 생산 규모를 키우지 못하면, 작은 기업이 원가율 낮출 방법은 없게 되었습니다.

3년 전 신규 론칭한 레스토랑 사업부 핸즈쿡은 가맹 사업 준비가 미비해 직영으로 운영하고 있고, 커피는 6년째 신규 가맹 전개가 멈춘 상태였습니다. 일부 직원은 지금이라도 새로운 아이템을 도입해 신규 브랜드를 론칭하자고 주장하고 있었습니다. 늘 신중하게 브랜드를 관리해 온 저에 대한 불신이 싹튼다는 느낌마저 들었습니다. '어떻게 하면 4일 만에 현지 경영진과 직원들에게 힘을 불어넣고, 가능성과 자신감으로 일하도록 격려하고 돌아갈 수 있을까' 하는 생각이 당시 출장의 발걸음을 무겁게 했습니다.

2019년 2월 20일 오전 9시, 위기에 처한 중국사업부 전 직원이 제 이야기를 듣기 위해 모였습니다. 제가 무슨 이야기를 할지 그들의 얼굴에 두려움과 기대가 동시에 있었습니다.

"여러분은 왜 여기에 모여 있나요? 살펴보면 이 회사에 다니지 않아도 충분히 더 좋은 대우를 받으며 다른 직장을 다닐 수 있는 커피, 외식, 기획, 디자인 전문가들이 많은데, 왜 하필 여기에 있나요?"

정적이 30초 정도 흘렀습니다. 그때 한 직원이 '핸즈커피니까요'라고 대답했습니다. 모든 이들의 입가에 미소가 퍼졌습니다.

그렇습니다. 이 지역 젊은이들은 자기 경력을 위해 짧게는 몇 달, 길어 봐야 2~3년 만에 이직하는 것이 사회생활의 지혜라는 인식이 보편적인데, 핸즈커피에는 5년 이상 10년 차 직원들이 50%가 넘었습니다. 한 명이 대답하자, 연이어 많은 직원이 자신이 왜 핸즈커피를 다니는지 선명한 이유를 말했습니다.

저는 창업 멤버 중 한 명에게 'K 대리, 만약 당신은 우리가 망한 후, 지금 경영진과 다시 창업한다면 월급을 받지 않고 합류할 뜻이 있나요?'라고 물었습니다. 사내 커플인 그 부부가 '네, 저희는 합류합니다'라고 거의 동시에 대답했습니다.

저는 본론으로 들어가 회사 재정 상태에 대해 더 전문적인 설명을 했습니다. 요약하면 이렇습니다. ① 창업 후, 지난 10년 중 8년 동안 흑자를 기록한 건강한 기업으로 잉여 이익 누적액에 상당한 여유가 있다. ② 유동 부채를 안정적인 부채로 전환하기 위해, 활용할 수 있는 개인 자금을 동원해 단기 부채를 대표 가수금으로 전환하겠다. ③ 우리가 가진 투자 자산 중에 일부를 매각해서 현금 유동성을 회복시킬 것이다. 그렇게 되면 현금이 충분히 확보된다. ④ 재무제표상 데이터도 유동 비율 140%, 부채 비율 68%로 아직 건강한 상태이다.

"다시 정리하면, 지금 우리 사업부는 일시적인 적자와 유동성 위기를 맞고 있지만, 사실 아직 건강한 기업입니다."

직원들의 얼굴에 미소가 돌았습니다. 모임의 효과가 오후에 당장 나타났는데, 사무실에서 직원들의 목소리에 힘이 솟고 웃음소리가 들리기 시작했습니다. 회의 다음 날인 2월 21일, '몇 명의 내부 직원이 우리가 가진 투자 자산 중 일부를 인수하게 되어 현금 유동성을 추가 확보했다'라는 보고가 있었습니다. 그 금액은 향후 1년간 중국사업부의 일반 관리비를 감당할 수 있는 유동성이었습니다. 1년의 여유가 생겼고 신중한 도전을 할 수 있는 시간을 확보한 것입니다. 다시 돌아봐도 그때 제가 얘기했던 '살고자 하는데 반대할 직원은 없다'라는 말은 적절한 표현이었습니다.

———✄

재난으로 오는 위기

이후 새로운 기회가 오는 듯했으나 연이어 코로나19 사태를 만났습니다. 코로나19 사태는 이전에 경험하지 못했던 완전히 다른 겨울을 가져왔고, 우리는 치열한 생존의 시간을 다시 보내게 되었습니다. 결국 우리 비즈니스는 살아남는 게 가장 중요합니다. 혁신도, 마케팅도, 이윤 추구도 끝까지 그 것을 추구하는 이유를 파헤쳐 보면 궁극적인 목적은 살아남는 것입니다. 제 진심도 다른 게 없습니다. 우리의 목표는 오직 살아남는 것입니다. 외 부로부터 오는 혼란은 어느 기업에게나 위기를 줍니다. 하지만 사실 가장 큰 위협은 내부로부터 오는데 그것은 현실을 부정하려는 충동입니다. 진 짜 위기는 기업 경영자나 관리자가 가진 환상과 현실의 괴리에서 비롯됩 니다. 혼란기에도 새로운 현실을 이해하고 수용해서 활용할 수 있는 조직 은, 혼란기가 오히려 기회가 됩니다. 무엇보다 정직하고 준비된 경영자에 게는, 조직 내 직원들의 신뢰를 얻고 기업을 획기적으로 성장시킬 수 있 는 기회가 됩니다.

위기를 기회로 삼는 방법을 가르쳐 주는 책이나 스승은 없습니다. 각자 무엇을 해야 하는지 조사하고 분석해서, 깊이 생각한 후 결정하고 실천해 야 합니다. 경기 침체가 주는 위기 상황에서는, 정치·경제 전문가의 처방 이 유효하고, 침체기가 종료되면 소비 패턴 역시 회복됩니다. 하지만, 코 로나 19 같은 재난이 닥치면 상황은 달라집니다.

우선, 경제 전문가의 경기 진작을 위한 처방의 실효성이 떨어지고 소비 의 패턴이 예측할 수 없는 방향으로 이동합니다. 시장이 달라지는 것이죠. 이때는 미래를 예측하기보다 미래를 직접 만드는 용기와 지혜가 필요합니 다. 이러한 용기와 지혜는, 온전히 헌신된 리더에게서만 나올 수 있습니다. 그래서 불황기와 위기는 기업의 기회입니다.

"우리를 없애지 못한 것은 우리를 더 강하게 만들 것이다."**11**

— 니체 Friedrich Nietzsche

---

11 What doesn't kill me makes me stronger.

VALUE

2 | 가치가 먼저입니다

07 서울에 가지 않은 이유가 있습니다

천천히 경쟁력을 더 키우고, 소중한 것들을 지키며, 기회가 올 때까지 기다릴 줄 아는 기업은, 자연스럽게 서울과 전국으로 확장될 것입니다. 우리 생애에는 서울을 가지 못해도 상관없습니다. 서울이 목표가 아니기 때문입니다. 우리의 목표는, 모든 이에게 사랑받는 기업이 되는 것입니다.

———✄

"핸즈커피가 왜 서울에는 없어요?"

저를 만나는 많은 이들이 하는 질문입니다. 서울에 있으면 한번 가보고 싶다는 뜻도 있지만, 핸즈커피가 지방에서 시작해 서울까지 진출한 성공 브랜드인지를 판단하기 위해 그렇게 묻는 경우도 있습니다. 그럴 때 저는 '아직 서울까지 올라갈 만큼 대단한 브랜드가 아니다'라고 대답합니다. 그러면 다른 질문을 하고 저는 그에 맞는 대답을 또 해야 합니다.

서울의 시장 규모는 다른 지역과 차원이 다릅니다. 시장의 크기뿐이겠습니까? 정직하게 말해서, 서울은 경쟁력을 갖춘 수많은 브랜드가 치열하게 경쟁하고 있는 전쟁터 같은 곳이기 때문에, 아직 서울에 진출하지 못한 것은 진정한 경쟁력을 확인조차 못 해본 것이라 말할 수 있습니다. 그래서 많은 프랜차이즈 창업자는 자신이 만든 브랜드가 진정한 경쟁력을 갖추었는지 확인하려고 서울 진출을 꿈꿉니다. 서울에 가야 무엇인가를 이룬 것이고, 진출하지 못하면 지방에서만 먹히는 브랜드로 낙인찍히는 두려움이 있는 것이죠.

마치 공부 잘하는 학생은 당연히 서울에 있는 대학교에 간다는 인식과 비슷합니다. 하지만 서울에서 대학 다닌다고 공부 잘하는 것 아니고 지방 대학 다닌다고 공부 못하는 것이 아니듯, 프랜차이즈 사업도 서울 진출해야 성공한 프랜차이즈라고 인정받는 것은 아닙니다. 지방에서도 충분한 존재 이유를 찾을 수 있습니다.

그래서 핸즈커피가 서울을 못 가는 게 아니라, 가지 않고 있다는 자존심 담은 이유를 정리해 두는 것이 좋겠다고 생각했습니다. 대구에서 시작한 교촌치킨과 호식이두마리치킨이 서울 진출에 성공했다고, 핸즈커피 역시 서울에 가야 한다고 생각하면 큰 오산입니다. 브랜드 성공 지표가 특정 지역 진출이라면 무엇인가 잘못된 것입니다. 그런 기준이라면 모든 브랜드는 서울 진출을 이룬 후 서울보다 더 큰 도시 진출을 통해 계속 검증해야 할 것입니다. 너무 허망한 목표죠.

핸즈커피는 지역 브랜드 전략을 씁니다. 지방에서 자금도 없고 경험도 부족한 상태에서 프랜차이즈 사업을 시작한 저는, 지역 브랜드 전략이 가장 좋은 방법이라고 생각했습니다. 지역 브랜드 전략의 이유를 상세하게 정리하면 이렇습니다.

첫째, 지역 브랜드 전략이 효율적이기 때문입니다. 지역에 100개의 매장이 있는 브랜드와 전국에 100개가 있는 브랜드는 관리와 브랜드 노출도 측면에서 효율이 다릅니다.

가맹점 관리 담당자가 매장을 순회할 때, 전국 100개 경우보다 지역에 가맹점이 모여 있으니 시간상 더 효과적입니다. 조금 효율적인 것이 아니라 아주 효율적입니다. 전국에 매장이 흩어진 경우, 하루에 한 곳 많아도 두 곳을 방문하는 게 최선이겠죠. 어떤 지역은 한 곳을 방문하면 숙소를 잡아 자고 와야 할 경우도 있습니다. 지역 브랜드 전략을 쓰면 담당자가 하루에 서너 곳을 방문할 수 있습니다. 모두 시간이고 비용이죠.

배송도 경상권 100군데 배송하는 것이 전국 100곳에 배송하는 것보다 더 효과적입니다. 핸즈커피는 매장이 불과 40여 개 있을 때부터 전국에 수백 개 매장이 있는 브랜드와 같은 대우를 받고 납품 업체들과 협상을 했습니다. 납품 업체 입장에서도 경상권에 물류 차를 몰고 왔을 때, 한 번에 40곳을 배송할 수 있는 핸즈커피가 더 매력적일 수 밖에 없었을 것입니다. 이런 면에서 핸즈커피는 지난 17년 동안 상당한 효과를 누렸습니다.

지역 브랜드 전략은 브랜드 노출도 면에서도 차원이 다른 결과를 가져옵니다. 핸즈커피가 전국 브랜드여서 100여 개의 가맹점을 가진 회사라면 경상권 사람들조차 여전히 핸즈커피를 모르는 사람이 많을 것입니다. 하지만 경상권에 100여 개의 가맹점을 가진 핸즈커피는 이미 다른 어느 브랜드보다 노출도가 높습니다. 만약 어떤 브랜드가 경상권에만 100여 개의 매장이 있다면, 전국에는 최소 1천 개 정도의 매장을 가지고 있지 않을까요? 결국 핸즈커피가 영업하고 있는 경상권 지역에서는 전국 1천 개 지점을 가진 브랜드와 비슷한 등급으로 인정받는 셈입니다.

둘째, 사람이 가장 중요한 자산이기 때문입니다. 저는 40대 중반에 핸즈커피를 창업하면서 20대 초반의 어린 아르바이트생들과 함께 사업을 시작했습니다. 그랬던 창업 멤버들이 성장해서 지금 중간 관리자로, 부서장으로, 체인 사업본부의 중요한 인재들이 되었습니다. 회사 근처로 이사 오고, 결혼하고, 가정을 꾸렸죠. 그들은 제 비즈니스의 이유입니다. 저는 이들의 삶을 사랑하고, 이들의 인생에 그늘이 되고 싶습니다. 이들을 두고 서울로 본사를 옮겨야 한다면 저는 서울 진출을 성공이라고 말할 수 없다고 생각합니다.

'사람을 잃을 이유가 없다. 같이 서울로 갈 수 있는 사람만 이사하면 된다. 본사를 옮길 수 없다면, 서울에 지사를 두고 일부 인력만 이동하면 되지 않느냐'라고 반문하는 사람이 있을 것입니다. 아마 지방에서 시작해 서울 진출을 감행했다가 쇠락의 길을 걸었던 수많은 브랜드가 그런 생각으로 서울행을 결정했을 것입니다.

본사를 옮길 계획이면 우선 핵심 인재가 이동해야 합니다. 그들이 기업의 노하우를 가졌기 때문이죠. 기업의 노하우를 시스템이나 매뉴얼에 담을 수 있지만 결국 매뉴얼을 누가 사용하느냐에 따라 기업의 품격은 달라집니다. 진정한 노하우는 사람에게 생채기처럼 남아 있는 것이죠. 만약 핵심 인재들이 이동하지 못하면 본사 서울 이전은 위험한 결정입니다.

'그럼, 서울에 지사를 세우고, 이동할 수 있는 사람만 이동해서 매장을 전개하면 되지 않느냐'라는 말을 할 수 있습니다. 서울이란 지역은 전사적으로 전력을 기울여도 될지 말지 알 수 없는 치열한 곳인데, 지사를 설립하고, 핵심 인재 몇 명 보내서, 모델 샵 몇 군데 오픈하면 정복할 수 있는 곳일까요? 저는 그런 모험을 할 이유가 없다고 판단했습니다.

핸즈커피가 서울에서 시작했다면 경상권에 더 많은 가맹점을 전개하기 위해 본사를 대구로 이전해야 한다는 생각을 했을까요? 그런 고민 자체가 우스꽝스럽습니다. 그런 의미에서 지방에서 시작한 핸즈커피가, 사람을 포기하거나 소외시키면서, 서울 진출을 서두를 필요는 없다고 생각했습니다.

셋째, 재정적으로 더 준비되어야 하기 때문입니다. 어쩌면 이 점이 가장 솔직한 말일 수 있겠네요. 재정을 충분히 준비하기 전에 서울에 가면 안 된다는 생각입니다. 서울 진출을 원한다면, 창업한 지역에서 충분히 재정적 여유를 확보할 때까지 참고 기다려야 합니다. 서울에 진출하려면 상당한 재정적, 인적 에너지가 필요하기 때문이죠.

2019년 가을, 핸즈커피 가맹점주 중 한 분 소개로 서울 광화문에 모두 탐낼 만한 상가에 입점 제안을 받았습니다. 저와 아내는 현장을 보고 마음이 흔들렸습니다. 지역 브랜드로서 더 에너지를 모으자는 전략이 흔들리는 순간이었습니다. 하지만, 저희는 가진 재정을 현재 지역에서 더 집중해서 사용하자는 결론을 내렸습니다. 욕심을 내려놓자 마음이 평안해 졌습니다. 비즈니스를 하면서 마지막 선택은 늘 평안이어야 합니다.

자본 없이 시작한 지역 브랜드의 경우, 수백억을 투자하고, 경험 많은 전문가를 영입해서, 브랜드를 만드는 대기업과 같은 방법으로, 여러 지역에서 동시에 지사를 운영하면 안 됩니다. 실제로, 저는 지역에서 시작해서 건강하게 잘 크던 브랜드가, 서울 진출 후 사세가 기우는 것을 여러 번 봤습니다. 이와 같은 지역 브랜드 전략을 '란체스터 법칙'이라고 합니다. 1차 세계대전 당시 영국의 항공 학자였던 프레드릭 윌리엄 란체스터 Frederick William Lanchester는, 영국군과 독일군의 공중전 결과를 분석해 '수적으로 우세한 쪽의 살아남은 비행기 숫자는 양쪽의 비행기 숫자의 차이보다 더 크다'라는 법칙을 정리했습니다. 그는 공중전을 할 때, 비행기를 한 곳에 집중적으로 보내야 승산이 높아진다고 주장했고, 그 법칙은 공중전의 판도를 바꿨습니다. 1차 세계대전 후, 란체스터 법칙은, 일본 경영인들에 의해 선택과 집중이란 경영 전략을 설명하는 이론으로 정립 되었고, 이후 수많은 이들이 란체스터 법칙을 기업 경영에 적용하게 되었습니다.

결국 역량을 한곳에 모아야 더 큰 효과를 낼 수 있다는 말입니다. 기업의 역량을 다양한 아이템과 지역에 분산하는 것 보다, 현재 아이템, 현재 지역, 현재 브랜드에 집중적으로 투입할 때 더 큰 효과를 낼 수 있습니다. 그렇다고, 지역 브랜드 전략의 길이 평탄한 것만은 아닙니다. '지역 브랜드라서 수준이 낮다'라는 막연한 선입견에서 나올법한 말을 들으면 온몸에 힘이 빠집니다.

"핸즈커피가 서울이나 다른 지역 카페를 벤치마킹하는 것 같다."

열심히 노력한다는 칭찬으로 들릴 수도 있지만 무척 자존심 상하는 말입니다. 핸즈커피가 끊임없이 배울 수 있는 업체를 조사해서 방문하고 연구하는 것은 사실입니다. 그렇지만, 서울 산다고 창의적으로 일하고, 지방 산다고 벤치마킹한다고 생각하는 것은, 핸즈커피의 정직성과 진심을 왜곡하는 것입니다.

저희는 핸즈커피만의 브랜드 콘셉트와 창의성을 절대 포기하지 않는 사람들입니다. 저와 저희 직원들은 누구보다 다른 브랜드와 개인 카페를 많이 방문합니다. 우리끼리 잘하면 된다고 생각하지 않기 때문이죠. 핸즈커피를 창업하기 전부터, 전 세계를 돌며 카페를 연구했는데, 여행 비용만 수천만 원이 넘습니다. 수많은 정보가 저의 머리에 들어와 새로운 브랜드인 핸즈커피가 만들어졌습니다. 브랜드란 그렇게 만들어지는 것이란 확신이 있었습니다.

창업 이후 핸즈커피가 만든 인테리어 콘셉트는, 내부에서 순수 예술을 전공한 직원들에게서 나왔습니다. 핸즈커피의 모든 디자인물과 공간은, 그들의 경험과 학습, 고민과 테스트 과정에 축적된 정보가, 새로운 환경을 디자인하기 위해 재결합된 것들이었죠. 핸즈커피가 만든 것은 자랑스럽고 영광스러운 작품입니다.

"수준 떨어지는 예술가는 빌리고 위대한 예술가는 훔친다."[1]

― 파블로 피카소Pablo Picasso

피카소, 아인슈타인, 스티브 잡스는 100% 영감이란 없다고 말했습니다. 저희도 경험한 것을 머리에 입력하고, 핸즈다움으로 새롭게 재창조해서 우리 것으로 만들었습니다. 그런 면에서 핸즈커피는 자랑스러운 브랜드입니다. 지방에 있다고 서울 따라 한다고 생각하는 것은 선입견입니다. '글로컬glocal' 차원에서 보면 서울이든 지방이든 모두 '지역'입니다. 언젠가 서울에도 진출하겠지만 무리하게 서울 갈 이유는 없습니다. 핸즈커피에게 현재 서울은 나방을 유인하는 불꽃 같은 곳이라고 생각합니다.

"감추인 것은 드러나지 않으려 함이 없다."

― 「마태복음」10장 26절

천천히 경쟁력을 더 키우고, 소중한 것들을 지키며, 기회가 올 때까지 기다릴 줄 아는 기업은 자연스럽게 서울과 전국으로 확장될 것입니다. 우리 생애에는 서울을 가지 못해도 관계없습니다. 서울이 목표가 아니기 때문입니다. 우리의 목표는 '모든 이에게 사랑받는 기업'입니다.

---

1   The bad artists borrow, The great artists steal.

08 직영과 가맹, 어느 것이 좋을까요?

전문가들은 가맹 사업을 교육 사업이라고 합니다. 철저한 교육 시스템과 쉽고 구체적인 매뉴얼, 적절한 통제력이 필요한 사업이기 때문입니다. 통제력이 너무 강하면 반감을 사고, 너무 약하면 질서가 무너집니다. 어떤 때는 관계와 평화를 위해 조용히 문제를 덮는 것이 지혜일 때도 있습니다.

핸즈커피를 하려고 왔지

"아마 바리톤 김동규 씨는 '10월의 어느 멋진 날에'를 부르기 위해 이 땅에 왔을 거야."

"그럼, 우린 뭘 하기 위해 이 땅에 온 걸까?"

"우린 아마도 핸즈커피를 하기 위해 왔겠지?"

혼자 질문하고 혼자 답했는데 아내가 옆에서 아무 말 없이 빙그레 웃었습니다.

2006년 10월 27일, 핸즈커피 1호점을 오픈한 날입니다. 10월이 특별한 이유이죠. 아내와 저는 23평짜리 가게 한 곳을 운영하다가 2번째 가게를 오픈하면서 상호를 핸즈커피로 바꿨습니다. 2번째 가게부터 가맹 사업을 하겠다고 결심했고, 아주 작은 것까지 모두 브랜딩했죠. 상표를 등록하고, 공간 컨셉을 정하고, 멋진 메뉴판과 레시피 책도 제작했습니다. 패션 회사 근무 경력을 살려 직접 디자인 한 앞치마도 만들었는데, 앞치마 앞판 전체에 멋진 자수를 새겼습니다.

다음 순서는 충분한 검증이었습니다. 우리가 만든 메뉴와 공간을 고객이 사랑할 수 있는지 확인이 필요했고, 로열티와 물품 납품 이익을 남겨도 창업자가 투자 이상으로 수익을 낼 수 있는지 역시 확인해 봐야 했습니다. 가맹점 사업자[2]도 충분한 수익을 내고, 가맹 본부[3] 역시 수익이 나서, 대기업과 경쟁할 수 있는 건강한 가맹 본부의 조건을 갖추어 가도록 지속적인 투자가 필요했기 때문입니다.

저희 부부는 매일 아침 아이들을 어린이집에 보내고, 9시 집을 나서 과일 시장에 들렀다가, 10시까지 매장에 도착했습니다. 음악을 틀고, 에스프레소 머신을 켜고, 어제 세척 해 둔 잔을 리넨으로 깨끗이 닦아 진열장에 올리고, 휘핑크림과 쿠키 반죽을 준비할 즈음 되면 손님이 들어오기 시작했습니다. 첫 잔은 양을 더 내려 우리도 한 잔씩 마셨습니다. 저희가

---

2 가맹 사업과 관련해 가맹 본부로부터 가맹점 운영권을 부여받은 사업자
3 가맹 사업과 관련해 가맹점 사업자에게 가맹점 운영권을 부여하는 사업자

직접 선별하고 로스팅한 커피를 마시는 즐거움은, 해보지 못한 사람은 절대 상상할 수 없는 행복을 줍니다. 아내는 디저트류와 음료를 담당하고, 저는 커피를 맡았습니다. 11시 반이 되면 직원 한 명이 출근해서 사이드 메뉴를 만들고 서빙을 했죠. 점심시간에 손님이 계속 밀려들기 때문에, 우리 점심은 오후 2시가 넘어야 가능했습니다.

밤 10시 이후에 손님이 뜸해졌습니다. 그때부터 마감을 시작하고, 11시가 되면 청소와 설거지, 매출 정산을 했습니다. 이때는 듣고 싶은 음악을 한껏 볼륨을 올려 들었는데, 청소하면서 마냥 행복했습니다. 정산이 끝나고 은행 ATM기에 현금 입금을 하면 밤 12시 30분이었습니다. 피곤한 몸을 끌고 집에 오면 배가 고파 매일 같이 야식을 먹었고, 잠드는 시간은 거의 새벽 2시였지만, 누우면 바로 곯아떨어져 견딜만했습니다. 몸은 피곤했지만 꿈에 그리던 커피 사업을 시작했다는 사실 때문에 행복했습니다.

시간이 흘러 커피 맛집이라고 소문이 났고 저녁이 되면 자리가 없어 돌아가는 손님이 생겼습니다. 커피 한 잔 들고 가게 앞 아파트 광장으로 나가 손님들로 가득 찬 가게를 바라보며 생각에 잠겼습니다. 두 번째 매장을 오픈하면서, 가맹 사업을 한다는 전제로 브랜딩을 했는데 그 계획에 대한 근본적인 의문이 생겼기 때문입니다.

—이렇게 장사가 잘되는데 굳이 가맹 사업을 할 필요가 있을까?

—가맹점을 해도 이렇게 장사가 잘될까?

—직영점만 계속 오픈하는 건 어떨까?

가맹 사업⁴과 직영 사업⁵ 중 어떤 형태로 커피 사업을 하는 것이 좋을지?, 질문이 끊임없이 머릿속을 맴돌았습니다. 첫 가게를 오픈하고 가맹 사업으로 충분한 수익을 낼 수 있을지 검증하기 위해 기다린 그 6개월 동안 저녁마다 커피 한 잔을 들고 광장으로 나가 고민을 했고 결국 저는 가맹 사업을 선택했습니다.

가맹 사업을 선택한 후, 지난 17년 동안 가맹 사업이기 때문에 만나야 했던 장애와 위기, 오해와 갈등, 평가절하와 비평을 감내해야 했는데, 그때마다 저는 가맹 사업을 선택한 것이 정말 옳았는지 수 없이 질문해 봤습니다. 그리고 언제나 답은 같았습니다. 다시 결정할 상황이라도, 저는 자신 있게 가맹 사업을 선택할 것이라고 말하겠습니다.

창업 후 10년이 되던 2016년, 핸즈커피는 100호점을 돌파했습니다. 그 후로 많이 듣는 질문 중 하나가 '직영점은 몇 개 정도 운영하시나요'입니다. 저는 이렇게 답합니다.

"핸즈커피는 창업 이래로 직영점을 늘 2곳 이하로 유지해 왔습니다."

---

4 가맹 사업법에서 가맹 본부가 가맹점 사업자에게 자기의 상표·서비스표·상호·간판 그 밖의 영업 표지를 사용해 일정한 품질 기준이나 영업 방식에 따라 상품 또는 용역을 판매하도록 하고, 경영 및 영업 활동 등에 대한 지원과 교육, 통제를 하고, 가맹점 사업자는 영업 표지의 사용과 경영 및 영업 활동 등에 대한 지원과 교육의 대가로 가맹 본부에 가맹금을 지급하는 계속적인 거래 관계
5 특정한 기관 또는 사업자가 일정한 사업을 직접 관리하고 경영하는 것

대부분의 가맹 본부는 가맹점이 늘고 자금 여유가 생기면, 직영점 숫자를 늘리거나 두 번째 브랜드 론칭에 관심을 가지죠. 하지만, 핸즈커피는 그 두 가지에 투자하지 않고, 가맹점 500개 이상을 보유한 가맹 본부가 갖출 법한 인프라와 시스템 구축에 관심을 쏟았습니다.

일반적으로 가맹 본부가 직영점을 많이 운영하면 건강한 본부로 인식하지만, 실상은 그렇지 않습니다. 직영점 4곳을 잘 운영하다가 한 곳이라도 상권 분석을 잘못하거나, 임대 계약에 실수가 생기면 투자 자산의 25%가 사라집니다. 직영 사업은 매장 개설 비용이 전액 자본금이거나 차입금이기 때문에, 성공 확률이 80% 이상이어야 하는데, 이런 확률은 상당한 브랜드 경쟁력을 갖추기 전에는 도달하기 힘든 수치입니다.

M 유업이 수백억의 자본금을 투입해 P 브랜드를 론칭했을 때, 저는 그들이 언제 손익분기점 BEP[6]을 넘길까 궁금했습니다. 50여 개의 직영점을 오픈했던 시점에 확인한 바로는 여전히 적자였습니다. P 브랜드 매장을 방문하면 어디를 가나 손님이 북적이고, 매장당 매출이 상당할 것 같은데 아직 적자라니 선뜻 이해하기 어려웠습니다. 이유는 정확히 모르겠지만, 직영 사업이 그만큼 어렵다는 것을 보여주는 사례입니다.

직영 사업의 매장당 수익성은 분명 가맹 사업보다 좋습니다. 본부가 매장에 공급하는 재료 원가가 상대적으로 싸고, 판매 가격 조정이나 신메뉴

---

6   break-even point. 손익분기점은 경제학, 사업, 특히 원가회계 분야에서 총 비용과 총 소득이 동등한 지점을 의미한다. 즉, 한 기간의 매출액이 당해 기간의 총비용과 일치하는 점이다.

출시, 이벤트 등 다양한 프로모션 아이디어를 자유롭게 시도할 수 있으니까, 매장당 매출과 수익은 당연히 가맹 사업에 비해 유리합니다. 하지만, 직접 투자로 만든 매장 중 한두 곳의 영업이 어렵거나 폐점이 발생하면, 직영 사업 본부의 투자 손실은 상당합니다. 장사가 잘되는 다른 매장에서 투자 손실을 보전해야 하는데 그게 쉽지 않습니다.

저는 2008년 중국 연변으로 가서 연변과학기술학교 경영학과 졸업생들과 핸즈커피 중국 사업부를 창업했습니다. 연변을 중심으로 20개 넘는 가맹점을 전개한 후, 2015년에는 핸즈쿡이라는 패밀리 레스토랑 브랜드를 론칭했는데, 1호점이 크게 성공했습니다. 장사가 잘돼서 여러 사람이 가맹점을 내겠다고 했는데, 특히 커피 가맹점을 하던 점주들이 소문을 듣고 달려왔습니다. 하지만, 중국사업부 경영진들은, 장사가 잘되는데 가맹 사업 말고 직영 체인 사업을 하자고 제안했습니다. 저는 '어차피 원재료 공급 시스템 구축과 매뉴얼 작업을 해야 하니, 5년 정도 해보고 가맹 사업을 할지 직영 사업만 할지 그때 가서 결정합시다'라고 대답했습니다.

그런데 직영 사업은 생각만큼 호락호락하지 않았습니다. 2년 만에 4곳의 직영점을 연달아 오픈했는데, 3번째 매장을 오픈하고 3개월 정도 지난 시점에, 사드 문제가 발생했습니다. 오픈하는 곳마다 매월 최고의 매출을 갱신하고, 4호점 투자자를 자신 있게 모집했는데, 사드 문제로 매출이 곤두박질치기 시작했습니다. 3호점은 한족 비율이 95%가 넘는 도시에 있었기 때문에 우리가 한국 브랜드라는 이유만으로, 매일 같이 가게에 와서 난동을 부리고 영업을 방해하는 손님들이 있었습니다. 초기 매출에 비해

30% 수준으로 매출이 하락했죠. 1년 동안 가능한 방법을 모두 동원해 매출을 회복하려고 노력했지만, 떨어진 매출은 회복되지 않았고, 결국 지역적 한계를 극복하는 데 실패했습니다. 3호점의 실패는, 나머지 3개 매장의 수익성이 아무리 좋아도 극복하기 힘든 트라우마를 우리에게 안겨줬습니다. 주변에서 우리의 성장세에 관심을 가지고 투자 순서를 기다리던 투자 의향자들이 하나둘씩 고개를 돌렸습니다. 중국사업부는 직영 체인 사업을 중단하고, 가맹 사업 시스템과 통제점을 구축하는 방향으로 전략을 전환할 수밖에 없었습니다.

가맹 사업을 하면 직영 사업에 비해 품질은 떨어질 수밖에 없습니다. 가맹 사업에서 고객에게 전달되는 메뉴, 서비스 품질은, 고객 접점에 있는 가맹점주와 직원들에 의해 결정됩니다. 가맹점 사업자가 품질에 대한 노하우와 철학이 부족하거나, 직원들의 숙련도가 떨어지면, 가맹점의 서비스 품질은 그만큼 낮아집니다. 아무래도 가맹점 사업자는 사업 규모가 작고, 직원들이 평생직장으로 생각하고 일하지 않기 때문에 이직이 잦습니다. 잦은 이직 탓에 직원 평균 숙련도는 떨어지죠. 가맹 본부 시스템이 제아무리 좋고, 탁월한 슈퍼바이저들이 사명감으로 매장을 관리하더라도, 가맹 사업은 직영 사업에 비해 품질이 떨어질 수밖에 없습니다. 그리고 그 책임은 오롯이 가맹 본부 몫입니다.

전문가들은 가맹 사업을 교육 사업이라고 합니다. 철저한 교육 시스템과 쉽고 구체적인 매뉴얼, 적절한 통제력이 필요한 사업이기 때문입니다. 통제

표1. 직영 사업과 가맹 사업 비교

항목별	직영 체인	VS	가맹 체인
매장당 수익성	유리	>	불리
투자 리스크	불리, 자본잠식	<	유리, 안정적
품질 관리	유리, 효과적	>	불리, 한계
가격 경쟁력	유리	>	불리
초기 자본금	불리, 거대자본필요	<	유리, 모델샵 투자 정도
확장성	변곡점 도달이 어려움	<	유리, 규모의 이익
시장 변화	유리, 탄력적	>	불리, 비탄력적

력이 너무 강하면 반감을 사고, 너무 약하면 질서가 무너집니다. 어떤 때는 관계와 평화를 위해 조용히 문제를 덮는 것이 지혜일 때도 있습니다.

———✖

핸즈커피 직영점은 여전히 하나

가격 경쟁력 면에서 가맹 사업은 직영 사업에 비해 불리한 구조입니다. 직영 사업은 제조 원가와 상품 매입 원가가 재료 원가가 되지만, 가맹 사업은 중간에 가맹점 공급 단가가 끼어듭니다. 가맹 본부의 공급 단가에 가맹 본부의 이익이 들어있고, 그 가맹 본부의 공급 단가가 가맹점 재료 원가가 됩니다. 한마디로 가맹점과 가맹 본부가 이익을 나누니까, 직영 사업에 비해 가격 경쟁력이 떨어지죠. 소비자 판매가를 결정할 때도 제약이 큽니다. 가맹점마다 입지 조건과 매장 규모가 다르니까 판매가 결정은 민감한 사안이 됩니다. 도심 상권일수록, 규모가 작을수록, 가격을 낮추고, 시외 상권일수록, 규모가 클수록, 가격을 높이는 게 유리합니다. 이렇게 상반된 입장을 가진 가맹점이 모두 공감하는 가격 산정은 상당한 노하우와 설득력을 필요로 합니다.

스타벅스, 커피빈, 피자헛, 맥도널드, TGI, 아웃백, 폴바셋, 테라로사 등 직영 사업을 하는 브랜드는 막대한 자본력으로 시장을 장악했습니다. 충분한 재력이 있다면 직영 사업을 하라고 권하겠습니다. 그렇다면 직영 사업을 위한 충분한 재정 능력이란 어느 정도 금액일까요? 가맹 사업 아이템 따라 다르겠지만, 기본 수십억에서 수백억이 필요합니다. 예를 들어 커피 사업 가맹 본부를 구성하려면, 기본적으로 브랜딩과 디자인, 건축과 인테리어, 마케팅과 재정, 물류와 구매, 소싱과 커피 등 다양한 분야의 전문가가 필요합니다. 아웃소싱으로 시작한다 해도 결국 내부 전문가가 필요합니다. 세분하면 커피 분야에만 바리스타, 교육, 로스팅, 메뉴 개발, 오픈바이저, 슈퍼바이저 등 다양한 경력의 커피 전문가가 필요합니다. 이러한 전문가를 채용하고 브랜딩과 시설 투자, 모델 샵 오픈 등 론칭에 필요한 기간에 드는 인건비는 생각보다 큽니다. 사무실과 제조, 물류 등을 위한 투자도 수억이 들지요. 처음부터 자가 부동산에 시설과 사무실을 구성한다면 투자 규모는 훨씬 더 커지게 됩니다. 그래서 재력과 인력을 갖추지 못했다면 가맹 사업부터 시작해야 합니다. 자본주의 시장에서 가장 위험한 경쟁이 재력 경쟁입니다. 돈 있는 사람을 상대로 재력 경쟁을 시작하면 결국 남는 게 없습니다. 가맹 사업은 재력과 인력이 부족한 창업자가 선택할 수 있는 가장 안전한 사업 형태입니다. 그래야지 살아남고, 다양한 경험을 할 수 있는 것이죠.

시장에서 존중받는 브랜드 하나를 완성하려면 수많은 대가를 치러야 합니다. 어떤 경우 투자금의 손실로, 어떤 경우 내부 직원의 희생으로, 다른 경우는 손실을 감수하는 투자자의 결단으로 브랜드가 세워집니다. 결코 창업자의 탁월함과 열정만으로 세워지지 않는 것이죠. 가맹 사업은 수억의 자금 투자를 결정한 가맹점 사업자의 희생을 거름 삼아 세워집니다. 다양한 상권과 크기의 매장을 전부 경험하지 못한 가맹 본부는, 여러 측면에서 최고의 선택을 끌어낼 역량이 없습니다. 수많은 실패와 잘못된 선택은, 결국 누군가의 희생을 요구하고, 그런 경험을 통해 상권과 시장을 파악하는 눈이 키워지는 것입니다.

가맹 본부는 투자 위험을 감수하고 자신의 브랜드를 선택해 준 가맹점 사업자를 향한 감사의 마음을 잊지 말아야 합니다. 형제나 친인척이라도 그런 지인을 만나기는 쉽지 않습니다. 가맹 본부는 가맹점 사업자의 투자와 선택에 최선을 다해 보답해야 합니다.

그렇다고 제가 모든 가맹점 사업자의 투자 손실을 책임졌다는 뜻은 아닙니다. 지금 돌아보면 많은 사람을 아프게 했고, 어떤 이들은 큰 손실을 보고 끝내 핸즈커피를 떠나야 했습니다. 충분히 보상받지 못한 채, 창업 시기에 고군분투한 직원들 역시 개선되지 않는 처우에 실망해서 낙심하고 회사를 떠났습니다. 오늘의 핸즈커피란 브랜드는 그들의 희생 위에 세워진 것입니다.

가맹 사업이 직영 사업에 비해 투자 측면이 안정적이라고 모든 부분이 유리한 것은 절대 아닙니다. 가맹 사업은 가맹점 개설 속도와 개설 비용의 균형점을 잘 관리하고 유지하는 것이 중요합니다. 가맹 본부는 가맹점에 납품하는 물품의 물류 수익과 가맹점 개설 수익, 협력 업체 수익 등에서 욕심을 버려야 합니다. 가맹 본부 경영자의 마음에 자신도 모르게 들어온 대박의 욕심을 당연한 것으로 여기는 순간 가맹 본부는 무너집니다. 그런 사례는 무수히 많습니다.

요약하면, 직영 체인은 품질과 가격 경쟁력, 수익성 면에서 안정적인 출발이 가능한 사업 형태이고, 시장의 변화에도 탄력적으로 대응할 수 있는 장점이 있습니다. 하지만 충분한 자본과 지식이 필요하고, 체인 사업 경험이 없는 창업자에게 직영 사업은 막대한 자본과 리스크를 요구하는 사업입니다.

가맹 사업은 품질 관리와 가격 경쟁력, 매장당 수익성 부분에서 직영 사업에 비해 불리합니다. 하지만, 자본력이 부족하고, 매장당 수익성이 상대적으로 약한 비즈니스 모델을 대량 소비 시장으로 확장하고, 규모의 이익을 창출하려는 창업자에게 탁월한 비즈니스 모델입니다. 그리고 규모가 커지면 커질수록 그 성장 가능성은 다양하고 무한해 집니다.

창업 후, 한국과 중국에 180여 개의 가맹점을 오픈한 저는 지금도 가맹
사업에 온 힘을 쏟고 있습니다. 핸즈커피 직영점은 여전히 한곳 뿐입니다.

09   가맹사업, 통제점부터 준비해야 합니다

가맹 사업을 시작할 때 수직 진보의 높이가 낮으면 수평 진보의 확장은 늘 힘겹습니다. 반면 수평 진보에 대한 지식이 부족하면 혁신과 아이디어, 기술은 빛나기 힘듭니다.

착한 슈퍼 을이 되기

2020년 6월 쓴 일기입니다.

"요즘 토요일마다 아내와 오전에 등산 혹은 운동을 하고, 회사 근처 생선 구이집에서 점심을 먹는다. 대부분 생선 구이집은 생선을 먹고 나면 입에서 비린내가 나는데, 이 집은 비린내가 나지 않는다. 생선 구이집 주인에게 비결이 뭐냐고 물으니까, 신선한 생선과 직화 구이, 청결과 연기 배출 기술 등을 설명하는데 이해가 쏙쏙 된다. 이 가게는 매주 수요일은 쉬는데, 그날은 입구에 '생선 잡으러 가는 날'이라고 붙어있다. 곧 가게 주변에 수천 세대 아파트 단지가 들어오는데, 대박 날 것 같다."

어느 날 그 생선가게 사장이, '핸즈커피 대표님이시죠? 저에게 생선구
이 가맹점을 내고 싶다고 문의하는 사람들이 가끔 있는데, 어떻게 준비해
야 하나요?'라고 물었습니다. 가맹 본부를 운영하니까 이런 질문을 자주
받습니다. 며칠 전에도 백화점 치즈 코너에서 우연히 만난 목장 대표님
이, 치즈와 커피를 결합한 브랜드를 만들어 가맹 사업을 하고 싶다며 상
담을 요청하는 일도 있었습니다. 가게를 오픈하고 입소문이 나면, 브랜드
를 만들어 확장하고 싶은 게 비즈니스의 수순인 듯 합니다.

가게 하나를 프랜차이즈 비즈니스로 전환하기 위해서 무엇부터 준비
해야 할까요? 저는 제일 먼저 '통제점'부터 준비하라고 말합니다.

통제점이란, 브랜드의 핵심 가치와 관련된 본부의 통제 수단을 의미합
니다. 가치 없는 것으로 통제하면, 그것은 제약이고 불만이 되겠죠. 가맹
사업을 하려는 사람은, 모든 사람이 인정할 만한 핵심 가치가 무엇인지
생각하고, 그 가치가 고객에게 충분한 검증을 거쳤는지 확인해야 합니다.
한두 달 장사가 잘된다고 가치가 검증된 것처럼 말해서는 안 됩니다. 최
소한 일 년 이상 동일한 비즈니스를 해 봐야 합니다.

확실하게 검증된 핵심 가치가 통제점이 됩니다. 가맹 사업 초기는 주로
'품질의 차별화'가 통제점입니다. 예를 들어 외식 가맹 사업에서는 맛을
내는 기술과 비법이 통제점입니다. 가맹 사업 초기는 브랜드 인지도가 없
어서 상표의 가치가 거의 없습니다. 따라서 흉내 내기 어려운 품질의 차

별화가 필요하고, 차별화의 핵심 비법은 '전수는 가능하지만 도용할 수 없는 비법'이어야 합니다. 대부분 체인 본부가, 핵심 소스나 원재료를 본부에서 공급하는 것을 사용해야 한다는 계약 조건을 내걸고, 철저하게 통제하고 감독하는 이유가 통제점을 확보해야 하기 때문입니다.

가맹 사업 초기는 한두 가지 핵심 비법만으로 통제하는 것이 가능하지만, 시간이 지날수록 통제력이 약해집니다. 가맹점 사업자 역시 비법을 배우기 때문입니다. 그래서 가맹 본부는 지속적인 R&D 투자를 통해 더 많은 가치를 만들어 내야 하고, 그 가치를 모아 자신의 브랜드만 가지는 절대가치[7]를 완성하기까지 노력을 멈추지 말아야 합니다. 그래야 장기적으로 통제점을 유지할 수 있습니다. 초기 통제력에만 만족하는 브랜드는 금방 힘을 잃고 새로운 강자들에게 도태됩니다.

우리가 잘 아는 테슬라 CEO 일론 머스크Elon Reeve Musk와 페이팔PayPal을 창업했던 피터 틸Peter Thiel이 쓴 『제로 투 원』이라는 책에서 통제점에 대한 중요한 지혜를 얻을 수 있습니다.

기업의 미래를 생각할 때 우리는 진보된 미래를 꿈꾼다. 이때의 진보란 둘 중 하나다. 먼저 '수평적 진보' 또는 '확장적 진보'가 있는데, 이는 효과가 입증된 것을 카피하는 것, 즉 1에서 n으로 진보하는 것을 뜻한다. 수평적 진보는 우리가 이미 그 모습을 알고 있으므로 쉽게 상상

---

7   상품의 보편적 가치가 아니라 소비자가 제품을 사용할 때 경험하는 품질 또는 가치

이 된다. 두 번째는 '수직적 진보' 또는 '집중적 진보'다. 이는 새로운 일을 하는 것, 즉 0에서 1로 진보하는 것을 뜻한다. 수직적 진보는 아무도 한 적이 없는 일을 하는 것이기 때문에 쉽게 상상이 되지 않는다. 예를 들어 한 개의 타자기를 보고 100개의 타자기를 만들었다면 수평적 진보를 이룬 것이다. 반면 한 개의 타자기를 본 다음 워드프로세서를 만들었다면 그것은 수직적 진보다.

『제로 투 원』 │ 한국경제신문 │ 2012

『제로 투 원』에서 말하는 진보의 개념으로 가맹 사업을 설명하면 '수직 진보로 얻은 가치를 확장 가능한 시스템에 올려 수평 진보를 이루어 가는 것'이라 할 수 있습니다. 가맹 사업을 시작할 때 수직 진보의 높이가 낮다면 수평 진보의 확장은 힘겨울 것입니다. 직원들 급여를 챙기기조차 힘들고, 금세 비법을 이해한 가맹점주는 여러 가지 불평을 하거나 브랜드를 이탈하는 상황이 발생하겠죠. 반면 수평 진보의 지식이 부족하면 혁신과 아이디어, 기술은 빛나기 힘듭니다. 확산 안 되는 기술은 기술일 뿐 가치가 아니니까요. 그래서 가맹 사업은 초기 이루어진 수직 진보의 가치에 안주하지 않고, 끊임없이 수직 진보와 수평 진보의 볼륨을 키워가야 합니다.

가맹 사업을 시작할 때 수직 진보의 높이가 낮으면 수평 진보의 확장은 늘 힘겹습니다. 반면 수평 진보에 대한 지식이 부족하면 혁신과 아이디어, 기술은 빛나기 힘듭니다.

표2. 수직 진보와 수평 진보

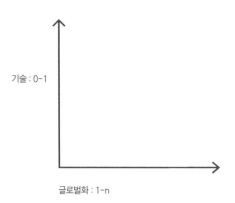

기술 : 0-1

글로벌화 : 1-n

개인 가게와 브랜드의 차이는 Look & Feel, 즉 시각적 느낌의 차이입니다. 브랜드는 상표와 공간, 직원들의 복장, 게시물 하나하나 통일성이 필요합니다. 가맹 사업을 준비하는 사람은 그런 Look & Feel의 통일성과 브랜드 정체성을 통제점으로 사용할 수 있습니다. 잘 만들어진 브랜드는 자신만의 시각적 느낌을 고객들에게 빠르게 포지셔닝 positioning[8]합니다.

이런 시각적 느낌을 갖추는 게 어렵습니다. 정확한 콘셉트와 디자인이 다른 브랜드와 선명하게 차별화되고, 가맹점을 확장했을 때, 심볼과 느낌

---

8 소비자 마음에 자사 제품이나 기업을 표적 시장·경쟁·기업 능력과 관련해서 제일 유리한 포지선에 있도록 노력하는 과정

이 다른 브랜드의 이미지와 겹치지 않도록, 처음부터 브랜딩 과정을 철저하게 다루어야 합니다. 상당한 노하우가 필요한 일입니다.

최근 브랜딩 전문 기업이 지역 곳곳에서 이런 필요를 가진 창업자를 돕는데, 어떻게 보면 커피 시장에서 프랜차이즈 기업의 경쟁자는 이런 브랜딩 전문 기업들입니다. 문제는 소수 업체가 여러 창업자를 컨설팅하다 보니 브랜딩이 비슷하거나 성공한 가게를 다시 베끼는 경우가 많습니다.

시각적 느낌의 가치는 장기적인 관점에서 너무나 중요하기 때문에, 창업 전 혹은 가맹 사업 전 필수적으로 투자하고 준비해야 합니다. 이런 기초 준비 없이 진행한 가맹 사업은, 어느 순간 되돌아갈 수 없는 강이 됩니다. 상표권과 간판, 인테리어 콘셉트를 뒤늦게 수정하려면 너무 큰 비용이 필요하게 됩니다.

브랜드 가치가 상승하면 그때부터는 상표 자체가 가치가 됩니다. 시장에서 가치를 인정받은 상표는 이미 차별화된 다양한 가치를 담고 있죠. 브랜드는 시간이 지난다고 만들어지는 것이 아닙니다. 험난한 세월과 수많은 선택의 결과로 탄생한 가치를 담고 있기에, 단순히 자본력이나 몇 가지 기술로 넘어서기 힘든 경쟁력이 됩니다.

가맹 사업이란 상품력, 브랜드의 시각적 느낌, 상표 등을 통제점으로 브랜드를 확장하는 과정입니다. 이 통제점은 브랜드 통일성이라는 가치를 만들고, 통일성은 다시 규모의 이익이라는 가치를 만들어, 생산자와 소비자 모두가 가성비라는 유익을 누리게 만듭니다. 따라서 가맹 사업은 통제점 확보부터 시작해야 합니다.

통제점은 한 번 확보한다고 완성되지 않습니다. 시장 상황은 계속 변하고, 새로운 경쟁자는 끊임없이 등장하기 때문에, 수직 진보를 위한 혁신과 개발이 반복되지 않으면, 창업 초기 강력했던 통제점이, 어느 순간 힘을 잃어 통제력을 상실할 수 있고, 확장을 위한 진보 또한 확장의 단계에 따라 새로운 진보를 요구합니다. 매장을 20개, 50개 만들었을 때와 100개, 200개가 되었을 때의 역량이 달라야 합니다.

끊임없는 진보가 필요한 또 다른 이유는, 가맹 본부 내부에 있습니다. 기업이 안정되고 시장을 주도하게 되면, 가맹 본부 경영자는 수성守城에 집중하고, 직원들의 사고가 관료화되는 것을 인지하지 못한 채 계약 조건을 강화하고, 규정과 관례로 가맹점을 통제하는 데만 관심을 가집니다. 가맹점의 필요와 시장의 변화에 둔감해지는 것이죠.

많은 가맹 본부가 이런 오류를 범하는데, 그 이유는 창업 초기부터 창업자와 직원들에게 비전이 없었고, 어떤 기업이 되고 싶은지에 대한 구체적이고 합의된 그림이 없었기 때문입니다. 비즈니스를 통해 많은 사람이 생계를 이어가고, 고용을 창출하고, 누군가가 꿈을 이루도록 도우려는 열망이 없었던 것입니다.

비전 없는 가맹 본부는, 끊임없이 이윤을 추구하고, 가맹점을 압박할 뿐 아니라, 브랜드 수명을 2~3년으로 짧게 설정해, 치고 빠지기식 경영을 합니다. 이런 식의 브랜드 전략을 가진 가맹 본부는 아이템을 찾아 계속 움직이는 브랜드 양산자가 됩니다. 실제로 2019년 2월 25일자 프랜차이즈 신문에 의하면, 2018년 말 한국의 브랜드 수는 6,052개, 가맹 본부는

125

4,882개입니다. 반면 미국은 가맹 본부가 3,000개이고, 일본은 1,339개입니다. 한국의 가맹 본부가 갑질 논란에서 벗어날 수 없는 구조적 이유가 이러한 가맹 본부들 때문입니다.

대부분의 비즈니스 구조는 대가를 지급하는 사람에게 주도권이 있고, 그 주도권을 가진 사람이 갑이 되는데, 정부가 시설 공사를 발주하는 경우나 부동산 소유주가 자기 소유의 부동산을 임대하는 경우가 그렇습니다. 계약서에는 갑과 을이 동등한 지위에서 상호 존중한다는 문구가 들어 있지만, 실제로는 그렇게 되지 않습니다. 갑의 갑질이 사회적 문제가 되는 이유는 그들에게 힘이 있기 때문입니다. 을은 자신이 소유한 가치를 제공하고 대가를 받는 공급자인데, 갑이 원하면 손해를 보더라도, 더 큰 손해를 입지 않으려고 머리 숙여야 하는 약자가 됩니다. 대부분의 비즈니스에서 공급자는 약자입니다.

그러나 공급자가 갑의 지위를 갖는 비즈니스가 있는데, 독점 기업, 플랫폼 사업자, 가맹 본부 같은 경우입니다. 전통적으로 백화점 사업자는 공간이라는 플랫폼을 제공하고 대가를 받는 공간 임대 사업자인데 그 지위는 갑입니다. 백화점이 제공하는 플랫폼이 강력한 가치를 가지기 때문에 얻는 지위이죠. 가맹 본부도 상표권과 자신들이 개발한 상품을 가맹점 사업자에게 공급하고 대가를 받는 공급자인데, 그들의 지위 역시 갑입니다. 가맹 본부의 통제점이 주는 선물은, 바로 '갑으로서의 공급자' 즉, '슈퍼 을'의 지위입니다. 많은 기업가가 자기 비즈니스를 슈퍼 을의 지위에 올리려고 지금도 애를 씁니다.

문제는, '지위를 갖고 무엇을 하고 싶은가'입니다. 갑의 지위에서 본부 이익만 추구하고 새로운 브랜드 양산에만 관심을 가진다면, 말 그대로 가맹 본부는 사회악이 되기 딱 좋은 비즈니스 모델입니다.

가맹 본부는 착한 기업이 되고자 하는 열망으로의 궤도 수정이 필요합니다. 그러한 마인드로 재무장하지 않으면, 통제력 자체가 힘을 잃고, 수고해서 쌓은 브랜드 명성은 하루아침에 무너질 수 있습니다. 가맹 본부를 바라보는 사회적 시각이나 정부의 기대는 늘 이 갑질과 관련 있습니다.

가맹 본부가 통제점을 갖는 것 못지않게 준비해야 하는 중요한 것은, 가맹점을 '섬기려는 마음가짐'입니다. 가맹점의 성공이 가맹 본부의 성공이고, 가맹 본부에 대한 신뢰가 지속적인 가맹 전개의 원동력이 되기 때문입니다.

통제점을 준비하는 것보다 먼저 '착한 슈퍼 을이 되고 싶다'라는 마음가짐부터 준비해야 대한민국 가맹 시장의 미래가 있습니다.

'그럼, 당신은 그동안 슈퍼 을로서 가맹 사업을 잘해 왔느냐'라고 묻는다면, 저도 부끄럽습니다. 지금까지 살아남았으니, 이제부터라도 더 열심히 하겠다고 대답할 수밖에 없습니다.

10 동일성은 원칙일 뿐 성공법칙이 아닙니다

브랜드의 동일성을 지키면서 각각 매장의 지역적, 개인적 상황을 잘 반영하는 시스템, 그것이 미래 프랜차이즈의 모델이 될 것입니다.

소비자의 리스크 이해하기

핸즈커피를 시작할 때, 제가 만든 멋진 카페가 세상 곳곳에 세워지는 꿈을 꿨습니다. 사람들이 자기 동네와 사무실, 도심과 야외 공원에서, 언제나 믿고 들어가 커피를 마시고, 쉼을 누릴 수 있는 커피 브랜드를 만나면 좋겠다는 상상이었습니다. 제가 생각한 디자인과 공간, 상품과 음료가 많은 이들에게 사랑을 받고, 그로인해 또 다른 누군가가 생계를 이어 갈 수 있게 된다면, 참으로 흥분되는 일이라고 생각했습니다.

그런 생각 때문이었는지, 18평 규모의 첫 가게를 완성하는데, 2개월 걸렸습니다. '어떻게 하면 더 멋진 공간을 만들 수 있을까?'라는 생각도 있었지만, 브랜드 콘셉트를 정립하고 시현하는 과정이었기 때문에, 작은 가게 하나를 만드는 데 많은 시간이 필요했습니다. 가게의 공간 콘셉트, 시공 방법, 컬러와 마감, 바의 동선과 강조점 등 다양한 시각적 요소가, 프랜차이즈 사업이 요구하는 동일성의 원칙을 보여주고, 동시에 핸즈커피의 확실한 개성을 표현해야 했기 때문입니다.

프랜차이즈 전문가들에게 '프랜차이즈 사업의 가장 중요한 가치는 무엇인가?'라는 질문을 던지면, 대부분 '동일성'이라는 요소를 빠뜨리지 않고 이야기 합니다. 동일성의 원칙은, 프랜차이즈 사업을 시작하는 사람이 지켜져야 할 가장 중요한 가치 중 하나입니다.

소비자는 구매를 결정할 때, 브랜드의 심볼, 상품과 공간, 가격과 서비스 등의 동일성 때문에 안정감을 느낍니다. 선택의 고민이 줄고 물리적, 재정적, 사회적 리스크risk로부터 자유로워지는 것이죠.

'카페 가는데 무슨 리스크까지 느낀다고 말하느냐'라고 생각할 수 있겠지만, 소비자는 구매 결정을 할 때마다, 부지중에 다양한 불확실성을 경험하고 있습니다. 우리는 리스크를 위험으로 해석하지만 사실 리스크는 부정적인 의미만 품은 단어가 아닙니다. 리스크의 정확한 의미는, '불확실성'으로 해석하는 것이 맞고, '위험'이란 뜻을 가진 'danger'와 구별해 써야 합니다. 투자를 생각하면 쉽게 이해가 됩니다. 투자에서 리스크란 투자해서 수익을 얻을 수도 있고 손해를 볼 수도 있기에, 투자는 리스크를 포함한다고 표현합니다. 이때 리스크는 불확실성으로 이해하는 것이 맞죠. 그래서 제가 사용하는 리스크란 단어는 위험이라기보다 불확실성이란 의미로 보시는게 맞습니다.

우선 '이 집 커피는 맛있을까?' '우리 아이가 좋아하는 메뉴가 있을까?'라는 질문처럼, 처음 방문하는 가게의 품질에 관한 불확실성이 주는 불안감이 있는데, 전문가들은 이를 '작동 리스크'라고 합니다.

조금 더 쉽게 설명하면, 어떤 아빠가 중국 출장 중에 아이를 위해 장난감 비행기를 사러 갔습니다. 가격과 모양은 마음에 드는데 '이걸 날려보지 않고 사가도 될까, 혹시 집에 갔는데 날지 않으면 어떡하지'라는 생각이 듭니다. 이처럼 품질에 대한 불안감은, 고객의 의사결정에 영향을 주지요. 그래서 아빠들은 대게 좁은 공간이지만 비행기를 날려보고 구매해야겠다고 생각합니다. 이런 것이 작동 리스크입니다.

'이 가게는 너무 고급스러워 보이는데 비싼 건 아닐까?'라는 '재정 리스크' 역시 카페 진입을 주저하게 만드는 요인입니다. 핸즈커피 김천 1호점은 김천 연화지라는 관광지 안에 있었습니다. 고급스러운 인테리어로 오픈했는데 장사가 신통치 않았습니다. 그러던 어느 날 어떤 손님이 메뉴판을 보고는 '이 집 엄청 비싼 줄 알았는데 안 비싸네'라고 말했습니다. 그 말을 듣고 점주님이 본사로 전화해서 '인테리어가 너무 고급스러워서 지역 분들이 들어오기 부담스러운 것 같다'라고 했습니다. 저는 직원들에게 가게 앞 길가에 메뉴판을 크게 만들어서 가격을 게시하라고 했습니다. 그 후 가게는 지역의 명소가 되었습니다. 김천 분들이 보기에 핸즈커피 인테리어가 너무 고급스러워 보였던 것입니다.

연령대가 높은 사람은 높은 사람대로 젊은이는 젊은이대로 '여긴 분위기가 내 연령대와 안 어울릴 것 같다'라고 생각하는 경우가 종종 있는데, 이러한 불안감을 '사회적 리스크'라고 부릅니다. 자신의 사회적 위치와 분위기가 어울리지 않는다고 생각하는 데서 오는 리스크입니다.

'지금 커피를 마셔도 될까? 오늘 밤에 잠을 못 자는 거 아닐까?' '식단 관리 중인데 이 집 주스는 생과일일까?' 같은 불확실성은, '물리적(건강) 리스크'라고 합니다. 건강과 관련된 리스크는, 자신의 신체적 특징에서만 유발되는 것이 아니고 가게의 관리 상태를 통해서도 유발될 수 있습니다.

고객들은 가게 전면에 있는 먼지나 얼룩, 출입문 앞에 떨어진 담배꽁초, 물컵에 남은 립스틱 자국, 아메리카노를 다 마신 후 바닥에 남은 커피가루 등, 다양한 원인 때문에 건강에 위협을 느낀다고 부정적으로 생각합니다. 물론 의식적인 상황 판단이 아니니까 왜 불편한지 알 리가 없습니다. 그날따라 커피 맛이 이상합니다. 커피를 들고 바텐으로 가서 커피 맛이 이상하니까 커피를 바꿔 달라고 합니다. 주인은 커피 맛을 확인하고 아무 문제가 없다고 답하죠. 그러면 손님은 버럭 화를 내면서 내 입맛이 이상하다는 말이냐며 소리를 지릅니다. 가게 주인은 이 동네 사람의 수준이 낮아서 여기서 장사 못 하겠다고 생각합니다. 점주는 리스크를 느낀 손님이 무의식중에 한 행동을 이해할 수 없는 것이죠. 리스크가 주는 변수입니다.

외식 사업은 이러한 작동, 물리, 사회, 재정 리스크를 제거하거나 최소화하는 노하우를 필요로 합니다. 프랜차이즈 사업은 고객들이 느낄 수 있는 리스크를 최소화하려고 동일성이란 가치를 제공합니다. 동일성이란 가치를 잘 정립하면 다양한 리스크가 제거되고, 고객들은 구매 의사를 결정하기 전에 불안감을 최소화할 수 있습니다. 오히려 기대감은 극대화되죠.

프랜차이즈 사업자는 이런 동일성의 원칙에 의해 정립된 브랜드 정체성 덕에 규모의 이익과 상표권이라는 가치를 자산화 할 수 있습니다.

―――❃

모든 메뉴가 같을 필요는 없다

프랜차이즈 사업을 시작하고 동일성이라는 원칙이 상당한 비용과 노력을 요하는 가치라는 것을 절실하게 느꼈습니다. 메뉴북 하나를 만들어도 촬영과 디자인, 인쇄까지 다양한 투자와 선택이 필요했고, 앞치마와 근무복, 잔과 식기류, 냅킨과 포장지, 테이크아웃 용기, 의탁자, 간판 등, 상표를 넣고 대량 생산해야 하는 아이템이 한 두 가지가 아니었습니다. 그런데 이 동일성이라는 원칙 앞에서 '이건 아닌데'라는 생각이 드는 경우가 종종 있었습니다. 동일성이라는 원칙이 오히려 경쟁력에 발목을 잡는 것 같은 경우입니다.

언젠가 예비 가맹점주와 창업 상담을 하고 있었는데, 대화 도중 그분이 핸즈커피라는 브랜드를 선택하기 전에, 자신의 카페를 만들고 싶어서 상당한 준비를 해 온 사람이라는 걸 알게 되었습니다.

"전 사실 개인 가게를 열어 제가 그동안 준비한 쿠키나 케이크를 직접 만들어 팔고 싶었어요. 손이 많이 가더라도 좀 더 특별한 음식을 만드는 카페를 하고 싶다는 생각을 한 거예요. 그런데 준비 과정에서 메뉴에 대한 전문성만으로는 카페를 창업할 수 없다는 걸 알게 되면서 어쩔 수 없이 브랜드를 선택하게 되었는데, 그래도 핸즈커피가 메뉴에 대한 제 생각과 가장 잘 맞는 것 같아서 이렇게 온 거예요. 혹시 우리 가게에서 제가 잘 만드는 메뉴를 추가해서 팔 수 있을까요?"

저는 동일성의 원칙 때문에 고민했지만 '창업 교육 시간에 짬을 내서 점주님이 잘할 수 있는 메뉴를 한번 만들어 보세요'라고 대답했습니다. 상황이 반복되면서 점주 중에 더 탁월하고 창의적인 메뉴를 만들 수 있는 이들이 꽤 많이 있다는 사실을 알게 되었습니다. 그들의 한결같은 이야기는, 자신의 매장에서 자신이 만든 메뉴를 제공하고 싶은데 프랜차이즈 중에 그것을 허락하는 브랜드가 없더라는 것이었습니다.

그래서 만든 제도가 BCM(Branch Choice Menu)라는 '가맹점 선택 메뉴'입니다. 각 매장에서 판매하고 싶은 메뉴를 개발한 후, 일정한 양식을 갖춰 본부 R&D팀에게 승인을 신청하면, 매장당 5개의 메뉴까지 판매를 승인하는 제도입니다. BCM 제도는 생각보다 강력한 힘을 발휘했습니다.

사업 초기, 메뉴 개발 담당자를 따로 세우기에 재정적으로 부담이 되는 체인 본부가, 현장에서 일하면서 트렌드를 놓치지 않고 메뉴를 개발하는 가맹점주의 열정을 따라가는게 쉽지 않고, 메뉴 개발 담당자가 있더라도 역량이 탁월하지 않으면, 현장에서 일하는 바리스타들의 기대를 충족시키는게 힘든 경우가 많았을 테지만, 핸즈커피에는 BCM 제도가 있었기때문에 가맹점 불만을 어느 정도 줄일 수 있었습니다.

매장에서 직접 개발한 메뉴는 더 맛있다고 느끼고, 더 자랑스럽게 생각하기 때문에 점주와 가맹점 바리스타는 적극적으로 본인 매장에서 판매하는 BCM 메뉴를 홍보했고, 고객의 반응 또한 긍정적이었습니다. 메뉴개발자가 직접 설명하고 제공하는 메뉴만큼 고객을 만족시키는 메뉴는잘 없습니다.

BCM 제도는 가맹사업 초기에 적용하기 효과적인 제도입니다. 저는 만약 새로운 브랜드를 다시 론칭할 기회가 또 온다면, 주저하지 않고 BCM 제도를 다시 도입할 것입니다.

하지만 BCM 제도는 본부가 탁월한 메뉴 개발자를 세우고, 사업 노하우가 충분히 축적되면, 다양한 이유로 체인 사업 운영에 걸림돌이 될 수 있다는 것도 알아야 합니다. 어떤 가맹점주는 자신이 개발한 BCM과 비슷한메뉴를 파는 인근 가맹점주를 비난했고, 어떤 가맹주는 유행하는 트렌드메뉴를 BCM으로 무분별하게 신청해서 BCM 제도의 본래 취지를 흐리게 만들었습니다. 점점 본래 취지를 벗어난 사례가 나오기 시작했습니다.

초기부터 BCM 제도는, 개별 매장에서 개발해도 판매 추이에 따라 본부가 전체 가맹점 메뉴로 확장할 권한이 있다는 조건, 유사한 메뉴는 가맹점 간의 레시피와 판매가를 본부가 조종할 수 있다는 조건 등을 두었지만, 늘 갈등의 소지는 있었습니다. 그래서 핸즈커피는 창업 13년차가 되는 2019년 4월부터 새로운 가맹점주들에게 BCM 제도가 폐지되었다는 조항을 확인하고 계약서에 서명하도록 하고 있습니다. 그전에 계약을 체결한 가맹점은, 잔여 계약 기간 동안 BCM 제도를 활용하고 계약 연장 시점부터 BCM 제도를 활용할 수 없도록 했습니다.

물론 BCM의 대안으로 AM(Alternative Menu)이라는 '선택 가능 메뉴' 제도를 만들어, 다양한 음료, 디저트, 베이커리류를 본부 R&D실에서 개발한 후 레시피와 홍보물을 준비해 두고, 가맹점에서 원하는 메뉴를 선택해서 본인 매장에 적용할 수 있도록 제도를 보완했습니다. 결국 핸즈커피는 '모든 매장에서 똑같은 메뉴를 제공해야 한다'라는 프랜차이즈 비즈니스의 원칙을 창조적으로 파괴하고 있는 것입니다.

───✂

모든 공간이 같을 필요는 없다

창업 후 8년 정도 지난 시점에 시작된 두 번째 고민은 '공간'이었습니다. 2006년 핸즈커피를 창업할 당시, 커피전문점은 대부분 생계형 비즈니스였습니다. 30평 전후의 중소형 공간을 임대하고 소자본으로 창업하는 형태였지요. 소자본 생계형 모델이 커피 시장의 주를 형성하던 시절에는, 정밀하게 디자인된 상표와 공간을 제공하는 프랜차이즈 커피전문점이 소자본 개인 창업자와 확연하게 차별화 되는 방법이었습니다. 그런 흐름을 타고 획일화된 소형 프랜차이즈 카페가 대세를 이루며 성장했습니다.

그러나 2010년 이후, 스타벅스를 필두로 카페베네, 엔제리너스, 투썸 플레이스와 같은 브랜드들이, 100평 전후의 중대형 매장들을 전개하면서 생계형 카페들은 경쟁력에서 밀리기 시작했습니다. 게다가 커피 시장의 가능성을 확인한 자본가들이, 커피 사업에 관심을 가지면서, 대형 부지에 유명 건축 설계 전문가가 설계한 아름다운 건축물을 짓고, 고가 장비와 주문식 가구를 세팅한 기업형 카페가 생겼습니다. 기업형 카페의 경우, 투자 규모가 수십억, 혹은 백억을 넘었습니다. 결과적으로 중소 규모 생계형 카페의 몰락이 이어지게 되었죠.

2014년과 2015년, 저는 서울, 경기, 강원, 부산, 전라, 제주 등 전국의 유명 카페를 둘러보고, 해외 유명 카페를 찾아가 공간 규모와 메뉴 구성, 콘셉트 등을 조사했습니다. 그들의 성공 비결을 몇 가지로 정리해 보니, 가장 중요한 성공 요소가 '공간의 규모'였습니다.

헉 소리 날 정도로 거대한 규모의 공간에, 각양각색의 아트월과 오브제를 설치하고, 일반 가구점에서 쉽게 볼 수 없는 의탁자를 배치해, 고객들에게 특별한 체험을 제공했습니다. 카페는 커피전문점이라는 단순한 기능을 넘어 지역의 관광 명소로 인식되었습니다. 커피전문점의 기능이 커피 제공과 휴식의 차원을 넘어, '공간 체험'이라는 가치로 이동하고 있었습니다.

'공간조차 동일성의 원칙이 걸림돌이구나'라고 생각했습니다. 프랜차이즈란 이유로 20평에 적용했던 디자인과 콘셉트를 100평에 그대로 적용했으니, 처음부터 100평 이상의 공간을 고려해서 디자인한 개인 카페보다 경쟁력이 없을 수 밖에 없었습니다.

공간 역시 점주의 기대, 지역적 특성, 매장의 규모, 층별 구조 등 다양한 변수에 따라 콘셉트가 달라야 하는 게 당연한데, 고정 관념이 오히려 걸림돌이 되고 있었습니다. 지역도 상가 형태도 운영자도 모두 다른 매장이, 프랜차이즈란 이유로 콘셉트가 같아야 한다고 생각했으니, 얻는 것보다 잃는 것이 더 많아지는 것이 당연한 것이었습니다. 득보다 실이 많은 동일성의 원칙을 성공 비결처럼 지키려고 애를 쓰고 있었던 것이죠.

2016년 말부터 핸즈커피는, 건축과 인테리어를 통합적으로 디자인하고, 공간 특성에 맞는 예술적 요소를 넣어, 고객에게 특별한 체험을 제공하는 대규모 콘셉트 매장을 전개하기 시작했습니다. 가맹점마다 디자인 콘셉트를 다르게 하려면, 미리 콘셉트를 정한 공간에 비해 노력과 창의성이 몇 배 더 필요했기에, 쉽지 않은 길이었습니다. 하지만 매번 매장을 만들 때마다, 브랜드를 처음 시작하는 마음으로 설계하고 공간을 꾸몄고, 그 결과 투자자들의 만족도는 점점 높아졌습니다. 전 세계 프랜차이즈 브랜드 중에서 핸즈커피가 처음 시도한 차별화 전략이었습니다.

2017년부터 2023년 4월까지, 핸즈커피가 오픈한 16개 아키인 매장은 브랜드 인지도 상승효과가 기존 중소 규모 가맹점들에 비해 10배 이상이라 해도 과언이 아닙니다. 자본력 있는 사람들이, 자기 건물이나 땅을 가지고 핸즈커피에 가맹 상담을 했고, 단일 매장의 규모는 커졌으며 임대의 안정성을 걱정할 필요가 없어졌습니다.

회사 소속 공간 디자이너들은, 아키인 매장 건축 현장에서 얻은 다양하고 창의적인 경험을 통해, 디자인 역량이 자연스럽게 향상되었습니다. 향상된 디자인 역량은, 이후 중소형 가맹점 디자인에 긍정적인 영향을 미치는 선순환 효과를 가져왔습니다.

핸즈커피 디자이너들은 'HANDS COFFEE'라는 간판 빼고, 무엇이든 다르게 디자인할 수 있다고 생각 하게 되었습니다. 프랜차이즈 브랜드지만 하던 대로 디자인해야 한다는 규정에 매이지 않고, 상권과 공간, 규모와 가맹 점주의 취향에 따라 다양한 디자인을 시도할 수 있다는 유연성이 생겼습니다. 그런 유연성 덕분에 생긴 또 다른 유익은, 디자이너들이 핸즈커피에서 오래 일하고 싶다는 마음을 갖게 되었다는 것입니다.

그렇습니다. 프랜차이즈가 절대 양보해서는 안 되는 브랜드 철학, 정직성, 고객 가치가 분명히 있습니다. 본질적 가치만 흔들리지 않는다면, 그 밖의 요소는, 충분히 다양화를 통해 고객이 색다른 경험을 누리도록 하는 것이, 시대가 요구하는 경쟁력이라는 사실을 '아키인 프로젝트'를 통해 깨달았습니다.

최근 SNS를 하다 보면 즐겁습니다. 핸즈커피를 좋아하는 고객들이 '핸즈커피 매장 투어'를 다닌다는 이야기를 접합니다. 동일성의 가치가 주는 브랜드 신뢰 위에, 메뉴와 공간 디자인의 다양성이란 가치를 더하는 것이 경쟁력이고 차별화 아니겠습니까?

브랜드의 동일성을 지키면서 각각 매장의 지역적, 개인적 상황을 잘 반영하는 시스템, 그것이 미래 프랜차이즈의 모델이 될 것입니다. 체인 본부가 동일성이라는 원칙에 매이지 않고, 다양성이라는 요소를 도입할 수 있는 비결은, 오랫동안 문제들을 집요하게 해결하면서 얻은 '지식의 축적'이라는 방법뿐입니다.

나다울 때 가장 행복하듯이, 프랜차이즈 가맹점은, 동일성의 가치 위에 다양함이라는 차별성을 더 할 때 가장 빛날 수 있습니다.

11 감각을 이용해 가치를 평가하는 비즈니스의 비결을 알려드립니다

감각으로 가치를 평가하는 비즈니스는, 감각적 가치를 극대화하는 노력과 더불어 사람들이 신뢰하고 선호할 수밖에 없는, 보이지 않는 권위를 장착하는 것이 비즈니스의 승패를 좌우하는 중요한 요건입니다.

참 어려운 미각의 문제

맛있는 커피를 선별해서, 베스트 포인트로 로스팅하고, 멋지게 디자인한 정보지와 함께 착한 가격으로 커피를 판매하기 시작했는데, 소비자들이 '역시 프랜차이즈는 어쩔 수 없어, 이렇게 쓴 걸 왜 이렇게 비싸게 팔아?' 라는 반응을 보이면 힘이 빠집니다.

반면 유명해서 '도대체 어떤 맛이기에?' 하고 커피를 마셨는데 실망스러운 경우가 종종 있습니다. 하지만 사람들은 거기서 커피 한잔 마시려고 가게 앞에 긴 줄을 섭니다.

맛은 참 어렵습니다. 맛이 왜 어려운가요? 맛의 가치는 미각만으로 결정되지 않기 때문입니다.

2006년 10월, 돌아보니 커피 전문점을 준비할 때 맛이 가장 큰 고민이었습니다. '손님은 우리가 제공하는 커피를 마시고 어떻게 반응할까, 과연 우리가 제공하는 커피에 기꺼이 돈을 낼 사람이 있을까?'라는 질문 앞에, 솔직히 답을 명확하게 내릴 수 없었습니다. 커피업은 당연히 맛으로 승부를 내는 업이지만, 맛에 대한 자신감을 가지기 매우 어려운 업인 것 또한 사실입니다.

아이러니하게도 커피업에 종사하는 사람 중에 맛을 잘 모르는 사람이 많습니다. 자신이 내린 에스프레소를 맛보면서 잘 내렸는지 잘못 내렸는지 판단이 안 서서 난감해합니다. 잘 나오고 있는지 불안해서 에스프레소를 하루에도 서너 차례씩 확인하고 손님의 눈치를 봅니다. 심지어 손님이 잔을 다 비우지 않고 나가면, 따라가서 커피를 왜 남겼는지 물어보고 싶어집니다. 잘 내리고 있는지 확인할 방법을 몰라 늘 불안하고, 누군가가 자기 커피를 평가해 주길 원합니다. 스스로 커피 맛을 판별할 수 없다면, 커피업을 오래 해도 상황은 변하지 않습니다. 고객의 반응에 일희일비—喜—悲할 수밖에 없는 이 직업이 우리를 참 슬프게 만듭니다.

오랫동안 두려움의 근원이 무엇인지 고민했는데, 결국 미각에 대한 확신이 없어서라는 것을 알았습니다. '우리는 맛있는데 손님 역시 맛있다고 할까?' 이 단순한 질문에 자신 있게 '맛있다!'라고 말하기 어렵습니다. 이유는, 커피 맛을 정의하는 것이 어렵기 때문입니다. 미각으로 커피 맛을 완벽하게 판단할 수 있다면 쉬운 일이지만 안타깝게도 커피 맛은 그리 간단치 않습니다.

———✕

커피 맛을 객관화할 수 있는가?

사람들에게 커피 맛을 객관화할 수 있다고 생각하는지, 객관화할 수 없다고 생각하는지 물어보면, 80% 이상의 사람이 객관화할 수 없다고 하고, 20% 정도만 객관화할 수 있다고 답합니다. '객관화할 수 없다'는 사람은 대부분 '사람마다 다 취향이 다르잖아요'라고 비슷하게 말합니다. '객관화할 수 있다'는 사람은, 감각을 이용해서 가치를 평가하는 비즈니스를 하고 있거나 학문을 통해 맛 분야를 이해하고 있는 사람입니다. 그들은 소신 있게 '맛을 객관화할 수 있다'고 대답하죠.

"객관화할 수 있다는 사람은 과학적 사고를 하는 사람이고, 전문가가 자질을 갖춘 사람입니다. 하지만 객관화할 수 없다는 사람은 커피를 감성적인 분야로 이해하는 사람입니다."

도제식 교육을 받은 커피 종사자와 이야기 해 보면, 철저하게 '커피는 객관화하기 힘들다'는 확신을 가지고 있습니다. 왜냐하면 그들은 수년 동안 반복적인 경험을 통해 커피 맛을 분별하는 감각 능력을 체득했기 때문입니다. 자신이 어렵게 얻은 감각 역량을 간단한 방법으로 객관화하고 수치화해서 누구나 이해할 수 있게 한다는 생각 자체를 수용하지 못합니다. 그들은 커피를 어렵게 가르치는 경향이 있습니다.

요약하면, 커피 맛은 '감각적인 차원'에서 객관화할 수 있지만, '감성적인 차원'에서 개인마다 다른 경험과 몸이 지닌 감각 수용체 차이 때문에 객관화할 수 없습니다. 따라서 맛에 대한 감각과 감성, 이 둘은 구분해야 합니다.

'커피 맛을 객관화한다'라는 것은 맛있으면 누구나 맛있다고 반응하고 맛없으면 누구나 맛없다고 반응한다는 뜻입니다. 커피 맛을 객관화하면 숫자로 표현할 수 있고, 수치화하면 과학적 접근이 가능합니다. 예를 들어, A 커피의 점수는 87점, B 커피는 85점, C 커피는 80점이라면, 점수에 따라 가격을 매길 수 있고 가성비도 평가할 수 있게 됩니다. 작년에 비해 커피가 더 맛있는지 맛없는지도 평가할 수 있고, 더 맛있는 커피를 내리기 위해 어떤 노력을 기울일지도 알 수 있게 됩니다. 그러니까 성장과 발전이란 개념이 가능해집니다. 객관화하지 못하면, 커피 맛 개선을 위해 연구하고 전수하는 것이 어려워집니다.

커피 산업에서, 커피를 언제 어디서나 즐기도록 만든 '인스턴트 커피의 등장'을 제1의 물결이라 하고, 스타벅스에 의해 시작된 '강배전 에스프레소 시대'를 제2의 물결이라 하고, 2000년 이후 등장한 '싱글 오리진 스페셜티 커피 시대'를 제3의 물결이라고 부릅니다. 제3의 물결의 주인

공인 '스페셜티 커피'[9]는 커피 맛을 객관화할 수 있다고 주장하는 사람들에 의해 만들어졌습니다. 스페셜티 커피라는 개념이 나왔을 때, 가장 먼저 해야 했던 일은 커피에 점수 매기는 것이었습니다.

왜 커피 맛에 점수를 매길 필요가 있다고 생각했을까요? 미각을 이용해 가치를 평가하는 일은, 전문적인 교육과 훈련을 받은 사람이 모여 칼리브레이션calibration 과정을 통해 점수를 부여하고, 점수에 따른 가치를 상품화하자는 것이 목적입니다. 다시 말해 전문가가 "이 커피는 몇 점"이라고 하면, 그 점수가 객관적 근거가 되어 가격이 결정 되도록 하자는 생각에서 시작되었습니다.

초기 커피 업계 칼리브레이션 과정을 간략하게 설명하면, 최초의 커핑 프로토콜[10]을 개발한 커피 품질 연구소[11] 회장 테드 링글Ted R. Lingle과 가장 권위 있는 몇 명의 스탠더드 커퍼[12]들이 매년 모여서 그해 수확한 커피 중, 대표적인 커피와 새로운 품종 혹은 가공 방식으로 생산된 커피들을 감별한 후, 커피에 점수를 매겨 표준 점수를 산정합니다. 표준 점수를 공유한 스탠더드 커퍼들은, 자신에게 커피 자격증을 부여 받은 전 세계의

---

9 스페셜티 커피 협회Specialty Coffee Association가 정한 스페셜티 기준에 따라, 커피를 평가해서 100점 중 80점 이상 받은 우수한 등급의 커피

10 Cupping Protocol. '교정'이라는 뜻. 계기나 측정기를 표준과 비교해서 보정하거나 오차를 구하는 것

11 CQI (Coffee Quality Institute)

12 스탠더드 커퍼 모임을 Coffee Standard Committee(CSC)라고 부른다.

커퍼들에게 칼리브레이션 미팅을 통해 표준 점수를 전달합니다. 그렇게 표준 점수를 공유한 커퍼들은, 감각 기억 속에 있는 표준 점수와 자신들이 감별한 커피를 비교 평가해서 상대적인 점수를 부여합니다.

그런 일이 어떻게 가능한지 의문이 들 수 있지만, '미각 장애가 있는 사람을 제외하고, 누구나 교육과 반복 훈련을 통해 맛을 평가하고, 점수를 부여하는 역량을 학습할 수 있다. 숙련자가 정기적인 칼리브레이션 미팅을 통해 감각을 유지한다면, 세계 어디서나 ±1점 표준 편차 이내의 객관화가 가능하다'는 것이 이 프로그램의 전제입니다. 그리고 이 프로그램은 지난 20년 동안 전 세계 커피 업계에서 통용되는 개념이 되었습니다. 사람은 참 놀라운 존재이죠.

칼리브레이션 기법은 감각을 이용해 가치를 평가하는 많은 비즈니스에 이미 적용되고 있습니다. 미술 작품, 골동품, 오케스트라의 연주, 가수의 가창력 등 오감을 이용해서 가치를 평가하는 분야가 있습니다. 아무나 가치를 평가하기 힘든 분야입니다. 그래서 그런 분야의 가치 평가는, 전문성을 갖춘 몇 사람이 모여 칼리브레이션 과정을 거쳐 이루어지는게 대부분입니다. 아니면, 반복적인 칼리브레이션 훈련을 통해 전문성을 인정받은 권위자의 평가를 통해 객관화되는 것이죠.

핸즈커피는 일찍부터 커피 전문 분야에서 일하는 직원이라면, 의무적으로 커피 감별사 자격인 Q-Grader[13]를 취득하도록 했고, 그들은 교육, 메뉴 개발, 로스팅, 품질 관리, 슈퍼바이징 등 다양한 분야에서 일하고 있습니다. 핸즈커피 전체 직원 중 25% 넘는 직원이 고도의 미각 훈련을 거친 커피 감별사입니다. 이들은 새로운 커피를 선별하거나 로스팅 베스트 포인트를 결정할 때, 함께 모여 칼리브레이션을 통해 점수를 부여하고 객관적인 결론에 이를 수 있도록 협력합니다. 그래서 핸즈커피가 제공하는 커피 정보지에 적힌 커핑[14] 점수는 국제적인 감별 전문가들이 인정하는 객관적인 것이라 말할 수 있습니다.

———✄

맛은 어떻게 결정되는가?

'맛이 어떻게 결정되는가?'[15]는 전문적인 분야라 설명하기 쉽지 않습니다. 맛을 알려면 먼저 '오미오감五味五感'을 알아야 합니다. 오미는 혀로 느끼는 다섯 가지의 맛으로 단맛, 신맛, 짠맛, 감칠맛, 쓴맛입니다. 오감은 미각, 후각, 촉각, 청각, 시각입니다. 보통 맛은, 미각이나 후각으로 판단한다고 생각하지만, 공감감적 존재인 인간은, 아주 짧은 시간에 모든 감각을 사용해서 맛을 평가합니다. 어쩌면 맛을 설명하면서 미각, 후각,

---

13 커피의 맛과 향을 감별하는 커피 감별사, 커피 생두 품질을 평가하고, 등급을 결정한다. CQI 에서 진행하는 원두 분별, 후각, 미각, 블라인드 테스트 등 자격시험을 통과해야 자격증이 발급된다.

14 커피의 맛을 테스트하는 방식으로 커피 맛을 감별하거나 맛에 대한 등급을 매기는 것

15 최낙언의 저서 『FLAVOR, 맛이란 무엇인가』(예문당 | 2013)와 『맛의 원리』(예문당 | 2022)에서 내용 발췌 및 정리

시각 같은 감각을 따로 설명하는 것 자체가 오류인지도 모릅니다. 우리의 감각은 항상 다중 감각적으로 작동하지 단독으로 작동하지 않기 때문입니다. 맛은 공감각 현상이 가장 심한 영역입니다. 각각 독립적인 감각인 후각, 미각, 청각, 시각, 촉각의 정보가 전부 모이는 곳은 전두엽 중 눈 위 '안와전두피질'인데 이곳에서 맛을 최종 판단합니다.

인간은 이런 의식하는 감각 외에 무의식적인 감각에도 영향을 받는데, 위와 장은 훨씬 정교하게 맛을 느낍니다. 내장에 존재하는 미각 수용체의 숫자가 혀에 있는 미각 수용체보다 많고, 혀는 음식의 극히 일부인 저분자 물질을 느끼지만, 장은 분해된 각각의 성분 총량까지 감지할 수 있습니다. 미각은 속여도 내장은 속일 수 없을 정도이죠. 내장은 시상 하부와 여러 호르몬과 연결되어 영양분이 없는 음식은 기억으로 남겨서 몸이 거부하도록 만듭니다. 어린 시절 무엇인가 잘못 먹어서 죽을 만큼 고통을 겪었다면, 몸은 그때 고통을 기억하니까 성인이 되어도 그런 음식을 거부합니다. 그래서 머리로는 저칼로리와 저지방 음식을 추구하지만, 몸은 칼로리가 풍부하고, 짭짤하며, 달콤한 음식을 찾는 것입니다.

사실 오미오감에 의한 맛은 기초 자료일 뿐이고 맛을 판단하는 더 중요한 곳은 '뇌'입니다. 맛에 대한 감정은 뇌가 도파민을 얼마나 분출하느냐에 따라 결정되는데, 쾌감의 가장 기본적인 물질인 도파민은 '생존을 위해 좋은 행동을 한 것에 대해 뇌가 주는 보상'입니다. 뇌는 영양이 풍부한 음식이 들어오면 도파민을 분출하고 사람은 기분이 좋아집니다.

또한 뇌는 영양학적인 것을 분별하는 데 그치지 않고 다양한 감정을 표현합니다. '뇌에 감정이 있다는 말인가'라고 할지 모르지만, 실제로 뇌는, 익숙한 것을 좋아하지만 반복되는 것은 지루해하고, 새로운 것을 좋아하지만 생소한 것은 두려워합니다. 따라서, 소비자에게 익숙한 것은 무엇이고 표준은 어떤 것인지 확실히 알아야 비즈니스를 잘할 수 있습니다. 요리사는 요리에 관심이 많고 재료에 대해 잘 알기 때문에, 기왕이면 새롭고 독창적인 메뉴를 만들고 싶습니다. 하지만 새로움이 너무 앞서면 생소함으로 받아들여져 실패하는 경우가 많습니다. 더 나아가 맛은 공간의 분위기, 삶의 배경이 되는 문화, 함께하는 사람, 음식에 대한 지식, 지난 시간의 추억 등 심상적인 요인에 의해서도 달라집니다.

결론적으로 맛은, 미각과 후각 등 감각적인 요인과 내장에서 분석한 영양 성분이 뇌로 전달되어 무의식 속에 저장되는 기억 요인, 그리고 개인이 느끼는 심상적인 요인 등이 상호작용해 느끼는 감정입니다. 그래서 맛을 이해하는 것 즉, 우리가 그것을 왜 좋아하고, 무엇이 그것에 빠져들도록 만드는지 이해하는 것은 우리 몸에 숨겨진 욕망의 코드를 살피는 일과 같은 것입니다.

———✖

권위를 이해하면 좀 더 이해가 간다

'그럼 객관적으로 높은 점수의 커피를 저렴하게 팔면 잘 팔리겠군요'라고 말할 수 있지만, 사실 둘은 별개의 문제입니다. 맛있는 커피를 개발하면 '소비자가 좋아하겠지'라는 생각은 순진한 생각입니다. 사람이 생각하는 맛과 전문가들이 객관화한 맛은 다른 경우가 많기 때문이죠.

맛에 대한 선호는 사람마다 다른데, 이유는 사람마다 맛을 느끼는 감각 수용체가 다르기 때문입니다. 그럼, 맛을 객관화하고 사람의 선호를 이해하면 비즈니스가 성공한다고 말할 수 있을까요? 그래도 안 되는 경우가 많습니다. 그래서 비즈니스는 '복잡계'라고 말합니다.

감각을 이용해서 가치를 평가하는 비즈니스에는 '권위'라는 또 다른 중요한 요소가 작동합니다. 권위는 학력, 경력, 자격증, 자금력, 브랜딩, 기술 등으로부터 생깁니다. 대학을 나온 사람보다 대학원을 나온 사람을 더 신뢰하는 경향이 있고, 박사 학위를 가진 사람이 '더 큰 권위를 가졌다'라고 생각합니다. 어떤 분야에서 5년 정도 일한 사람보다, 같은 분야에서 30년간 일한 사람을 더 신뢰합니다. 학력이나 경력이 없는 사람은, 자격증을 취득해서 권위를 인정받고 싶어 합니다. 자금력을 갖고 규모 있게 사업을 시작하면 더 신뢰가 가고, 처음부터 브랜딩을 잘한 가게는 그렇지 못한 가게보다 성공 확률이 높아집니다.

한국에서 커피는 역사가 짧은 문화입니다. 오랜 시간 커피 문화가 깊이 자리 잡은 유럽에서는, 커피업을 하기 위해 자격증을 취득하거나 학위를 가져야 한다고 생각하지 않습니다. 그들에게는 커피가 문화이기 때문입니다. 꼭 한국 사람이 된장찌개를 학원에 가서 배우거나 자격증을 취득해야 한다고 생각하지 않는 것과 마찬가지입니다. 하지만 역사가 짧은 한국에서는, 커피 전문가로 인정받으려면 커피 선진국이 부여하는 자격증이 필요합니다. 한때 유럽 바리스타 자격증 트레이너가, 전 세계에 300명 정도 있었을 때, 지역별 트레이너 숫자를 조사하니, 아이러니하게도 유럽에는 유럽 바리스타 자격증을 부여하는 트레이너가 15명뿐이고, 나머지는 한국인이었다는 웃지 못할 소문이 있었습니다. 그만큼 한국 커피 업계가 커피 선진국으로부터 권위를 인정받는 게 중요한 시절이었습니다.

수십 년 동안 로스팅을 한 사람은, 골든 커피 어워드[16]와 같은 원두 품질 경연 대회에 출품해서 상 받을 이유가 없을 것입니다. 오히려 비교 당하는 것 자체가 자존심 상하는 일이죠. 경력이 자신의 권위가 되었기 때문에 다른 사람이 주는 상이나 학력, 자격증 같은 것이 필요 없는 것입니다. 하지만 로스팅 경력이 짧은 사람은 대회도 나가고 자격증도 따서 커피업에 대한 권위를 갖추는 것이 당연히 유리할 수 있습니다.

저는 2008년 중국으로 가서 핸즈커피 중국사업부를 설립하고 직원들을 채용해서 비즈니스를 시작했습니다. 돈이 없고 시장도 모르는 상태였기 때문에 비즈니스를 막무가내로 시작할 수 없었습니다. 물론 연변 사람들은 핸즈커피가 어떤 회사인지도 모르는 상태였습니다. 그래서 당시 그 지역에서는 좀 이른 경향이 있는 커피 교육사업을 먼저 시작했습니다.

연변과기대 평생교육원 원장을 만나서 교육 계획서를 제출하고 바리스타 자격증 과정을 개설했습니다. 소득 수준도 낮고 커피에 관해 관심이 없

---

16 GCA. 한국커피로스터연합CRAK과 월간 커피앤티가, 국내 커피의 질적 성장을 통해 커피산업과 카페 문화의 안정적 성장 모델을 발굴하기 위해, 2012년 시작한 원두커피 종합 경연

을 것 같던 지역에서 첫 강좌에 100명 이상이 몰렸습니다. 어쩔 수 없이 10명 정도 들어가는 교실에 정원을 채워서 모집하고 2개 반으로 나눠 개강했습니다. 방학 때는 계절학기 수업까지 개설해서 열심히 가르쳤습니다. 그 해 연길에서 104명의 바리스타를 배출했고, 학생들은 연길 시내에 커피 전문점을 열어 달라고 요청했습니다. 이렇게 맛있는 커피를 교육장에서만 먹는 게 너무 아쉽다는 이야기였습니다.

2010년 1월, 최소의 금액으로 18평짜리 가게를 연길 시내 시외버스 정류장 근처에 오픈해 첫날부터 손님이 몰려 대성공을 거두었습니다. 연길에서 커피 전문점다운 매장은 '핸즈커피 애단로점'이 처음이었습니다.

14년이 지난 지금 핸즈커피는 연길에서 '커피의 진리'로 통합니다. 왜 그런 결과가 나왔을까요? 그것은 미각을 이용해서 가치를 평가하는 비즈니스의 권위가, 교육사업을 통해 먼저 세워졌기에 가능한 일이었습니다. 대학교에서 인정한 커피 전문가가, 지역 출신 엘리트들을 한국으로 데려가 바리스타 교육 강사로 양성한 후, 대학교 평생교육원에서 커피 전문가 양성 과정을 개설하고, 그 강사들과 함께 연길 최초의 스페셜티 커피 전문점을 오픈했으니, 핸즈커피가 연길에서 스페셜티 커피의 기준이 된 것입니다.

감각으로 가치를 평가하는 비즈니스는, 감각적 가치를 극대화하는 노력과 더불어 사람들이 신뢰하고 선호할 수밖에 없는, 보이지 않는 권위를 장착하는 것이 비즈니스의 승패를 좌우하는 중요한 요건입니다.

자금력도 없고 커피 관련 경력이나 학위도 없었던 제가 큐그레이더와

유럽 바리스타 서티파이어 등의 자격증과 브랜드라는 권위를 선택한 것
은 어쩌면 당연한 일이었습니다.

12 공간 경험을 추구합니다

연길이라는 도시가 변하기 시작했습니다. 저녁이 되면 '고담시'처럼 어두워지고 술집과 다방이 성업을 이루었던 도시 한쪽에, 13년 전 핸즈커피라는 작은 가게 한곳이 생겼는데, 연길시는 완전히 다른 도시가 되었습니다. 어두웠던 도시에 술과 여자를 팔던 다방은 대부분 사라졌고, 그 자리에 밝은 빛을 비추고 도시를 건전하게 하는 카페와 레스토랑이 세워졌습니다. 이제 연길은 여성들이 밤늦게까지 자유를 누릴 수 있는 도시가 되었습니다.

카페를 운영하는 사람은, 의도하든 의도하지 않든 운영하는 공간에 자신의 정체성을 담습니다. 자연스럽게 담기니까 자기도 모르는 경우가 많습니다. 왜 그렇게 말하는지 가게를 매각할 때 보면 쉽게 알 수 있습니다.

어느 날 누가 봐도 자기 가게에 애착이 강한 가맹점주 한 분이 본사 가맹 상담 담당자에게 연락해 와서 '제가 어쩔 수 없는 개인 사정으로 가게를 매각하고 싶은데, 이 가게를 얼마에 매각하는 게 적당할까요?'라고 물었습니다. 가맹 상담 담당자는 '권리금은 특정 계산 방법이 있기보다 파는 분의 생각이 중요합니다. 어느 정도를 받고 싶으신지 알려 주시면 제가 매입 의향이 있는 사람을 찾아보겠습니다'라고 답하자 가맹점주는 '제가 어떻게 알겠어요. 전문가가 평가해 주면 결정하기 쉬울 것 같아요.

부탁드려요'라고 말했습니다. 결국, 순진한 직원은 평수와 최근 1년 평균 매출, 최초 투자금과 상권의 가치 등을 고려해서 금액을 가르쳐 주었습니다. 점주는 잘 알았다고 대답하고 전화를 끊었습니다. 이 대화 후 알게 된 점주의 본심은, 우리가 이 비즈니스를 하는 동안 '절대 해서는 안 되는 일'이 무엇인지 정확하게 알려 주었습니다.

다음날 점주는 전화를 다시 해서 '내 가게가 그 값에 팔린다니 어젯밤에 너무 속상해서 한숨도 잘 수 없었다. 내 가게를 어떤 의도로 그렇게 평가했는지 더 자세히 알고 싶다'라고 말하면서, 직원에게 한 시간 동안 자기 생각을 쏟아 놓았습니다. 평소 알았던 다정하고 따뜻한 성품으로는 도저히 상상할 수 없는 말까지 했습니다. 직원은 너무 당황하고 놀라서 상황을 저에게 보고했습니다.

저는 즉시 점주에게 전화해서 우리 직원이 무슨 실수를 했는지 물었습니다. 말의 요지는 이랬습니다. '내가 지난 5년 동안 새벽같이 나와서 밤 늦게까지 정성을 다해 이 공간을 관리하고 가꾸었는데, 본사 직원이 이 공간의 값어치를 그렇게 싸구려로 평가해도 되느냐'는 것이었습니다. 저는 점주에게 백배사죄하고 원하는 금액으로 매매하고 본사에 통보하면 양도수 절차를 밟을 수 있도록 협조하겠다고 말했습니다. 자신의 공간에 대해 이렇게 애착과 자부심이 강한 분이라면 무슨 일이든 진지하고 지혜롭게 잘 할 것이라는 생각이 들었기 때문입니다.

공간에 대한 애착이 이분에게만 있는 감정일까요? 그렇지 않습니다. 사람은 공간에 자신의 삶을 담기에, 자신이 가꾼 공간을 비난하거나 폄훼하는 말을 들으면 평정심을 유지하기 힘듭니다. 공간은 존재와 하나이기 때문입니다. 공간의 주인이 따뜻한 마음과 정성스러운 자세로 일하면 공간은 주인을 닮고, 고객은 주인과 직원이 가꾼 공간에서 쉼과 행복을 누립니다.

———✄

언제부터인가 공간을 아주 중요하게 생각했다

대학 시절 도서관에서 공부할 때, 저는 제가 좋아하는 자리를 잡으려고 매일 새벽 5시에 도서관에 갔습니다. 거의 4년 동안 하루도 빠짐없이 그렇게 했습니다. 좋아하는 자리에 앉아야 공부가 잘되었습니다. 경제학을 공부하면서 가장 부러웠던 이들이 건축과 학생들이었습니다. 상상하고 그린 공간을 현실로 만드는 일이 멋져 보였죠. 이후 공간에 대한 관점이 비슷한 아내와 만나면서 저의 공간 사랑은 탄력을 받기 시작했는데, 친구들은 저희 신혼집을 방문해서 자기 집과 사뭇 다른 조명과 공간 배치를 보고 신기해하고 부러워했습니다.

1993년 패션 사업을 하던 그룹 E사에서 직장 생활을 했을 때 외국 탐방의 기회가 주어졌습니다. 저는 출장 리포트를 패션 관련 주제로 하지 않고 '평생 3대가 함께 살 집'이라는 주제를 선택했습니다. 교육 담당자가 이런 주제는 곤란하다고 했지만 저는 제 생각을 굽히지 않았습니다. 당시 그룹 교육 본부장에게 면담을 요청했고, 저는 '동기들 모두 패션을 조사하는데 한 명 정도는 회사의 미래를 위한 자료를 수집하는 것이 좋을 것 같아서 이 주제를 정했습니다'라고 설명했습니다. 저의 이야기를 들은 본부장은 흔쾌히 그 주제로 출장을 다녀오라고 허락했습니다. 그는 이후 저의 멘토가 되었고 지난 28년 동안 제 인생과 동행해 주었습니다.

10년 후 저는 살 집을 직접 지었고, 그 집을 모델로 많은 사람의 집을 짓는 주택 사업을 시작했습니다. 그리고 제가 지어서 살았던 그 집은 핸즈커피를 만들 때 브랜드 공간 콘셉트가 되었습니다.

2004년부터 2년 동안 대구의 모 커피 회사에서 일하면서, 네 군데에서 카페 만드는 일을 주관했었고, 2006년 핸즈커피를 창업하면서 직접 공간을 디자인하고 만드는 일을 했습니다. 2023년까지 한국에서 160개의 핸즈커피 매장을 전개했고, 중국에서 21개의 매장을 열었습니다. 캐주얼 외식 브랜드 핸즈쿡 매장 9개와 베트남 요리전문점 신짜오 2개 까지 합하면 제가 만든 영업 공간이 198개소에 이릅니다. 그 외에도 출석했던 중형 교회를 신축할 때 공사 총감독으로 임명되어 설계부터 준공까지 전체를 주도했고, 수많은 집과 카페와 영업 공간에 대한 컨설팅과 조언을 해 왔습니다. 이만하면 꽤 많은 공간을 만들었지요. 사람들은 저를 커피 전문가라고 하는데, 사실 저는 커피와 외식 아이템을 담는 '공간을 만드는 사람'으로 살았습니다.

5년 전부터 저는 인생의 마지막 집을 짓고 싶다는 생각에 사로잡혔습니다. 결국 그런 생각에서 벗어나질 못해 직접 지어 17년 동안 살았던 집을 팔고 아파트로 이사했습니다. 신중하게, 천천히 저와 자손들이 함께 머물며 행복하게 살 수 있는 공간을 구상하기 위해서입니다. 공간을 상상하면 몇 시간이 금세 지나갑니다. 상상하면 꼭 이루어지는 것을 여러 번 경험했기에 상상이 점점 즐거워집니다.

———✄

직원들에게 제공하는 최고의 복지

비 오는 어느 날 아침, 제 사무실 풍경은 너무 아름답습니다. 여전히 저는 공간에 대한 욕심만큼이나 공간이 주는 행복에 빠져 살고 있습니다. 공간에 대한 저의 취향은 언제나 따뜻함, 그리고 여백입니다. 집을 지어도 카페를 만들어도 책상을 정리해도 제가 만든 공간은 그 두 가지의 공통점을 가지고 있습니다. 일하는 공간은, 차가운 이성을 요구하는 장비로 채워져 있는데, 컴퓨터, 키보드와 마우스, 프린터, 펜과 칼 등의 문구류가 그런 감정을 줍니다. 그래서 차가움을 보완하기 위해 책상은 따뜻한 재질의 나무를 선택하고 조명은 전구색을 사용합니다.

2011년 건축한 핸즈커피 '본사 1사옥'과 2017년 매입한 '본사 2사옥'의 모든 책상은 부드러운 나무를 사용해서 제가 직접 디자인하고 제작했습니다. 근무자의 업무 특성에 따라 차이가 나지만, 모든 책상은 최소 1.6m×0.8m 이상의 면적을 부여했습니다. 그래야 책상에 앉아 일할 맛이 납니다. 모든 조명은 카페 조명을 사용했습니다. 혹자는 사무실 조명을 따뜻하게 하면 졸리고 집중력이 흐트러진다지만, 창으로 들어오는 자연광이 섞이면 아무런 문제가 없습니다. 아침에 출근해서 사무실에 들어

설 때 주백색 형광등 조명으로 가득한 공간을 보면 저는 집으로 돌아가고 싶을 것입니다. 카페 같은 공간에서 자신의 업무 특성에 최적화된 책상에서 일할 수 있다면 더 행복할 것 같았습니다. 그런 마음은 저희 직원들에게 자랑이 되었습니다.

저는 앞으로 3년 계획으로 새로운 사옥을 구상 중입니다. 새로운 공간을 마음껏 상상해 볼 수 있는 기회가 생긴 것은 축복입니다. 직원들이 출근하고 싶은 회사 공간, 주말이나 공휴일에 가족을 데리고 와서 자랑하고 싶은 공간을 만들 것입니다. 상당한 투자가 필요할 것을 알지만 아깝지 않은 것은, 결국 공간이 경쟁력이고 자부심이 될 것을 알기 때문입니다.

———✄

인간은 공간적 존재다

한때 야후는 원거리 근무 혹은 재택근무 시스템을 구축해 꿈의 직장이라는 부러움을 샀고, 구글은 회사 내부에 다양한 복지 시설을 구축해서 직원들이 회사에 머물고 싶어지도록 만들었습니다. 서로 상반된 선택 이후 야후는 점점 쇠락해지면서 CEO가 계속 바뀌었습니다. 그리고 2012년에 구글 부사장이었던 마리사 메이어Marissa Ann Mayer가 야후의 7번째 대표가 되었습니다. 마리사 메이어의 첫 출근날, 야후의 텅텅 빈 주차장을 보고 화가 나서 재택근무 제도를 즉시 폐지했습니다. 그러한 조치에 직원들과 수많은 투자들이 불만을 토로했고, 결국 그녀는 독단적인 경영 방식

때문에 5년 만에 대표 자리에서 물러났지만, '재택근무는 업무 효율을 떨어뜨린다'라는 판단은 정확했습니다. 당시 야후 직원들은 재택근무를 하면서 이직이나 창업을 준비하는 도덕적 해이에 빠져 있었다고 합니다.

자주는 아니지만, 저 역시 집에 일거리를 가져가는 경우가 있었습니다. 이상하게도 한 시간 정도 집중하면 끝날 줄 알았던 일이, 집에 오면 밤새우는 일로 변하는 것입니다. 사람마다 다르겠지만, 집에서 일하면 집중이 잘 안되었습니다. 집에서 책을 읽으면 학교나 도서관보다 집중이 잘 안되었습니다. 왜 그럴까요?

인지심리학자들은 '사람은 공간적 존재이기 때문이다'라고 말합니다. 학교는 공부하는 곳이란 인식이 있고, 회사는 일하는 곳이란 인식이 있다는 것이죠. 학교에서 공부할 때 공부가 가장 잘 되고, 회사에서 일할 때 일이 가장 잘 된다는 것입니다. 그럼, 집은 어떤 곳인가요? 집은 휴식하고 가족과 대화를 나누는 공간입니다. 사람은 집에 오면 긴장이 풀리고 쉬고 싶어집니다.

이러한 사실을 깨달은 후, 저는 서류를 갖고 퇴근하지 않습니다. 책이나 노트 정도 들고 퇴근하고 가능하면 회사에서 업무를 모두 마무리하려고 노력합니다. 그게 가장 효과적이기 때문이죠.

———✄

인간은 존재인가 공간인가

커피 사업을 시작하면서 스타벅스 하워드 슐츠Howard Schultz의 책을 읽고 공간에 대한 철학에 감명받았습니다. 내용을 간략하게 정리하면 이렇습니다.

산업화와 도시화의 결과, 사람은 집과 직장이라는 분리된 두 공간에서 살게 되었는데, 그 두 공간 사이에 여유와 자유의 공간인 제3의 공간이 생겨났다. 사람들은 집과 직장이란 공간에서는 경험할 수 없는 자유, 여가, 로맨스를 그곳에서 경험하길 원한다. 그 제3의 공간이 바로 스타벅스이다. 스타벅스는 커피를 파는 회사가 아니라 지친 현대인들에게 제3의 공간을 제공하는 회사다.

하워드 슐츠·도리 존스 | 『스타벅스 - 커피 한잔에 담긴 성공신화』 | 김영사 | 2022

멋진 표현입니다. 저 역시 핸즈커피가 제공하는 공간에 대한 멋진 철학이 필요하다고 생각했습니다. 그 후 꽤 오랜 시간 공간에 관한 고민을 이어 오다가 어느 날 우연히 TV에서 1922년 원자 구조를 규명해 노벨 물리학상을 받은 덴마크의 물리학자 닐스 보어Niels Bohr에 대한 다큐멘터리를 보았습니다.

닐스 보어는 '원자는 원자핵과 그 주변을 일정 간격을 두고 돌고 있는 전자로 구성되어 있다. 그것은 더 멀어지지도 더 가까워지지도 않는다. 원자는 원자핵과 전자, 그사이를 채우고 있는 진공이란 공간으로 구성되어 있으며 원자의 대부분은 진공 공간으로 이루어져 있다'라고 원자 구조를 설명했습니다.

보어는 물리학자로서 또다른 궁금증이 생겼습니다. 그는 인간의 몸에서 공간을 뺀다면 얼마나 작아질까를 계산했는데, 결과는 소금 10분의 1조각만큼 작아진다는 것이었습니다. 이해하기 어려웠고 상상하기도 힘들었습니다. 그래서 좀 더 큰 물질인 지구에서 공간을 빼면 얼마나 작아질까를 계산했습니다. 계산 결과 사과 한 개 정도의 덩어리가 된다는 것을 알았습니다. 지구라는 거대한 세계에서 공간을 빼면 사과 하나 만하다니 놀라운 계산입니다. 닐스 보어는 원자 구조를 설명한 후 인생에 대한 깊은 고뇌에 빠졌습니다. 그리고 그는 죽기 전에 이런 말을 남겼다고 합니다.

"인간은 존재인가 공간인가?"

저는 다큐멘터리를 보다가 무릎을 쳤습니다. 공간에 대해 궁금했던 오랜 의문이 풀리는 순간이었습니다. 인간은 공간적 존재라는 인지 심리학자들의 이야기와 성경의 모호한 비유가 전부 이해되기 시작했습니다.

——✖

천국은 공간이 아니라 존재의 개념

인간은 천국을 가장 이상적인 공간이라고 생각합니다. 그래서 가장 좋은 공간을 천국이라고 하죠. 천국은 인간이 상상하는 가장 아름다운 곳입니다. 그곳에 갈 수 있다면 모든 것을 포기할 수 있습니다. 그런데 성경은 천국을 인간이 죽어서 가는 공간이라고 설명하지 않습니다.

유다 광야에서 세례 요한이 '회개하라 천국이 가까이 왔다'라고 외쳤는데, 그때 천국은 공간적 개념이 아닙니다. 천국은 예수를 의미하는 것이었죠. 예수가 통치하는 세상이 가까이 왔다는 의미입니다. 예수가 오면 세상은 예수의 통치로 변할 것이란 의미입니다.

예수는 제자들에게 천국에 관한 이야기를 비유로 들려주었는데, 「마태복음」 20장에서 '천국은 마치 품꾼을 얻어 포도원에 들여보내려고 이른 아침에 나간 집주인과 같으니'라고 했습니다. 이 문장을 줄이면 '천국은 집주인과 같다'입니다. 천국은 공간의 개념인데 존재의 개념인 집 주인과 같다고 한 것이죠. 이때 포도원 주인은 하나님을 의미합니다.

그러니까 포도원의 주인이 하나님이면 그 포도원은 천국이 된다는 의미입니다. 포도원의 주인이 사탄이면 그곳은 지옥이 되겠죠. 포도원 사장이 하나님의 자녀이면 포도원은 천국이 되고, 포도원 사장이 사탄의 아들이면 지옥이 됩니다. 그뿐이겠습니까? 사람이 가장 소중히 여기는 가정 역시 누군가에 의해 천국 혹은 지옥이 될 수 있습니다. 저는 중국에 가서 누구 탓에 집에 가는 것이 두렵다고 말하는 직원을 여러 명 보았습니다. 천국은 공간의 개념이 아니라 존재 개념입니다.

「창세기」를 읽으면, 하나님이 '자신이 창조하신 피조 세계를 보시면서' 행복해하는 장면이 나옵니다. 하나님이 만든 천지天地는 공간과 시간과 존재가 하나가 된 곳이었습니다. 천지를 창조한 하나님은 피조 세계 안에 투영된 자신의 형상을 보면서 '아름답다', 자기 형상을 닮은 사람을 보면서 '심히 아름답다'라고 감탄했습니다. 그때 아름다움이라는 단어가 '토브TOV' 즉, '하나님의 선善'입니다. 공간 안에 창조주의 의도와 형상이 담기면 하나님은 그것을 선하다고 하고, 인간은 그곳을 '에덴'이라고 부릅니다.

———✄

사람은 공간에 존재적 의도를 담는다

사람이 만든 모든 공간에는 존재적 의도가 담겨있습니다. 그래서 공간을 정의할 때, 공간을 사용하는 사람의 의도를 따라 학교, 병원, 교회, 체육관, 목욕탕이라고 이름을 붙입니다.

학교에 학생이 없다면 그저 건물일 뿐입니다. 병원에 의사와 환자가 없다면 건물을 소유한 사람이 아무리 병원이라고 해도 그것은 병원이 아니라 건물일 뿐입니다. 유럽에 가면 수많은 예배당이 있는데 그곳에는 예배하는 사람이 거의 없습니다. 그렇다면 그곳은 예배당이 아니라 한때 예배

를 드렸던 아름다운 건축물일 뿐입니다. 모든 공간은 사용하는 존재에 의
해 가치가 결정됩니다. 공간은 그런 면에서 상당한 위력을 갖습니다.

창업 17년차 핸즈커피가 어떤 회사냐고 물으면 당장 자랑할 만한 열
매가 별로 없습니다. 그러나 저희가 어디로 가고 있는지 묻는다면 할 말
이 많습니다. 2008년 핸즈커피는, 중국 연길에서 커피 교육 사업을 시작
으로 18평짜리 공간을 오픈하고 수십 개의 카페와 레스토랑을 열었습니
다. 우연히 첫 가게는 한국과 중국 모두 18평으로 시작했습니다. 그리고,
공간에 존재적 의도를 담았습니다. 디자인에 따뜻함과 클래식한 고급스
러운 문화를 담고, 직원이 일하는 동선과 근무하는 공간에 배려를 담았으
며, 메뉴 하나하나에 정직한 사랑을 담았습니다.

그후 연길이라는 도시가 변하기 시작했습니다. 저녁이 되면 '고담시'
처럼 어두워지고 술집과 다방이 성업을 이루었던 도시 한쪽에 핸즈커피
라는 작은 가게 한곳이 생겼을 뿐인데, 연길시는 완전히 다른 도시가 되
었습니다. 어두웠던 도시에 술과 여자를 팔던 다방은 대부분 사라졌고,
그 자리에 밝은 빛을 비추고 도시를 건전하게 하는 카페와 레스토랑이 세
워졌습니다. 이제 연길은 여성들이 밤늦게까지 자유를 누릴 수 있는 도시
가 되었습니다.

그동안 핸즈커피가 연길에서 도덕 교사나 기독교 선교사의 역할을 한
적은 한 번도 없습니다. 아니 할 필요가 없었습니다. 그저 존재적 의도를
담은 공간을 만들었을 뿐인데 도시가 밝아지고 사람들이 변하는 것을 보

았습니다. 핸즈커피는 앞으로도 계속 존재적 의도를 담은 공간을 세계 곳곳에 세워 갈 것입니다. 저는 확신합니다.

공간은 사람을 변화시킵니다. 핸즈커피는 사람과 사회를 변화시키는 '공간 사업'입니다.

13 획을 긋는 성장 전략 4P를 소개합니다—1
Partner & Project

비즈니스를 하다 보면 좋은 거래처를 만나서 브랜드 인지도나 상품력이 좋아지는 경우가 많습니다. 혼자 다 만들 수 없고, 다 만들 필요도 없는 것은, 잘 만드는 기업들이 이미 곳곳에 있기 때문입니다. 결국, 혼자 잘나서 성공하기는 힘듭니다. 직접 할 수 없는 분야는 좋은 파트너를 만나는 것이 더 빠르고 훌륭한 선택입니다.

비즈니스의 생장점

식물의 줄기는 광선을 향해 위로 자라고 뿌리는 물과 양분을 찾아 땅속으로 자랍니다. 식물의 성장은 '줄기와 뿌리가 뻗어 나가는 것'을 의미하죠. 줄기가 뻗어 나가면 잎과 꽃이 많아지고 열매가 많이 맺힙니다. 그렇다고 줄기가 길이로만 계속 뻗어 나가서는 안 됩니다. 줄기가 뻗어 나간 만큼 뿌리 역시 땅속 깊이 내려가야 하고 줄기의 굵기도 더 굵어져야 합니다. 줄기가 뻗어 나가면서 굵어지고 뿌리가 더 깊어지는 것을 식물의 '성장'이라고 합니다. 줄기가 계속 뻗어 나가는데 굵기는 그대로면 머지않아 그 줄기는 부러집니다.

식물의 줄기와 뿌리를 자라게 만드는 것이 '생장점'입니다. 식물의 줄기와 뿌리 끝에 있는 생장점에서 '옥신'이란 생장 호르몬이 분비되어 주변 세포의 세포 분열을 촉진하고 줄기와 뿌리를 길이로 자라게 합니다. 생장점을 제거하거나 생장점이 상처를 입으면 옥신이 분비되지 않아 성장이 멈춥니다. 그래서 식물의 성장은 '생장점 관리'에 달렸습니다.

줄기의 굵기를 굵게 만드는 것은 '부름켜'(형성층)의 역할입니다. 줄기와 뿌리의 단면을 보면, 가장 가운데 속심이 있고, 그다음에 물관이 있으며, 부름켜와 체관, 껍질 순으로 배열되어 있습니다. 속심은 죽은 세포이고, 물관은 뿌리에서 올라오는 물이 지나는 관인데, 물관을 통해 식물 전체에 물을 공급합니다. 체관은 잎에서 오는 각종 영양분을 온몸으로 전달하는 관이죠. 이 체관과 물관 사이 부름켜가 세포 분열을 해서 계속 물관과 체관을 만드는 역할을 담당합니다. 부름켜가 왕성하게 활동하면 식물의 부피가 생장합니다.

결국 식물의 성장은 생장점이 활성화되고, 줄기와 뿌리가 길이 방향으로 뻗어 나가며, 부름켜가 왕성하게 활동해서 줄기의 부피가 커지는 것을 의미합니다. 이렇게 성장하는 식물은 잎과 꽃이 풍성하고 열매가 많이 맺힙니다.

커피를 이해하기 위해 어쩔 수 없이 식물 공부를 했는데, 공부하면 할수록 자연의 세계는 인간의 삶과 많이 닮았다는 걸 알게 되었습니다. 농부가 열매를 위해 수고하고 땀 흘리는 것이나 사업가가 비즈니스에서 성과를 얻기 위해 애쓰는 것이 많이 닮았다는 사실도 알게 되었습니다. 농부처럼 풍성한 열매를 맺기 위해서 끊임없이 '비즈니스의 생장점과 부름 켜'를 관리해야 합니다. 기업이 매출, 직원 수, 자산, 시장 지배력 같은 외형 지수만 커진다고 건강하게 성장하고 있다고 생각하면 안 됩니다. 언제 그 줄기가 꺾일지 알 수 없기 때문이죠.

'비즈니스 역시 생장점과 부름켜 같은 부위가 있는가?' 정확하게 설명하기는 힘들겠지만, 분명히 있습니다. 그것이 무엇인지 모든 기업가와 경영학자들이 계속 찾는 중입니다. 저 역시 창업 이후 '획을 긋는 성장'을 만드는 특정 사건이나 변화에 대해 주의 깊게 관찰하고 분석해 왔는데, 창업 15년 차가 되던 해에 그것을 다음에 이야기 하는 4P로 설명할 수 있겠다고 생각하게 되었습니다.

기업은, 좋은 거래처Partner를 만나 경쟁력이 강화되고, 남들이 극복하지 못하는 도전Project을 통해 새로운 가능성을 열고, 좋은 상품Product을 만들어 시장 점유율을 높이고, 탁월한 인재Person 덕분에 성장하게 됩니다. 이 네 가지 외에도 다양한 성장의 요소가 있겠지만, 이러한 네 가지 생장점만 잘 관리해도 기업은 건강하게 성장할 수 있을 것이라 생각합니다. 어쩌면 경영자들은 4P가 일으키는 변화와 성장을 예측하고 주도하는 일에 집중하기 위해 대표라는 자리에 앉아 있을지도 모릅니다.

이렇게 4P를 정의한 후, 저는 획기적인 성장을 이룬 요소가 추가될 때마다 〈HANDS GROWTH 4P〉라는 보고서를 업데이트 하고 있는데, 창업 17년 차인 지금까지 4P 명단에 오른 거래처는 10곳, 도전 10가지,

상품 12가지 그리고 사람은 9명이 올랐습니다. 각각의 요소를 전부 설명할 수 없으니, 각 P당 몇 가지씩만 사례로 이야기해 보겠습니다.

———✽

거래처가 경쟁력이다 ─ Partner

테슬라 대표 일론 머스크는 페이팔 사업으로 성공을 거둔 후, 2002년 스페이스X[17]를 창업하여 지구로 돌아오는 로켓 팰컨Falcon을 만들 계획을 세웠습니다. IT 전문가인 그가 로켓을 만든다는 게 가능할까? 그는 후에 '로켓을 만드는 데 필요한 모든 부품이 이미 실리콘 밸리에 다 있었다'라고 말했습니다. 우주선을 쏘아 올릴 수 있는 기술을 가진 파트너들이 이미 있었고, 그 파트너들의 공헌이 있었기에 '스페이스X 프로젝트'는 성공할 수 있었다는 것입니다.

　비즈니스를 하다 보면 좋은 거래처를 만나서 브랜드 인지도나 상품력이 좋아지는 경우가 많습니다. 혼자 다 만들 수 없고, 다 만들 필요도 없는 것은, 잘 만드는 기업들이 이미 곳곳에 있기 때문입니다. 결국, 혼자 잘나서 성공하기는 힘듭니다. 직접 할 수 없는 분야는 좋은 파트너를 만나는 것이 더 빠르고 훌륭한 선택입니다. 어떤 파트너는 우리를 돋보이게 만들고, 어떤 파트너는 무기가 됩니다. 따라서 파트너를 잘 만나고 파트

---

[17]　공식 회사명 Space Exploration Technologies Corp.

너를 올바르게 대우하는 것이 비즈니스의 중요한 생장점이 됩니다.

가맹점 20여 개가 될 때까지, 핸즈커피는 식자재 공급상으로부터 홀대를 받았습니다. 주문량은 적은데 까다롭고, 일반적으로 잘 쓰지 않는 재료를 요구했기 때문이죠. 직원들은 새로운 식자재를 개발하고 안정적인 공급라인을 구축하기 위해, 머리를 조아리며 공급상들을 찾아다녔고, 구매와 재고 관리를 위해, 대구에서 규모가 있는 2~3곳의 식자재 공급상들을 직접 찾아다니며 협의하고 도움을 요청하는 수고를 해야 했습니다. 시간과 수고, 효율 면에서 모두 불합리했지만 어쩔 수 없는 일이었습니다.

그러던 어느 날 연세가 좀 있는 P 상사 대표가 핸즈커피 본사를 찾아왔습니다. 커피를 마시며 오랜 시간 이야기를 나누면서 그의 삶과 비즈니스에 대한 태도를 엿볼 수 있었습니다. 그래서 필요한 식자재 리스트와 당시 매입하고 있는 물품들의 매입 단가를 모두 공개하고, 핸즈커피의 파트너사가 되어 주길 요청했습니다.

다음 날 P 상사 대표는 이전에는 상상도 할 수 없었던 최선의 견적을 보내왔고, P 상사와 거래를 시작했습니다. 그리고 14년이 지난 지금까지 한 번도 다른 거래처를 생각하지 않고 서로에게 든든한 파트너로 함께 달려왔습니다. 글을 쓰다가 10년 만에 P 상사 대표와 전화 통화를 했습니다. 여전히 밝고 따뜻한 N 대표의 목소리를 들을 수 있어 좋았습니다.

P 상사와 파트너사가 된 후 저희는 욕심을 내기 시작했습니다. 좋은 파트너에 대한 욕심입니다. 제일 먼저 하겐다즈 아이스크림을 메뉴에 넣겠다는 계획을 세우고 하겐다즈와 접촉을 시도했습니다. 하지만 하겐다즈

는 저희에게 관심을 보이지 않았습니다. 요즘은 하겐다즈가 개인 매장에도 납품 하지만, 당시는 납품 대상자를 엄격한 기준으로 평가해서 선별하는 시스템을 갖춘 듯했습니다. 하겐다즈가 핸즈커피를 거절한 이유는, 매장 숫자가 너무 적고, 지방이라 배송 거리 부담이 크며, 매장당 납품량 또한 너무 적다는 것이었습니다.

저는 오기가 생겼습니다. 언젠가 하겐다즈가 핸즈커피를 찾는 날이 오면, 그건 우리가 잘 성장했다는 것을 의미하는 것이라는 생각을 하게 되었죠. 그리고 40호점까지 오픈하고 다시 아이스크림을 납품해 달라고 요청했습니다. 굴욕적인 마음이 적잖이 들었지만, 하겐다즈는 충분한 가치가 있다고 판단했습니다. 그런 노력 끝에 하겐다즈와 파트너가 되었습니다. 아주 미약한 시작이었죠.

이후 하겐다즈가 가장 많은 아이스크림을 납품하는 파트너가 되자는 목표를 세웠습니다. 원가 부담을 생각하지 않고 빙수와 와플, 아포가토와 프라페 등 다양한 메뉴에 하겐다즈 아이스크림을 썼습니다. 고객들은 핸즈커피가 아이스크림을 모두 하겐다즈로 사용한다는 사실을 금세 알아챘고 브랜드 위상은 한층 높아졌습니다. 2018년 어느 날, 하겐다즈 본부장이 핸즈커피 체인 본부를 찾아와서 핸즈커피가 한국에서 하겐다즈 아이스크림을 가장 많이 사용하는 거래처가 되었다고 말했습니다.

저는 건설업을 하다가 커피 사업에 뛰어들었습니다. 건설업을 할 때도 제가 하는 일이 너무 재미있고 의미 있었습니다. 제가 구상한 공간을 만드는 과정이 큰 기쁨이었고 누군가가 새로운 공간에서 행복해 하는 모습을 보는 것도 의미 있었습니다. 하지만, 돈을 받는 것은 정말 고통스러운 일이었습니다. 건축주는 대부분 제가 평소 만나는 어른이나 사업가가 아니었습니다. 그들은 꼭 마지막에 돈을 붙들고 자신들의 기대와 욕구를 채우는 부당한 요구를 했는데, 그것이 관행이었고 당연하다고 생각했습니다. 꼭 피가 빨리는 느낌이었습니다. 저는 프랜차이즈 사업을 시작하면서 스스로 건축과 인테리어 공사 대금은 계약대로 지급할 것을 약속했습니다. '공사가 끝나고 가게를 오픈하면 보름 이내에 막대금을 전액 현금으로 지불한다. 단, 막대금 청구 시에 하자 보증서를 함께 제출하게 한다'는 원칙을 세웠습니다. 이 원칙은 공사 업체뿐 아니라 다른 거래처에도 똑같이 적용했습니다. 모든 대금을 현금으로 정해진 날짜에 정확하게 지급했죠.

좋은 거래처를 얻으려면 먼저 좋은 거래처가 돼야겠다고 생각했습니다. 그런 식으로 거래처를 존중하고 상생의 관계를 맺었더니, 거래처와 거래처 담당자들이 핸즈커피 체인 본부에 대한 좋은 소문을 내기 시작했습니다.

또한 IT 파트너를 이야기하지 않을 수 없습니다. 핸즈커피 가맹 사업을 시작했던 2007년경에 아이폰이라는 스마트폰이 세상에 나왔습니다. 스마트폰은 월드 와이드 웹을 기반으로 하는 인터넷 세상에서 모바일 디바이스를 기반으로 하는 새로운 세상으로 우리를 이동시켰는데, 그 세상은 이전의 세상과 완전히 다른 세상이었습니다. 검색도, 결제도, 쇼핑도, 배달도, 문화 생활도, 이동도 모바일 플랫폼으로 옮겨 가야 했습니다. 스마트 세상이 되자 모두 거기에 걸맞은 비즈니스 시스템을 구축해야 했는데, 이를 위해 기업들은 상당한 재정과 지식을 투입해야 했습니다. 하지만 재정 여력과 IT 지식은 마음먹고 노력한다고 얻어지는 게 아니었습니다. 대부분 중소기업과 지방 기업은 피해 가고 싶어도 피할 수 없는 새로운 장벽이 생겼습니다.

가맹 사업 초기 IT 시스템이라 해 봤자 홈페이지와 이메일, 도메인 관리 정도가 전부였는데, 시장이 급변하면서 쇼핑몰과 점주 온라인 스토어를 수시로 업그레이드해야 했고, 브랜드 앱 개발, 앱 결제 시스템 탑재 등 변하는 시장 상황에 발맞춰 지속적으로 IT 솔루션을 개발하고 유지하는 일에 대한 부담이 점점 더 커졌습니다.

그뿐 아니라 회계와 물류를 통합적으로 관리하는 전사적 자원 관리 시스템ERP(Enterprise Resource Planning) 구축처럼, 회사가 커지면서 내부적으로 복잡해지는 업무 환경을 시스템화하는 일과 인트라넷을 통해 내외부 소통 체계를 구축하는 일 역시 IT 전문가의 도움이 필요한 일이었습니다. 복잡하고 막막한 상황 앞에서 대부분 기업은 누구와 상의할지조차 모를 텐데, 핸즈커피는 '우물네트워크'라는 IT 전문 파트너사가 있었습니다. 거액의 개발비를 부담할 여력이 없었기에 우물네트워크와 월 결제 계약을 체결했습니다. 약소했지만 개발 전문 인력의 인건비를 고려한 월 개발비를 일정하게 지불하고, 우물네트워크는 핸즈커피와 '하나의 회사다'라는 마음으로 필요한 IT 솔루션을 지속적으로 업그레이드하는 역할을 감당했습니다.

현대 기업은 IT 파트너가 꼭 필요합니다. 필요한 정도를 넘어 기업이 보유한 모든 지식과 경영 정보를 그들과 공유해야 하는 시대를 살고 있습

니다. 아직 IT 파트너가 없다면 서둘러야 합니다. 늦어지는 만큼 시간과
비용이 더 많이 들 것이기 때문입니다.

　돌아보면 커피 생두 파트너와 로스팅 머신 공급 파트너, 커피 장비 분야
파트너와 식재료 개발 파트너, 각종 포장재와 종이컵 생산 파트너들도 하나
같이 핸즈커피의 성장을 견인하는 중요한 역할을 감당해 주었습니다.

　최근 가장 감동을 주는 거래처는 '한국도자기'입니다. 한국도자기를
만나서 핸즈커피 매장에서 사용하는 모든 도기류를 '한국도자기 본차이
나'로 바꿀 수 있었습니다. 커피 전문 기업으로서 한국도자기를 만난 것
자체가 핸즈커피의 성장이 된 것입니다.

───✖

도전 없이 얻는 것은 없다—Project

작가 헨리 드러먼드Henry Drummond는 '자기가 할 수 있는 일보다 더 큰
일을 시도하지 않으면, 그 사람은 자신이 해낼 수 있는 일들도 결코 다하
지 못한다'라고 말했습니다. 리더는 경험과 상상을 뛰어넘는 비전을 제시
하는 사람이고, 홀륭한 비전은 사람과 조직에 좋은 길잡이가 됩니다.

　저는 '나중에 인생을 마무리할 때, 내 인생은 내가 시도한 믿음의 도전
들로 평가받고 싶다'라는 말을 자주 합니다. 우리 인생이나 기업은 여러
가지 도전을 통해 성장합니다. 기업은 다음 단계로 성장하기 위해 끝없는

도전을 이어가야 합니다. 그것이 양적 성장이든 질적 성장이든 도전 없이 얻는 것은 없기 때문이죠.

2006년 10월 핸즈커피를 창업하고, 다음 해 3월 가맹 사업 본부를 설립했습니다. 7월부터 가맹점을 전개하기 시작해서 1년여 만에 10여 개의 매장을 오픈했습니다. 참 열정적인 시기였죠. 그때 우연한 기회로 중국 연변과기대 교수들과 인연이 닿아 연길에서 특강을 해 달라는 요청을 받았습니다. 강의하러 가서 연변과기대 경영학과 출신의 조선족 젊은이들을 소개 받았는데, 그들과 함께 '중국 진출을 해 볼 생각이 없느냐'라고 교수들이 제안했습니다.

사업 초기라 국내 사업도 재정과 시스템 모두 부족한 시기였지만, 저는 이러한 도전이 마음에 들었습니다. 2008년 10월 중국 연길에 핸즈커피 론칭 사무실을 열고, 창업 멤버 3명과 비즈니스를 시작했습니다. 그리고 지난 15년 동안 핸즈커피 21개소와 핸즈쿡이라는 패밀리 레스토랑 11개소, 신짜오라는 베트남 요리 전문점 2개소를 오픈했습니다. 그 15년 동안 저는 매달 중국을 오가며 커피와 재무, 디자인과 기획, 인사와 사무실 관리 등 경영의 모든 분야를 그들에게 전수하고 위임해서 국내 사업과 동일한 비즈니스 모델을 세웠습니다.

핸즈커피의 중국 진출은 단순히 '해외 진출'이라는 의미를 넘어서는 일이었습니다. 이국땅에 살아남은 독립운동가 후손과 그 지역을 비즈니스로 섬기는 일이었고, 전 세계에서 제일 큰 시장 중에 하나의 문을 여는 도전이었습니다. 해외 진출이 열리는 것을 보며 다른 나라 진출에 대한

VALUE

자신감이 생겼고, 물가와 인건비가 싼 그곳에서 미래에 국내 접목할 수 있는 다양한 비즈니스를 스케일-업[18] 했으며, 다양한 상품을 소싱하는 무역 효과를 얻었습니다.

정확히 기억나지 않지만, 『행복이 가득한 집』이라는 잡지에서 덴마크 뱅앤올룹슨[19]의 특별한 이야기를 읽었습니다. 덴마크 수도 코펜하겐 외곽 시골에 있는 뱅앤올룹슨 본사는 농장을 개조해 만들었습니다. 본사를 방문하는 사람은 비즈니스 회의에 바로 들어갈 수 없습니다. 신발을 벗고 회사가 준비한 장화를 신은 후 그들이 준비한 코스로 나가 산책을 해야 합니다. 시골길과 냇가를 지나고 어떤 경우는 말을 타면서 한 시간 정도 자연을 즐긴 다음, 사무실로 돌아와 발을 씻고 회의장으로 들어갑니다.

읽자마자 '아, 멋지다.'라는 탄성이 나왔습니다. 한번 가보고 싶다고 생각하다가 '그래, 우리도 이렇게 해 보자'라고 생각했습니다. 여타 커피 체인 본부처럼 예비 창업자가, 시내 빌딩 숲에 위치한 사무실을 찾아가, 가맹 상담자가 설명하는 가맹 계약 조건을 듣고, 그가 가리키는 곳에 서명하고 계약금을 주고받는 그런 통상적인 비즈니스 말고, 도심을 벗어나 한적한 곳을 산책하고 먼 산과 하늘을 바라보며, 천천히 커피도 마시면서 이런저런 이야기를 나누다가, 친구가 되고 동지가 되는 그런 심미적인 관

---

18 scale-up. '규모를 확대한다'는 의미. 사업화 전 단계를 연구하고 테스트해서 기업 가치를 강화하고 시장 경쟁력을 높이는 과정을 뜻한다.

19 1925년 덴마크 스트루어Struer 지역에서 엔지니어 페테르 뱅Peter Bang과 스벤 올룹슨 Svend Olufsen이 창업한 하이엔드 오디오 및 프리미엄 전자제품 회사

계부터 챙기는 비즈니스를 하고 싶다는 꿈을 꾸었습니다. 그런 생각을 할 즈음 장인이 사무실을 찾아와 저에게 이렇게 말했습니다.

"몇 년 전에 대구 외곽 조용한 곳에 밭을 하나 사서 친지들에게 조금씩 땅을 나눠 주고 채소와 과일을 심어 먹도록 한 땅이 있는데, 거기에 자네 회사 사옥을 지어서 사업을 한번 키워보면 어때?"

2010년 창업 5년 차, 현금이 부족하고 매출도 그리 높지 않은 상황인데 사옥을 짓는 것은 부담스러운 일이었지만, 땅을 잘 알고 있었기에 저는 도전하고 싶었습니다. 바로 고급 주택 사업을 할 때 파트너로 일한 경험이 있는 K 건축 소장을 찾아가, 건축 행위가 가능한지와 원하는 그림이 나오는지 검토를 요청했습니다. 현장을 확인하러 온 건축사가 '이 땅은 모양이 비정형이라 반듯한 건축물을 짓기에는 별로지만 정말 작품 같은 건물이 나올 수 있는 땅이네요'라고 말했습니다. 한마디로 땅이 삐뚤삐뚤하게 생겼지만 건축가의 예술혼을 불러일으키는 땅이란 말이었죠.

저는 장인을 찾아가 '이 땅을 증여해 주시면 멋진 건물을 한번 만들어 보겠습니다'라고 말했습니다. 증여 절차와 설계, 건축 허가, 시공 업자 선정, 착공과 준공, 내부 인테리어, 제조 공장 허가 등 체인 본부 건축과 입주를 위한 일이 일사천리로 진행되었고, 2011년 여름 자가 건물에 입주할 수 있었습니다.

사옥의 이름은 '비바채 vivace'로 지었습니다. 여기서 근무하는 직원들과 방문객이 '욕심을 비우고, 멀리 자연을 바라보며, 새롭고 좋은 것을 채우자'라는 의미였죠. 악상 용어인 비바체의 발음에 맞게 건물의 모양을 그랜드 피아노 모습으로 지었습니다. 직원들은 숲으로 둘러싸인 사무실에서 고개를 들면 초록을 감상할 수 있었고, 점심 식사 후 회사 주변을 산책하면서 직장 동료와 깊은 사귐의 시간을 가질 수 있게 되었습니다.

2016년 창립 10주년 기념패에 직원들이 담아준 글을 보면 우리 직원들이 비바체를 얼마나 좋아하는지 엿볼 수 있습니다.

"푸른 나무와 맑은 공기 속에서 일하고, 맛있는 커피를 마음껏 즐기고, 정직한 경영 마인드와 명확한 경영 철학을 가진 핸즈커피라는 즐겁고 복된 일터에서 근무하는 것이 행복하고 자랑스럽습니다. 이런 회사를 만들어 주셔서 진심으로 감사합니다. 함께할 수 있어서 참 영광입니다."

비록 건축을 위해 당시로서는 감당하기 힘든 빚을 졌지만, 비바체 입주는 핸즈커피가 일취월장하는 계기가 되었습니다. 사람들은 우리가 짓고 꾸민 공간에 와서 핸즈커피의 문화를 보고 경험하면서 회사를 더 깊이 이해하고 신뢰했으며 가맹점 전개 역시 탄력을 받기 시작했습니다.

2017년 핸즈커피는 본사 1사옥의 2배 정도 규모의 본사 2사옥을 매입하면서, 다시 한번 점프하는 과정을 경험했습니다. 핸즈커피는 자본을 충분히 가지고 시작한 브랜드가 아니었기 때문에 프랜차이즈 본부로서 기초적인 시설이 늘 부족했습니다. 가맹점을 전개하고 수익이 생기면 로스팅 기계를 사고, 또 수익이 생기면 교육 센터의 장비를 최신 시설로 업그레이드했으며, 직원들이 자랑스럽게 여길 사옥을 지었습니다. 그중 오랜 시간 우리를 힘들게 한 건 '물류센터'였습니다.

이해를 돕기 위해 물류에 대해 간략히 설명하면, 가맹점을 운영하는 데 필요한 물품을 누가 어떻게 공급하느냐에 따라 물류의 유형이 나뉘는데, 보통 1자, 2자, 3자 물류로 나눕니다. 1자 물류는 체인 본부인 자사가 전적으로 물류 업무를 직접 처리하는 것을 의미하고, 2자 물류는 분사화를 통해 자회사에서 물류 서비스를 제공하는 것을 의미합니다. 3자 물류는 체인 본부를 대신해 3자 물류 회사가 배송, 보관, 유통 가공 등 물류 기능을 종합적으로 제공하는 물류 서비스를 말합니다.

대부분의 체인 본부는 물류센터 투자나 상품 재고 확보를 위한 선 투자 부담을 줄이기 위해 3자 물류를 선택합니다. 그것이 분명 효율적이고 상품 개발 측면이나 규모의 이익 측면에서 이점이 있는 것도 사실입니다. 하지만 저는 가맹점에 공급하는 물품의 유통을 체인 본부가 직접 해야 한다는 소신이 있었습니다. 훨씬 더 많은 이유를 나열할 수 있겠지만 다음 두 가지 이유면 충분합니다.

첫 번째 이유는 상품 개발 능력을 축적할 기회를 놓치면 안 되기 때문입니다. 우리의 관심은 축적이었습니다. 경험이 부족한 사람이 특정 상품을 개발하려면, 상품과 관련된 지식과 경험이 없으니까 개발 과정에 필요 이상의 추가 비용이 발생합니다. 비용을 줄이려면 전문가에게 맡기고 전문성에 맞는 대가를 지불하는 것이 일반적인 거래 원칙이죠. 하지만, 이런 관습에서 놓치고 있는 부분이 있습니다. 그러한 전문가 역시 처음이었던 적이 있다는 것입니다. 지식은 공부하고 조사하면 알 수 있지만 경험은 비용을 꼭 치러야 얻을 수 있습니다. 그래서 비즈니스를 할 때 경험의 기회를 남에게 넘겨서는 안 됩니다. 그것은 회사의 중요한 경쟁력과 자산이 되기 때문입니다.

한두 번 실수하면서 직접 해봐야 전문가가 될 수 있습니다. 그러한 비용 지불로 전문가가 될 수만 있다면 다음은 희망적입니다.

두 번째 이유는 물류가 미래 사업이기 때문입니다. 가맹 사업의 주요 수익원은 가맹점 개설 수익과 가맹점 거래 수익으로 크게 나뉩니다. 하지만 둘의 비중은 비슷하지 않습니다. 가맹 사업 초기에는 개설 수익이 주요 수익이 되지만, 얼마 지나지 않아 거래 수익의 비중이 훨씬 커지는 날이 옵니다. 어쩌면 가맹 사업은 추가 가맹점 개설 수익이 없어도 가맹점 거래 수익만으로 손익분기점을 넘는 날을 꿈꾸며 인내의 쓴잔을 마시는 비즈니스가 아닌가 생각합니다. 이 시점이 얼마나 빨라지느냐에 따라 사업의 품격이 달라집니다. 추가 개설 없이도 회사가 충분한 수익을 내기 시작하면 그때부터 로버트 기요사키[20]가 말한 '부자 아빠의 자유로운 삶'이 가능해집니다.

---

[20] 일본계 미국인 4세로 하와이에서 나고 자랐다. 47세에 은퇴를 선언하고 1997년 50세가 되던 해 『부자 아빠 가난한 아빠』를 집필해서 세계적인 저술가가 되었다.

저는 1자 물류를 선택하고 직원들에게 물류 사업을 미래 사업이라고
선포했습니다.

"당장은 여러분들이 임대 공간에서 여름엔 덥고 겨울엔 추운 환경 가
운데 무거운 박스를 옮기고 처음 해 보는 일이라 고생스럽겠지만, 머잖아
이 일이 우리의 주된 업무와 경쟁력이 될 것입니다. 머천다이징[21] 역량을
강화하면 이후 온라인 사업이 가능하고, 더 다양한 기업과 B2B 사업 기
회를 얻게 될 것입니다"

기대와 철학은 선명했으나 자가 물류센터가 없는 기업이 이러한 비즈
니스 모델을 선택하고 유지한다는 것이 여간 어려운 일이 아니었습니다.
같은 직원인데 누구는 환경이 좋은 사옥에서 근무하고 누구는 물류 센터
에서 일하면서 임대 상황이 바뀔 때마다 수시로 그 많은 짐을 싸고 이사
다녔는데, 그 10년 동안 물류센터 이사를 5번 했으니 불만이 많았습니다.
수많은 직원들이 물류센터에서 일하다가 보직 이동을 요청하거나 회사를
떠났습니다. 그러나 경영자로서 저는 물류 사업을 누군가에게 넘기고 싶
지 않았습니다.

2017년, 평소 알고 지내던 부동산에서 회사 인근 모 회사의 빌딩이 급
매물로 나왔는데, 핸즈커피가 사면 딱 일 것 같다고 연락해 왔습니다. 조사

---

21 merchandising. 제품의 판매를 위해 소매 소비자에게 기여하는 모든 행위를 말한다.

해 보니 회사 대표가 법적인 문제로 구속되었고 벌금을 내기 위해 현금화할 수 있는 자산이 빌딩뿐이라 급매물로 나온 건물이었습니다. 시세는 25억, 희망 매도 금액은 22억이었습니다. 건물의 크기나 구조가 우리 물류센터와 로스팅 공장을 넣기에 안성맞춤이었습니다. 층별로 100평씩 3개 층 건물에 화물 엘리베이터가 2개 있었고, 전기 용량마저 충분했습니다. 탐나는 건물이었지만 돈이 없었습니다. 주거래 은행과 의논하니 17억 정도 대출할 수 있는 물건이라고 말했습니다. 그래서 저는 17억 9천만 원이면 사겠다고 답을 했습니다. 당장 활용할 수 있는 유동성 9천만 원과 대출금으로 건물을 살 계획이었죠. 부동산 중개인은 '말도 안 되는 소리'라고 웃으면서 전화를 끊었습니다. 기회를 놓치는가 싶었는데 열흘 후에 전화로 19억이 마지막 제안이라고 했습니다. 저는 웃으며 17억 9천이면 사고 싶은데 그만한 여력이 없다고 말했습니다. 하지만 다음날 결국 17억 9천만 원에 매매 계약을 체결했고, 2개월 후 그 건물은 핸즈커피 자가 물류센터가 되었습니다. 본사 1사옥보다 더 좋은 위치, 더 좋은 환경의 사옥을 갖게 된 것이죠.

이사를 하지 않아도 되는 자가 공간이 생긴 후, 커피 로스팅 시설과 더치 제조 공장, 그리고 물류센터를 만들었는데, 제조 공장과 1자 물류센터를 보유한 기업이 되자 국가로부터 예상했던 것보다 훨씬 더 다양한 지원과 혜택을 받을 수 있었습니다.

───✄

명예의 전당에 오르다

핸즈커피는 비즈니스를 시작할 때부터 일상을 기록하고 지식화하는데 시간을 많이 투자했습니다. 그래야 했고 그 분야에 재능이 있었습니다. 직원들은 끊임없이 자신의 업무를 매뉴얼로 만들어서 지식화하는 열정을 보였고, 리더들은 회사가 축적의 조직 문화를 가질 수 있도록 격려하고 투자하는 것을 아끼지 않았습니다. 그런 세월이 쌓인 후 저희는 핸즈커피의 핵심 역량이 '축적하고 확장하는 것'이란 사실을 자연스럽게 알게 되었습니다. 하지만 핵심 역량은 내부 역량이었을 뿐 누군가에게 검토받거나 평가받을 수 있는 것은 아니었습니다. 핵심 역량을 객관적으로 인정받을 길이 없었던 것이죠.

그러던 중 2014년 초, 중소벤처기업청 산하 '소상공인 시장 진흥 공단'이 시행하는 '프랜차이즈 수준 평가 제도'에 대해 알게 되었습니다. 저는 프랜차이즈 사업을 누군가에게 배운 적이 없습니다. 18평 가게를 할 때부터 매일 일과를 기록하고, 오픈 매뉴얼과 마감 매뉴얼을 직원들과 직접 만들었습니다. 기계가 고장이 나면 고장 난 곳을 수리하면서 사진을 찍고, 수리 매뉴얼을 만들었으며, 기계 전문가들의 도움을 받아 평소 유지 관리법을 매뉴얼화 했습니다. 매장 숫자가 늘고 슈퍼바이징을 시작할 때 역시 타 기업 샘플을 활용하지 않고 100% 우리의 생각을 담아 슈퍼바이징 매뉴얼을 만들었습니다. 그렇게 만든 매뉴얼이 80여 개였고 문서 폼까지 250여 개의 핸즈커피만의 노하우를 보유할 수 있었습니다.

저는 우리가 만든 시스템들을 전문가에게 보여주고 그동안 잘해 왔는지 확인할 필요가 있다고 생각하고 프랜차이즈 수준 평가를 요청했습니다. 3개월 동안 전문가들이 회사를 수시로 방문해서 직원들을 면담했고, 각종 서류를 확인하고 평가했으며, 올 때마다 대표 면담도 진행했습니다. 전체 가맹점 중 30% 정도의 매장을 임의로 선정해서, 전화 혹은 설문 조사를 통해 본부와 갈등이나 불만 요소, 시스템적 공백은 없는지 조사했습니다.

그렇게 광범위한 평가를 진행한 후, 그들은 핸즈커피의 프랜차이즈 시스템 수준을 '2등급 우수 프랜차이즈'로 매겼습니다. 다들 축하해 주고 대단하다 칭찬했지만 저는 만족할 수 없었습니다. 부족한 것이 무엇인지 확인했으니 다시 보완해야 했습니다. 이러한 도전은 2019년까지 이어졌습니다. 결국 2016년부터 2018년까지 3년 연속 '1등급 우수프랜차이즈'라고 인정받는 수준까지 도달했습니다. 3년 연속으로 1등급 인정을 받으니까 중소벤처기업청에서 핸즈커피를 커피 업계 최초로 우수 프랜차이즈 명예의 전당에 헌정해 주었습니다. 참 영광스러운 일이었습니다.

이외에도 도소매 물류센터 설립, 원두 및 더치 제조 공장 설립, 커피 국제 감별사 12명 양성, 빈 매니징 시스템 개발, 핸즈 클라우드 구축 등 다 열거할 수 없을 정도로 다양한 프로젝트들을 수행해 왔는데, 그 도전들은 하나 같이 획을 긋는 성장의 계기가 되었습니다.

14   획을 긋는 성장 전략 4P를 소개합니다 ─2
Product & Person

> 설명하기 쉽진 않지만, 확실한 건 한 사람에 의해 나오는 결과물이 아니라는 것입니다. 사람들이 상징을 좋아해서 제가 특정한 것들의 상징이 되었지만, 매킨토시는 팀team 노력의 산물이었습니다.
>
> ─스티브 잡스Steven Jobs 인터뷰 중에서

─────✖

상품은 브랜드의 얼굴이다 ─Product

소비자는 상품으로 브랜드를 이해합니다. 핸즈커피 성장에 획을 그은 상품들은 지금도 빛을 발하고 있는 경우도 있고 한때를 책임지다 사라진 경우도 있습니다. 사람의 얼굴이 갓난아기일 때와 유소년기, 청소년기를 거치며 바뀌듯 브랜드의 상품 역시 그렇게 바뀝니다. 같은 사람, 같은 느낌인데 모양이 달라진 것입니다. 브랜드의 얼굴 같은 상품이 탄생하는 원리를 이해하는 것은 대표 상품을 꾸준히 재생산하기 위해 꼭 필요합니다.

핸즈커피의 탁월한 상품력을 보인 첫 번째 히트 상품은 휘핑크림과 핸즈 수제 쿠키, 와플 같은 메뉴입니다. 특히 휘핑크림은, 고객 대부분이 단맛 위주의 음료를 찾던 창업 초기에, 핸즈커피가 맛있는 브랜드로 인정받는데 결정적인 기여를 했습니다. 초기에 사용한 휘핑크림은, 일본이나 일부 국내 커피 업체가 사용하고 있던 휘핑크림과 유사했으나, 이후 솔티드 휘핑크림을 개발하고 다시 리큐르를 제거하는 과정을 거치며 핸즈커피의 대표 상품으로 온전히 재탄생했습니다.

와플에 대해서는 할 이야기가 많습니다. 2010년부터 핸즈커피는 디저트 메뉴의 강화를 위해 와플 개발에 매달렸습니다. 다양한 거래처로부터 샘플을 받아 테스트하고, 일본의 유명한 와플 집까지 찾아가 먹어 봤습니다. 하지만 선뜻 '바로 이거다!' 싶은 와플을 만날 수 없었죠. 그러던 중에 평소 알고 지내던 H 대학 경영학과 교수의 소개로 서울의 모 카페 대표가 대구까지 저를 찾아왔습니다. 사무실에서 커피도 마시고 식사도 하면서 하루 종일 커피와 비즈니스에 대해 많은 이야기를 나눴는데, 그분이 저녁에 서울로 올라가면서 '꼭 저희 매장에 오셔서 커피를 마시고 메뉴에 대한 평가도 좀 해 주시길 부탁드립니다'라고 말했습니다. 예의상 하신 말이겠거니 하고 답방을 안 했는데, 잊을 만하면 연락이 와서 '한번 안 오시냐?'고 부담을 주었습니다. 몇 달 후, 아내와 서울로 출장 갈 일이 생겼을 때 일정을 조정해 카페를 방문했습니다. 자신이 만들어 놓은 카페 바텐과 로스팅실, 지하의 교육장과 전시해 둔 골동품을 하나하나 설명해 주면서 겸손하게 저의 조언을 구했습니다. 하지만, 제가 더 이상 조언할 필요가 없을 정도로 이미 훌륭한 카페였습니다. 잘 운영하고 있다고 칭찬하고 지지해 주는 것만 필요한 상황이었습니다.

자리에 앉아 커피를 마시는데, 아내 되는 분이 매장에서 제일 많이 팔리는 메뉴가 와플이라면서 과일 와플을 가져왔는데, 와플을 먹자마자 우리 부부는 즉시 서로를 쳐다봤습니다. '바로 이거다!'라는 눈빛을 서로 교환한 것이죠. 카페 대표님께 '이거 저희가 만들어 팔아도 될까요?'라고 물었더니 '아이고, 이렇게 많은 도움을 주셨는데 가능하지요. 그리고 레시피를 원하시는 것도 아니고 먹어 보고 만들어서 팔겠다는데 어떻게 말릴 수 있겠어요. 원재료는 찹쌀과 멥쌀 두 가지만 사용한 거예요'라고 하셨습니다. 사실 전문가들끼리는 그 정도면 레시피를 다 알려 주신 거나 다름이 없는 것이었죠. 너무 감사했습니다. 저희는 회사로 돌아와 와플 개발에 착수했습니다. 겉은 바삭하고 속은 쫀득한 느낌을 살려 찹쌀과 멥쌀의 비율을 조절하고 수분 정도를 다양하게 테스트한 결과, 그날 그 가게에서 먹었던 와플을 완성했습니다.

점주들을 모아 완성한 찹쌀 와플 시식회를 열었는데 모두 열광적으로 반응했습니다. 우리는 확신을 품고 '핸즈 찹쌀 와플'을 출시했습니다. 전체 물량이 많지 않아 한동안 매장마다 인근 방앗간에서 믹스 재료를 직접 빻아 사용하다가, 점점 사용량이 늘면서 현재 생산 업체와 협업해서 '핸즈 OEM 와플 믹스'를 개발했습니다. 초기 매장주 몇 분은, 그때 시식회의 맛을 잊지 못하고 '나는 여전히 방앗간에 가서 와플 재료를 신선하게 빻아서 사용한다'라고 자랑스럽게 말씀하는 이도 있습니다.

와플이 핸즈커피의 대표 메뉴였지만 폭발적인 인기는 끌지 못하고 있었던 어느 날 갑자기 와플 믹스 주문이 급격하게 늘어나기 시작했습니다.

2018년 2월이었습니다. 물류센터는 모든 식재료의 적정 재고량을 유지하고 있었는데, 어느 날부턴가 와플 믹스의 주문량이 급격하게 늘면서 주문 물량을 못 맞추고 있다는 보고가 올라왔습니다.

〈효리네 민박〉이라는 TV 프로그램에서 바나나 와플을 만들어 먹는 장면이 방영된 후 카페마다 사람들이 와플 메뉴가 없는지 찾았고, SNS를 통해 '핸즈커피 와플이 맛있다'라는 소문이 퍼지기 시작했다는 것이었습니다. 핸즈커피의 찹쌀 와플에는 일반 와플에 들어가는 밀가루가 전혀 없어서 소화가 잘되고 한 끼 식사로 손색이 없다는 이야기까지 회자되었습니다. 한가지 메뉴를 핸즈커피답게 만들려고 투자한 시간과 노력들, 첫 마음을 잃지 않고 품질을 유지하고 계속 업그레이드하기 위해 버텨온 수고들이 모두 합쳐져서 이렇게 자랑스러운 메뉴 하나가 탄생했습니다.

자랑스러운 상품을 하나 더 이야기하자면 '웨이브wave 컵'을 빼놓을 수 없습니다. 핸즈커피에서 일회용 종이컵을 웨이브 컵이라고 부릅니다. 컵과 컵 홀더를 일체형으로 만들면서 손이 닿는 외부 표면에 물결 모양으로 골을 넣었다고 붙인 이름이죠. '종이컵이 무슨 자랑스러운 상품이냐?'라고 묻는 사람도 있겠지만, 많은 소비자가 핸즈커피를 종이컵이 예쁜 브랜드로 기억할 정도입니다.

오래전부터 영국의 커피 브랜드 '코스타COSTA'는, 중국에서 웨이브 컵을 생산해서 사용했습니다. 그 종이컵이 마음에 들어 중국 사업부 경영진에게 종이컵 제조 공장을 찾으라고 지시했는데, 대리점들이 제조 공장을 철저하게 숨겨서 찾는 게 어려웠습니다. 2013년 봄, 결국 대리상 중에 한 업체가 제조 업체를 공개했고 중국 사업부는 획기적인 가격으로 웨이브 컵을 한국에 보낼 수 있었습니다. 국내 생산 중인 종이컵과 가격을 비교했을 때, 개당 가격은 웨이브 컵이 당연히 비쌌지만, 웨이브 컵은 컵 홀더와 일체형으로 만들어서 컵 홀더 가격까지 고려하면, 가성비 면에서 웨이브 컵이 충분히 경쟁력 있다는 판단이 섰습니다.

웨이브 컵 수입을 결정했지만, 컵에다가 핸즈커피 브랜드의 색깔과 디자인을 입히는 일에서는 약간의 어려움이 있었습니다. 컵이 가진 형태상의 특징 탓에 컵에 색깔을 입히니 예상과 다른 컬러가 나왔고, 중국 공장의 컬러 담당자와 우리가 원하는 색감을 협의하는게 쉬운 일이 아니었습니다. 그들은 무심했고 우리의 기대는 높았습니다. 우리는 까다롭게 선정한 컬러 위에 '맛있는 핸즈커피'라는 캘리그라피calligraphy를 넣고 싶었습니다. 당시 캘리그라피가 대유행이었죠. 드라마 사극 제목을 대부분 캘리그라피로 작성할 정도였습니다. 당시 유명한 드라마 캘리그라피를 쓴 작가를 섭외해 노란색 웨이브 컵에 멋진 캘리그라피를 올렸습니다. 그렇게 디자인을 입히고 컵을 만드는 데만 6개월이 걸렸습니다. 그리고 그 컵이 한국에 도착했을 때, 한국 커피 업계는 핸즈커피의 종이컵에 놀랐습니다.

대형 프랜차이즈 3자 물류 MD 담당자 몇몇이, '핸즈커피 종이컵을 자기들도 사용할 수 있게 허락해 줄 수 있느냐'고 물었습니다. 종이컵만 납품해도 돈이 될 것 같은 분위기였죠. 하지만 저희는 웨이브 컵을 당분간 핸즈커피만 사용하고 싶었습니다.

커피 회사가 커피에 대해 말하지 않을 수 없겠죠. 결국 핸즈커피의 대표 상품은 '커피'입니다. 2006년 저희는 커피 업계 최초로 '스페셜티 핸드드립 프랜차이즈'를 만들었습니다. 지금도 프랜차이즈 업계에서 스페셜티 핸드드립 프랜차이즈라는 분류 자체가 없기에, '무슨 근거로 업계 최초라고 말하느냐?'라고 질문하는 사람이 있겠지만, 단어 하나하나를 정확하게 집어 보면 핸즈커피가 최초의 핸드드립 프랜차이즈인 것은 사실입니다.

우선 '핸드드립'입니다. 커피를 추출하는 방식은 투과, 침지, 가압 방식으로 나눕니다. '투과 방식'은 필터를 이용해 커피를 거르는 방식인데, 전용 주전자를 사용해 물을 붓는 방식입니다. 보통 핸드드립이나 푸어오버pour-over라는 커피 추출 방식을 통합적으로 투과식이라 말합니다. '침지 방식'은 커피 파우더에 원하는 농도에 맞는 물을 부어 가용 성분이 녹아내릴 때까지 기다렸다가 거름망으로 걸러 추출하는 방식입니다. 침지 방식의 대표적인 추출 기구가 프렌치 프레스french-press이죠. '가압 방식'은 보일러 스팀boiler-steam이나 피스톤piston 압력을 이용해 커피 성분을 뽑는 방식인데, 모카포트나 에스프레소 머신이 이에 해당하는 추출 기구입니다. 최근 개발된 추출 기구는 이런 방식이 복합적으로 사용된 경우가 많은데, 예를 들어 에어로프레스aeropress는 커피를 침지시킨 후 녹아내린 커피 수용 성분을 압력을 이용해 밀어내는 기구입니다.

아메리카노 메뉴에 익숙한 사람은 잘 모르겠지만, 투과식 커피는 아주 오래되고 전통적인 커피 추출 방식입니다. 만약 누군가 kg당 수십만 원의 고급 커피 생두를 선물하면, 저는 투과 방식에 맞는 로스팅 포인트로 커피를 볶아서, 투과식 추출 도구를 이용해 커피를 내려 마실 겁니다. 이런 선택은 저만의 기호가 아니라 대부분의 커피 전문가들이 공통적으로 스페셜티를 다루는 방식입니다.

그럼, 핸드드립과 푸어오버는 뭐가 다를까요? 핸드드립은 일본을 중심으로 한국과 중국에서 많이 사용하는 추출 방식이고, 푸어오버는 유럽과 미국, 호주 쪽에서 주로 사용하는 추출 방식입니다. 핸드드립은 정적이고, 푸어오버는 역동적이죠. 그런 퍼포먼스는 커피 성분의 녹아내림 정도에 영향을 미칩니다. 핸드드립을 추구하는 사람들은 주전자에서 나오는 물줄기의 정밀성을 매우 중요하게 다루고, 푸어오버 방식을 추구하는 사람들은 파우더의 양, 파우더의 입자 크기, 물의 양과 온도, 추출량 등의 물리적 공식을 중요하게 생각합니다.

2006년 핸즈커피를 창업하던 시절만 해도 핸드드립은 전수가 어려워서 프랜차이즈 시스템에 적합하지 않다는 사람들이 많았습니다. 프랜차이즈 시스템에 누구도 핸드드립이라는 추출 방식을 생각하지 않던 시절이었죠. 하지만 제 생각은 조금 달랐습니다. 저는 소위 핸드드립 전문가라는 이들이 이야기하는 추출 변수를 충분히 단순화할 수 있다고 생각했습니다. 여기서 단순화 작업을 다 설명할 수 없지만, 추출 자세나 물줄기 조절은 핸드드립 방식을 적용하고, 추출 공식은 푸어오버 방식으로 적용하면 누구나 쉽게 핸드드립으로 일정한 맛을 낼 수 있다고 확신했습니다. 그렇게 훈련 프로그램을 개발하고 가르치니까 누구나 1~2주 안에 핸드드립을 자기 비즈니스에 적용할 수 있게 되었습니다.

이런 과정을 거쳐 핸드드립 프랜차이즈가 만들어졌습니다. 물론, 핸즈커피 이전에도 핸드드립 방식으로 맛있는 커피를 제공하는 커피 전문점들이 전국 곳곳에 있었고, 그들 가운데 다수 매장을 운영하는 기업형 커피 전문 회사도 분명히 있었습니다. 하지만, 그러한 프랜차이즈 사업을 가장 먼저 시작한 브랜드는 핸즈커피입니다. 그래서 핸즈커피는 최초의 '스페셜티 핸드드립 프랜차이즈'라고 자신 있게 이야기할 수 있습니다.

핸드드립 프랜차이즈로 시작한 핸즈커피는 자연스럽게 최고급 스페셜티 싱글 오리진 커피를 취급하는 브랜드가 되었는데, 에스프레소 블렌드는 여타 브랜드같이 프리미엄이나 커머셜 급 커피를 사용하고 있었습니다. 굳이 이유를 설명하면 2006년부터 2012년까지 한국 커피 시장은 아메리카노보다 카페 라떼나 휘핑크림 카푸치노 같은 가미 음료가 월등하게 많이 팔리는 시기였기 때문에 가미 음료에 넣은 에스프레소는 굳이 산미가 좋고 풍미가 뛰어난 커피일 이유가 없었습니다. 어느 정도 쓴맛과 자극적인 맛이 필요했고 커피의 제2의 물결이라는 스타벅스의 강배전 커피가 시장을 주도하고 있던 시절이었기 때문이기도 했습니다.

하지만, 2011년 정도부터 시장 분위기가 달라졌습니다. 한국 사람들의 기호가 빠르게 스페셜티 커피로 이동했고, 저는 얼마 지나지 않아 스페셜티 커피를 주로 마시는 시대가 올 것이라는 생각이 들었습니다. 그래서 아메리카노를 업그레이드하기로 했습니다. 에스프레소 블렌딩에 케냐 AA 같은 최고급 원두를 넣자는 계획을 세운 것이죠.

마침 커피 생두 사업을 시작하는데 자문을 구하고 싶다며 대기업 S사의 회장 아들과 법인 대표가 저를 찾아왔습니다. 저는 '이제 스페셜티 커피 시장이 대세가 될 것입니다. 스페셜티 커피를 전문적으로 취급하는 생두 회사가 되면 분명히 기회가 올 것입니다. 당장 저희도 케냐 AA를 한 컨테이너 주문하고 싶습니다'라고 말했습니다.

그들과 거래를 시작하고 핸즈커피는, 에스프레소 블렌드에 케냐 AA를 35%나 투입한 커피를 시장에 출시했고, 정말 맛있는 아메리카노 커피 시대를 열었습니다. 고객들은 핸즈커피가 맛있다고 소문을 내줬고, 그렇게 '맛있는 핸즈커피'라는 별명을 얻게 되었습니다.

연이어 2015년에는 롱블랙 전용 원두로 아프리카 스페셜티 커피 두 가지로 블렌딩한 'ASB 블렌드'를 출시했습니다. 이 ASB 블렌드가 안정적으로 자리를 잡은 2019년부터는 마일드mild 커피의 대명사인 아메리카노 판매를 중단하고, 대신 풍미가 좋고 바디body감이 뛰어난 롱블랙을 핸즈커피의 주력 메뉴로 판매하기 시작했습니다.

그렇게 끊임없이 커피를 연구하고 고민하는 과정에 저희는 2016년 개발한 '에스프레소 11'과 2020년 개발한 '에스프레소 14'라는 2개의 블렌드가 골든 커피 어워드(GCA)에서 은상과 동상을 수상하는 영예도 얻었습니다. 은상과 동상이 뭐 그리 대단하냐고 반문할 수 있겠지만, 대회 특성상 개인 카페에서 출품하는 대부분의 원두가 대회를 위해 특별히 고안된 고가 원두인데, 핸즈커피는 평소 매장에서 사용하는 원두를 출품해 얻은 상이라는 사실을 고려하면 놀라운 일입니다. 이러한 시간을 거쳐 핸즈커피는 명실공히 최고의 스페셜티 커피를 제공하는 커피 전문점으로 자리 잡을 수 있었습니다.

돌아보면, 히트 상품 하나가 나오기 위해서 오랜 시간과 한결같은 관심, 그리고 완성을 위한 집요함이 필요했습니다. 어느 것 하나 우연히, 그냥 얻어진 게 없습니다.

피카소는 '유능한 예술가는 따라 하고, 위대한 예술가는 훔친다'라고 말했습니다. 해 아래 새것이 없듯이 우리는 어차피 누군가에게 배우고 아이디어를 얻고 흉내 내야 합니다. 하지만 단순히 카피하는 것으로는 성장할 수 없습니다. 그것을 내 것으로 만들고 더 멋지게 빌드업하는 방법밖에 없습니다. 저희는 와플도 종이컵도 핸드드립도 여전히 업그레이드 중입니다.

──✖

결국 사람이 회사다 ─ Person

가장 중요한 것은 사람입니다. 결국 사람이 회사입니다. 어떤 사람은 단순 반복하는 일을 잘해서 회사에 기여하지만, 그런 사람만으로 회사가 성장하기는 어렵습니다. 획기적인 성장은, 일상에서 불편함을 감지하고 문제를 제기하며, 대안을 만들어 내는 사람에 의해 주도됩니다.

그런 사람은 그들만의 특별함이 있는데, 때로 저를 불편하게 만들고 때로 저를 반대하며 제가 만들어 놓은 시스템이 잘못되었다고 말하는 사람이었습니다. 일부는 아쉽게도 회사를 떠났지만, 대부분은 성과를 인정받아 경영진에 오르는 영광을 누렸습니다. 돌아보면 저를 잠 못 들게 했던 사람들이 회사를 성장시킨 주역이었습니다. 경영자는 그런 사람을 볼 줄 알고, 그런 이가 주는 불편 역시 성장을 위해 참고 인내할 줄 알아야 합니다. 기업은 사람이 가진 경륜과 지혜와 아이디어와 열정을 재료로 기적을 이루어 가는 것이죠.

핸즈커피의 획기적인 성장을 이끈 사람, 9명을 소개합니다. 브랜드 런칭 초기부터 핸즈커피의 상징 같은 메뉴를 개발하고 맛있는 핸즈커피란 별명을 얻는 데 결정적인 기여를 한 메뉴 개발 책임자, 중국에서 새로운 브랜드 론칭에 주도적인 역할을 한 쉐프, 번번이 퇴짜를 놓은 거래처를 찾아 핸즈커피의 가능성을 설명하고 그들의 상품을 도입해 브랜드 가치를 점프시킨 MD, 자신의 과거 경험을 살려 현금 유동성을 획기적으로 개선할 수 있도록 시스템을 제안한 직원, 무인양품의 하라 켄야原研哉나 루이비통의 버질 아블로Virgil Abloh 같이 핸즈커피 브랜드 디자인의 상징 같은 존재가 된 아티스트, 매출이 일정 수준을 넘어서면서 재무적인 복잡성에 묶여 정신을 차리지 못할 때 혜성 같이 나타나 다음 단계로 넘어가도록 도운 재무 전문가, 기업 매뉴얼과 시스템의 전체 미씨MECE(Mutually Exclusive Collectively Exhaustive)를 정립하고 해마다 매뉴얼을 빌드업한 기획자, 기업에 필요한 다양한 컴퓨터 인트라 프로그램을 개발해 내부 소통과 정보화를 구축한 IT 전문가, 척박하고 열악한 시장에 체인 본부를 설립하고 인재를 양성해서 15년 동안 생존에 성공한 중국 사업부 본부장 같은 인물들입니다.

하지만 회사의 성장이 스타 같은 9명에 의해서만 이루어졌겠습니까? 기업의 성장을 위해서는 단순 반복적이면서 집요함이 필요한 업무를 해주는 사람도 있어야 하고, 아무도 알아주지 않는 곳에서 묵묵히 자신의 역할을 감당하는 사람도 있어야 합니다. 스티브 잡스의 인터뷰 영상에 이런 이야기가 나옵니다.

"설명하기 쉽진 않지만, 확실한 건 한 사람에 의해 나오는 결과물이 아니라는 것입니다. 사람들이 상징을 좋아해서 제가 특정한 것들의 상징이 되었지만, 매킨토시는 팀 노력의 산물이었습니다."

그렇습니다. 기업의 성장은 스타 같은 인재들의 활약과 수많은 숨은 인재들의 헌신으로 이루어집니다. 그러한 원리를 이해하고 적절하게 격려하고 보상하는 것이 리더의 역할입니다. 한쪽으로 치우쳐서는 절대 안 되는 것이죠.

획을 긋는 4P 성장 전략으로 어려운 시장 상황을 돌파할 수 있기를 바랍니다.

LANGUAGE

3 | 회계는 비즈니스 언어입니다

15   어머니 경영이 진짜 경쟁력입니다

 '은행은 날씨가 좋은 날에는 우산을 빌려주지만, 비가 내리면 우산을 회수한다'라는 말이 있습니다. 투자자도 은행과 비슷합니다. 통장에 현금이 넉넉할 때는 은행에서 돈 빌리기가 쉬운데, 통장이 마르면 은행은 대출을 까다롭게 심사합니다.

회계가 자산이다

어느 정도 장사가 되는 가게가 하나 있습니다. 30평 정도 규모에서 월 매출이 3천만 원, 수익이 5백만 원 정도 나는 가게입니다. 그런데 갑자기 가게를 매각해야 할 상황이 발생했습니다. 이민을 가야 하거나 가족 중에 누군가 아파서 병원에서 가족을 돌봐야 하는 상황일 수도 있습니다. 우리는 비즈니스를 하면서 이런 상황을 충분히 만날 수 있습니다. 인생은 그런 거니까 말이죠.

가게를 매각하려고 부동산 컨설턴트에게 내놓으면 인수 의향이 있는 사람이 방문하는데 방문한 사람은 보통 이렇게 묻습니다. '매출은 얼마 정도 하지요?' 인테리어나 기물은 쓱 둘러보면 어느 정도 가치인지 금세 알고, 매출 역시 손님 붐비는 정도나 전표 번호를 보면 대개 추측이 가능 하지만, 최근 1년 혹은 2년 치 매출을 추정하기는 어렵습니다.

이때 주인의 대답이 중요한데 대체로 두 가지 대답으로 나뉩니다. '보시면 아실 수 있지 않나요? 매출이 월 3천만 원 정도 나옵니다'라거나 '제가 창업 이래로 적어 온 장부와 부가세 신고한 자료가 여기 있는데 확인하면 아시겠지만, 월 3천만 원 정도 나옵니다'라고 대답하는 경우가 있습니다.

'손님이 얼마나 많은지 추측해 보면 알 것 아니냐'라면서 월 3천만 원 정도 매출이 나온다고 말하는 경우 듣는 사람은 어떻게 생각할까요?

많은 이들에게 이러한 상황을 설명하고 질문했는데 실제로는 2천만 원 정도 매출이 나올 것으로 생각한다고 말했습니다. 어떤 사람은 1천 500만 원 정도가 실제 매출일 것이라고 대답하는 경우도 있었습니다.

반면 장부와 성실하게 납부한 부가세 신고 자료를 보여 준 경우, '그 가게를 인수할 의향이 있는 사람은 어떻게 생각할까요?'라고 물었더니, 대개 3천만 원을 그대로 인정할 것이라고 대답했습니다. 하지만 이 부분에서 제 생각은 다릅니다. 인수 의향자들은 대부분 '내가 하면 더 잘할 자신이 있다'고 생각하는 경향이 있습니다. 그래서 장부상으로 정직하게 3천만 원을 한다는 정보를 얻으면, '나는 월 3천 500만원이나 4천만 원까지 매출을 올릴 수 있을 것이다'라고 기대합니다. 이루어지지 않은 상상이지만 사람들은 늘 그렇게 기대합니다.

결과는 어떻게 될까요? 전자는 월 매출 2천만 원 가게가 되고 후자는 월 매출 3천 500만 원 가게가 됩니다. 둘의 매매 가격 차이는 얼마일까요? 소극적으로 계산해도 5천만 원에서 8천만 원 정도의 가치 차이가 난다고 봐야 합니다. 이 순간 회계 장부는 장부 자체가 자산입니다.

세무 조사를 받을 때도 비슷한 상황이 발생합니다. 세무 공무원은 철저하게 서류를 기준으로 세무 조사를 시행하고, 서류가 없으면 추정해서 세금을 매깁니다. 그래서 대기업 경영자는 억대 연봉을 주고 탁월한 회계 담당자를 세우는데 세금의 규모가 백억, 천억 단위가 되기 때문입니다.

사업을 시작하고 보통 5년이 지나면 정기 세무 조사를 받는데, 그때 회계를 챙기겠다고 생각하면 이미 늦습니다. 회계를 위해 미리 투자했어야 하는 금액보다 훨씬 큰 비용을 치르게 될 것이 분명합니다.

그래서 정직하고 공명하게 기록하고 성실하게 세금을 납부한 기업의 회계 장부는 장부 자체가 자산입니다. 지적 자산을 관리하는 것보다 회계 장부를 관리하는 것이 우선입니다. 회사가 성장할수록 이 사실은 더 중요해집니다.

——✖

이나모리 가즈오의 회계 경영

저는 회계학을 전공하지 않았지만, 자영업자들이나 창업자를 대상으로 회계 관련 강의를 많이 했습니다. 시작은 2014년 모 단체에서 주관하는 창업 교육 과정에 강사로 초청받은 후부터 였습니다. 그 단체는 국내외 유수 대학교의 경영학 교수들을 강사로 초청했는데, 저는 '커피 전문점의 원가 관리'라는 과목에서 카이스트 회계학과 교수 L 교수와 콜라보 강의를 요청 받았습니다. L 교수님이 먼저 회계의 개념을 설명한 후, 이어서 핸즈커피 초기 직영점을 운영하며 쌓은 데이터로 사례를 설명하는 강의 였는데, 예비 창업자들의 반응이 아주 좋았습니다.

강의를 마치고 해당 과정에 초청받은 교수들이 워낙 대단한 분들이라 강의에 다시 부르는 일은 없을 것으로 생각했는데, 일 년 후 프로그램 코디네이터 교수는 '이후로 우리 프로그램에서 회계 과목은 진 대표님이 맡으면 좋겠습니다'라고 부탁했습니다. 왜 그러한 결정을 했는지 물었더니, L 교수가 작년에 콜라보 강의를 마친 후 '진 대표의 강의가 제 강의보다 훨씬 실제적이라 생각했다'라고 말하면서 그렇게 결정된 것이라고 설명 했습니다. 그래서 지난 9년 동안 그 단체가 주관하는 창업자 과정에서 줄곧 회계 과목을 가르치고 있습니다.

사람들은 전공자나 전문가의 강의보다 실무에서 얻은 경험과 지식을 나누는 강의가 더 쉽고 실제적이라 생각하기 때문에, 저 같은 경영자의 강의를 듣고 싶어 합니다. 그런데 강의하면서 마주친 놀라운 사실은, 자영업자나 예비 창업자 대부분이 회계를 모르거나 회계에 대해 관심이 없다는 사실이었습니다.

아무리 작은 가게를 운영하는 사업가라도 회계는 아주 중요하고 기초적인 지식입니다. 보통 '회계는 전문가에게 맡기면 된다.'고 생각하거나

'회계 장부는 사정에 따라 조작이 가능하다.'고 알고 있죠. 너무나 잘못된 생각이고 위험한 판단입니다. 경영자는 정직하게 회사의 경영 실태를 파악하고 적절한 판단을 내려야 하는데, 이를 위해서는 회계를 꼭 알아야 합니다. 회계를 제대로 이해할 때까지 파고들어 납득을 해야 합니다.

1998년에 일본 교세라 창업자인 이나모리 가즈오가 쓴 『손대는 사업마다 성공하는 비결』을 읽었습니다. 책은 절판되었다가 이나모리 가즈오의 경영이 세상에 알려지면서 『이나모리 가즈오의 회계 경영』이라는 제목으로 다시 출판되었죠.

이 책은 모든 경영자가 읽어야 할 책입니다. 이나모리 가즈오는 마쓰시타 고노스케, 혼다 소이치로와 더불어 일본의 3대 '경영의 신'이라 불리죠. 그는 교토 세라믹 주식회사(이후 교세라)를 설립하고 아메바 경영으로 세계적 신화를 일궜습니다. 그 후 KDDI, 한국으로 말하면 KT 같은 통신 회사를 설립했고, 최근에 80대 노령으로 부도난 JAL 항공을 3년 만에 흑자로 회생시키는 기적을 일궜습니다.

이나모리 가즈오가 말하는 경영 원칙은 단순합니다. '정직, 공명정대하게 경영해야 한다. 그리고 회계를 알아야 비즈니스에 성공할 수 있다.'[1] 입니다.

그 후 알고 지내던 상장 회사 경리 부장 출신의 회계 전문가를 찾아가 배움을 요청했는데 그는 기꺼이 돕겠다고 말했습니다. 매주 토요일 오후

---

1 『이나모리 가즈오의 회계 경영』(이나모리 가즈오 | 다산북스 | 2022) 6쪽 요약

에 만나서 우리는 3개월 동안 상업 부기를 공부했습니다. 회계의 기본 원리를 배우니까 다음부터 회계 관련 책이 눈에 들어왔고 이후 회계 관련 책을 많이 읽었습니다.

함께 회계를 공부하면서 회사가 성장하면 언젠가 이분을 회사의 재무 책임자로 모시겠다는 결심을 했죠. 결국 2012년 6월에 꿈을 이루었고 그는 현재 핸즈커피의 재무 이사로 든든한 동반자가 되었습니다.

────✂

어머니 경영을 해야 한다

회계 자료는 사용 목적에 따라 재무 회계, 세무 회계, 관리 회계 등으로 나뉩니다. 세무 회계는 합법적으로 세금을 납부하는 것이 목적이고, 재무 회계는 회사 내·외부 관계자에게 경영 정보를 제공하는 것이 목적입니다. 두 가지 회계의 관심이나 내용은 다를 수밖에 없지요. 반면, '관리 회계'는 현재의 경영 상태를 평가하기 위한 것입니다. 관리 회계는 실시간 정보가 중요한데, 세무나 재무 회계는 연年 결산이기에 실효성이 없거나 늦은 정보일 경우가 많습니다.

경영자는 최우선으로 관리 회계를 이해하고 운영할 수 있는 역량을 갖추고, 현재 매출에서 흑자가 되는 방법을 찾을 수 있어야 합니다. 머지않아 흑자로 전환될 것이라는 근거 없는 오해는 사업이 끝날 때까지 지속됩니다. 오늘까지 적자였지만 이대로라면 언젠가 흑자가 되리라 막연히 기대하는 것은 기대일 뿐이지 현실은 녹록지 않습니다.

경영에는 '아버지 경영'과 '어머니 경영'이 있습니다. 어릴 때 아버지가 누런색 월급봉투를 양복 안주머니에서 꺼내 어머니에게 건네는 모습을 자주 봤습니다. 그때 아버지 모습이 가장 당당하고 멋져 보였죠. 저는 어머니가 아버지에게 정성을 담은 저녁 식사를 차려 드리고, 밤늦게 가계부를 펼치고 우리들 학비와 할머니 용돈, 가족 식비와 곗돈 등을 정리하는 장면을 보면서 자랐습니다.

우리네 어머니는 아버지가 얼마를 벌든 수입에 맞춰서 사셨고, 부족하면 장에 나가 무슨 일을 해서라도 아이들 굶기지 않고 학교에 보내며, 없는 돈 절약해 저축하고 곗돈 넣어서 살림 불리는 모습을 보여 주었습니다. 나이 들어 회사를 경영하면서 어떤 조직이든 아버지 역할을 하는 사람이 있고 어머니 역할을 하는 사람도 필요하다는 사실을 알게 되었습니다. 학교도 종교 단체도 비영리 단체도 예외는 없습니다. 기업에서 어머니 역할을 하는 사람이 회계 담당자인데 경영자는 이러한 어머니 역할을 존중하고 중요하게 생각해야 합니다.

어머니가 돈 관리를 못 하거나 낭비가 심한 가정은 아버지가 아무리 돈을 많이 벌어도 가난을 벗어날 수 없는 것과 같은 원리죠. 어떤 면에서 가정처럼 기업도 아버지 경영보다 어머니 경영이 더 중요할 수 있습니다. 특히 자영업의 경우 어머니 경영은 더 중요합니다.

저는 관리 회계를 어머니 경영이라고 합니다. 어머니는 아버지의 월급을 절약해서 저축하고 집을 장만한 분입니다. 어머니 경영이 바로 효율 경영인데, 효율 경영의 지식을 갖춘 기업은 인수 합병이라는 빅딜big deal 의 역량을 가지게 됩니다. 인수 합병 전문 기업이 가진 역량이 다양하겠지만, 핵심 역량은 대상 기업을 현재 상태에서 흑자로 전환하는 방법을 아는 것입니다. 따라서 어머니 경영은 기초적인 비즈니스 역량이지만 또한 가장 차별화된 비즈니스 역량이기도 합니다.

다시 한번 말하지만, 중소기업의 대표일수록 회계를 모르는 경우가 많습니다. 경영자는 수익의 신음 소리를 장부에서 들을 수 있어야 합니다.

핸즈커피를 창업할 때, 첫날부터 장부를 매일 기록하고, 매월 결산서를 만들어 실시간 손익 상태를 점검할 수 있도록 만들었습니다. 그리고 자료를 가지고 어떻게 현금 유동성을 개선하고 재고 부담을 줄여서 제조 원가를 개선할 수 있을지 계속 연구했습니다. 어머니들이 수돗물을 잠그고, 전등을 끄고, 콩나물값을 깎고, 형이 입던 옷을 동생에게 입히고, 웬만한 거리는 걸어서 다니면서, 허리띠를 졸라매서 자녀를 공부시키고 가정을 일으킨 원리와 같습니다.

현대의 회계는 '발생주의 원칙'에 의해 세금을 매깁니다. 예를 들면, 물건을 주문해서 창고에 입고하면 물건이 들어왔으니 재고 자산이 증가합니다. 그러나 물건에 대한 대가는 다음 달에 지불하면 되기 때문에 현금은 가지고 있고, 외상 매입금이 늘어난 것으로 장부에 기입만 하면 되죠. 물건도 있고 현금도 있지만 사실 우리 돈이 아닙니다. 부채가 생긴 것이죠.

이 경우 발생주의 원칙에 따르면 돈이 오가지 않아도 세금을 내야 합니다. 그래서 세금을 내기 위한 회계만 적용하는 회사가 많습니다. 그런 회사는 실제적인 문제들을 모르는 경우가 많은데, 한마디로 이익금이 어디에 있는지와 왜 손실이 나고 있는지 모르는 것입니다.

발생주의 회계와 달리 현금주의 회계는 이익금이 어디에 있는가를 정확하게 찾는 회계입니다. 기업을 경영해서 얻는 이익금은 외상 매출금, 재고 자산, 설비 자산 등으로 변하는데, 현금주의 회계는 이런 요소를 추적하면서 자금 유동성, 현금 흐름표 등을 중요하게 보는 회계입니다.

파나소닉 Panasonic 을 세운 마쓰시타 고노스케는 '회사는 댐 경영을 해야 한다. 구체적인 방법은 모른다. 그러나 반드시 댐 같이 여유가 있는 경영을 해야 한다'[2]라고 말했습니다. 대개 경영자들은 '알고는 있지만, 현실은 그렇지 않다'고 말하는데, '무슨 일이 있어도 꼭 그렇게 돼야 한다'는 강한 의지가 필요합니다.

———✄

유동성을 잡은 3가지 아이디어

핸즈커피는 외상 매출금이 4~5억씩 깔렸습니다. 이익은 나는데 현금은 늘 부족했죠. 최근에 SNS에서 모 커피 생두 회사 대표가 '아, 외상 매출금이 또 2억을 넘었다'고 탄식하는 글을 봤습니다. 핸즈커피도 그랬습니다.

---

2   같은 책, 68쪽

그래서 차용을 시작했는데 은행에서 돈을 빌리니까 이자 비용이 들었습니다. 결국 현금 유동성을 올리려면 비용이 필요했던 것이죠. 이렇게 이익과 유동성은 늘 일치하지는 않습니다. 그래서 2013년부터 2015년 사이에 3가지 조치를 마련했습니다.

첫째, 가맹점 외상 매출금을 매월 10일까지 입금할 수밖에 없는 시스템을 만들었습니다. 가맹점 사업자들은 가맹 본부로부터 공급받은 물품 대금을 매월 갚아야 하는데 가맹점주들이 그 대금을 몇 달씩 미루는 관행이 있었습니다. 우리는 대기업같이 매몰차게 하지 않고 '얼마나 어려우면 결제를 못 하겠냐'는 긍휼한 마음으로 연체를 어느 정도 묵인했는데, 점점 눈덩이처럼 불어나서 외상 매출이 상시 4억 이상 쌓였습니다.

그래서 3개월 정도 예고를 미리 하고, 가맹 계약서에 적힌 대로 매월 10일까지 외상 대금을 입금하지 않으면 물품 공급을 중단하겠다고 공지했습니다. 미입금 시에는 가맹점 전용 스토어를 이용할 수 없다는 것이었죠. 그랬더니 채권 회수율이 연간 1,000% 이상으로 뛰었습니다. 지금은 채권 회수율이 연간 1,600%에 달합니다. 물론 자금 사정이 어려운 매장을 위해 연간 2회 유보 신청을 할 수 있도록 하는 제도 역시 함께 만들었습니다.

두 번째, 커피 생두 거래처와의 거래 조건을 변경했습니다. 핸즈커피는 여러 이유로 커피 생두를 직접 수입하지 않는데, 가장 큰 이유는 유동성 때문입니다. 우리는 그동안의 경험을 분석한 후, 매년 생두 사용량을 예측하고 연간 사용량을 산정해 거래처와 계약을 체결했습니다. 연간 계약된 물량을 수입업자가 보관하다가 주문량만큼 창고에 입고시키고, 다음 달 15일에 입고한 물량만큼만 결제하겠다는 내용의 계약서였습니다. 우리는 약속한 물량과 대금 지불 조건을 철저하게 지켰습니다. 사실 생두 수입업자도 외상매출금 회수가 가장 힘든 일이기 때문에 매달 그렇게 정확히 결제만 해 준다면 문제 될 게 없다는 반응이었습니다. 그랬더니 창고가 넓어져 공간 효율이 나아졌고, 당연히 선지급금이 줄어드니까 자금 유동성이 좋아졌습니다. 연간 원재료 회전율이 150% 전후에서 1,200%까지 올라갔습니다.

세 번째, 도소매 상품의 재고를 정밀하게 관리하도록 적정 재고 개념을 도입했습니다. 도소매 구매 담당 부서에 매월 필요한 상품의 적정 물량을 조사해서 재고 상품 회전율을 높이도록 했죠. 그랬더니 재고 상품 회전율이 연간 700% 정도에서 900%로 올라갔습니다.

이런 것들이 다 효율이 되었습니다. 2020년 말 재고 자산 회전율을 확인하니 1,680%였습니다. 연간 16.8회전이라는 의미였죠. 이런 숫자를 우습게 보면 안 됩니다. 삼성전자의 재고회전율이 2,100%입니다. 재고를 연 21회 완전 소진한다는 뜻이죠. 놀라운 숫자인데 핸즈커피는 연간 16번 상품을 완전 판매한다는 말입니다. 그 결과 2018년에 핸즈커피는 그러한 유동성으로 20억짜리 제2 사옥을 매입할 수 있었습니다.

그 후 투명 경영 원칙, 일대일 대응 원칙, 이중 체크 시스템, 무예산 제도, 일일 재무 보고 시스템, 원장 관리 시스템 등 수많은 관리 회계 원칙을 핸즈커피에 맞게 빌드-업했습니다.

'은행은 날씨가 좋은 날에는 우산을 빌려주지만, 비가 내리면 우산을 회수한다'라는 말이 있습니다. 투자자도 은행과 비슷합니다. 통장에 현금이 넉넉할 때는 은행에서 돈 빌리기가 쉬운데, 통장이 마르면 은행은 대출을 까다롭게 심사합니다. 신용이 좋아서 다행히 돈을 빌렸으면 그 돈은 즉시 적금, 분할 상환 등의 방법으로 갚아야 합니다.

관리 회계를 잘하는 경영자는 직원들에게 안정감을 주고 직원들은 회사를 더 깊이 신뢰합니다. 이런 기업은 근검절약하는 어머니가 가정을 챙기는 것 같은 기업입니다. 누가 이런 기업에서 근무하는 것을 싫어하겠습니까?

16   투명성이 실력입니다

공개해도 부끄럽지 않은 기준으로 회계를 해야 합니다. '어떻게 그렇게 하느냐?'고 말하는 사
람이 있을 수 있습니다. 하지만 아무나 할 수 없는 일이기 때문에 차별화의 길이 되는 것입니
다. 직원과 기업 관계자에게 언제나 회사의 경영 상태, 회사가 처한 상황을 '숨기지 않고 알린
다.'는 정신으로 경영해야 합니다. 부정하지 않고 최선을 다해 일하고 있다면 재무제표가 보여
주는 숫자를 부끄러워할 이유가 없을 것입니다.

근육질 경영에는 원칙이 있다

인간의 몸처럼 기업 역시 건강을 위해 근육을 관리하는 것이 중요합니다.
군살이 없고 탄탄한 근육을 가진 몸은 질병과 사고에 강합니다. 반면 비
만에다 근력이 약한 사람은 금세 지치고 반사 신경이 둔하지요. 군살이
없는 근육질 기업을 만들기 위해 경영자는 다음 사항을 조심해야 합니다.
　회사 매출이 오르고 수익이 나면 경영자는 주로 설비투자를 하고 직원
을 채용합니다. 그래도 자금 여유가 있으면 부동산이나 자산 투자에 관심
을 가지기도 합니다. 경영자가 설비에 투자하는 이유는 첫째 효율이 좋아
질 것 같아서, 둘째 기업이 번듯하게 보이게 될 것이라는 유혹 때문입니

다. 하지만, 실제 투자만큼 효율이 개선되는 경우는 드뭅니다.

특히 커피 업계는 누군가에게 보이는 것에 민감하고 과시 욕구가 상대적으로 강하다는 걸 느낍니다. 하이엔드[3] 급 로스터와 에스프레소 머신, 그라인더, 온수 보일러, 교육장, 생두 창고, 각종 선별기와 계측 장비, 검사 장비 등에 관심이 많고 수익에 비해 과도하게 투자하는 경향이 있습니다. 장사가 잘되면 번듯한 장비부터 관심을 가지는 사람이 많죠.

물론 적절한 투자는 투자 이상의 수익과 성장이라는 결과를 낳습니다. 하지만 허영으로 인한 과잉 설비 투자는 기업의 체질을 약하게 만드는 결과를 가져오죠. 감가상각도 생각하고, 설비투자 경우 최대 생산량도 계산해야 합니다.

경영자는 투자를 결정하기 전에 늘 '필요가 충만한가?'를 따져야 합니다. 어차피 투자가 필요하다면 설비보다 사람에게 투자하는 것이 낫고요. 초과 근무 수당을 주거나 다른 부서 인력을 일시 지원하게 하는 것이 낫습니다. 그래야 주문이 갑자기 줄거나 매출이 생각대로 오르지 않으면 대안을 마련할 수 있는데, 설비투자는 대안이 없는 선택입니다. 충분한 수익이 생기면 그때 시설에 투자해서 효율을 올리는 것이 맞을 것입니다.

결론적으로 고정비 중에 가장 위험한 것이 설비투자인데, 설비투자는 이자 비용과 감가상각이 동시에 일어나기 때문입니다. 다음이 인건비고, 그다음은 부동산입니다.

---

3   High end. 최고 품질, 최고 성능, 혹은 최신 사양을 갖춘 물건

직원이 많으면 성공한 것 같고 번듯해 보입니다. 하지만 직원 고용은 급여만 드는 것이 아니죠. 4대 보험과 각종 수당, 퇴직금이 필요합니다. 한번 입사하면 강제로 퇴사시키기가 힘듭니다. 그래서 인건비 증가 요인을 단순 기본급만으로 계산해서는 안 됩니다.

근육질 경영을 위해 또 하나 조심할 것은 '투기적 투자'입니다. 기업의 투자는 원금 보장이 원칙입니다. 스스로 땀 흘려 번 돈이 소중하다는 생각을 직원들에게 심어야 합니다. 기업이 가진 가치를 팔아 기업의 체질을 건강하게 만들고, 자유롭고 창의적이며 뛰어난 활동으로 새로운 가치를 만드는 것이 기업의 건강한 모습입니다. 경영자의 투기는 직원을 불행에 빠뜨릴 수 있고, 재테크로 돈 버는 경영자는 직원을 가볍게 대하거나 기업 자체의 가치에 관심이 없는 경우가 많습니다.

부동산은 언젠가 오르겠지만 창업 초기부터 부동산 투자에 관심을 가지면 안 됩니다. 부동산 비용은 이자, 기회비용 등의 고정비 부담을 가져옵니다. 이자 비용은 기업의 노력과 전혀 관계 없이 발생하는 비용입니다. 코로나19 팬데믹 기간 각종 정책을 명분으로 시행한 양적 완화는 전 세계 시장의 인플레이션[4]을 불렀고, 다시 각국 정부는 인플레이션을 잡으려고 고금리 정책을 사용했습니다. 이때 이자 지불 능력이 부족한 기업은 외부 요소로 쓰러졌는데 금리가 갑자기 2배, 3배가 올랐기 때문이죠.

4　inflation. 일정 기간 동안 물가가 지속적이고 비례적으로 오르는 현상, 혹은 화폐가치가 지속적이고 비례적으로 떨어지는 현상을 말한다.

표3. 고정비 증가가 BEP에 미치는 영향

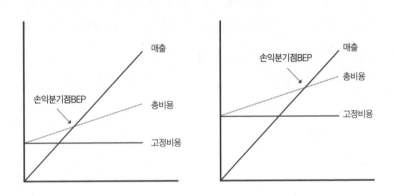

표3에서 보듯이 고정비가 올라가면 손익분기점 BEP이 금세 증가해서 경영이 어려워집니다. 이것이 '필요가 충만할 때까지 투자를 억제'해야 하는 이유입니다.

재고 역시 중요합니다. 창업 후 기업을 몇 년 동안 운영하다 보면 다양한 악성 재고가 쌓이는데, 악성 재고는 재무제표를 왜곡시켜 흑자가 난 것처럼 보이게 합니다. 악성 재고는 쓸모없는 것인데 자산으로 평가되기 때문에 그 재고가 세금이 되는 것이죠. 저는 그런 재고를 '돌멩이'라고 부릅니다. 정기적으로 '이 돌멩이 같은 악성 재고를 어떻게 소진할 것인가?' 방법을 연구하고 실천해야 합니다.

의류 회사들이 '정상 판매―할인 판매―가격 인하―아울렛 판매― 기부―땡처리' 등의 재고 소진 프로세스를 밟는 이유가 그런 것 입니다.

근육질 경영을 위해 하나 더 점검할 것은 '예산 제도'입니다. 저는 예산 제도가 없어야 한다고 생각했습니다. 부서별 예산도 없어야 합니다. 오직 경비 지출 원칙만 있는 거죠. 모든 지출은 기안서를 쓰고 대표 결재를 받아 지출되도록 합니다. 카드 사용도 역시 사후 승인을 받아야 합니다.

'왜 이렇게 건별로 관리해서 시간을 낭비하느냐'는 사람이 있겠지만, 이유는 명확합니다. 매출은 계획대로 안 되는 경우가 너무 많기 때문이죠. 결국 사용하는 예산은 엄수되고 매출은 기대한 만큼 올라가지 않으면 회사는 어려워집니다.

대량 구매로 인한 단가 인하를 좋아해서도 안 됩니다. 대량 구매가 오히려 원가를 상승시키는 경우가 많습니다. 대량 구매했는데 물품이 더 이상 필요 없거나, 재고 위치, 구매 기억, 담당자가 없어져서 재구매로 이어지는 경우가 많습니다. 창고 공간도 다 비용이죠. 예를 들어, 대형마트나 쇼핑몰에서 스위치를 20개 구매하면 1만 원을 8천으로 20% 할인해 줍니다. 이런 경우에도 저는 단호합니다. 꼭 필요한 만큼만 사는 것이 맞습니다.

근육질 경영을 위한 제안을 요약하면 이렇습니다.

1. 설비투자는 필요가 충만할 때까지 참는다.

2. 고정비가 올라가면 BEP도 올라간다.

3. 악성 재고는 돌멩이다. 주기적으로 정리해야 한다.

4. 투기적 투자는 회사의 핵심 가치를 흔들 수 있다.

5. 예산 제도는 낭비 요인이 될 가능성이 크다.

6. 대량 구매가 원가를 상승시킬 수 있다.

———✖

일대일 대응 원칙

제품과 돈의 움직임에는 전표가 항상 따라야 합니다. 이것을 '일대일 대응'이라고 하는데요, 물건을 전달하고 사용하면 전표가 남는데, 물건을 전달하고 전표를 남기지 않으면 이후 정확한 물품의 이동을 기억할 수 없습니다. 돈도 마찬가지입니다. 통장에 기록이 남지만, 무슨 명목으로 돈이 이동했는지 모를 수 있습니다. 돈이 움직일 때 전표와 함께 움직이고, 물건이 움직일 때도 전표와 함께 움직인다는 원칙을 지켜야 합니다. 그래야 부정을 방지하고 도덕성을 높일 수 있습니다. 돈이 움직일 땐 입금 전표, 청구서, 지불 전표가 따르고, 물품이 움직일 땐 입고 및 출고 전표(거래 명세서), 반출 요청서 같은 전표가 움직여야 합니다. 그리고 이 전표들이 재고, 외상 잔액, 매출액 같은 숫자와 모두 일치해야 합니다. 이유는 '입고—출고—재고'가 모두 연결되어 있기 때문입니다. 전표와 상품이 일치하지 않으면 어떤 경우도 상품이 움직일 수 없고, 돈도 전표를 발행하고 결재권자들의 결재가 있기 전까지는 움직일 수 없어야 합니다. 단순하지만 너무 중요한 원칙입니다.

아직 전표를 사용하지 않으면 문구점에서 전표를 사서 사용해야 합니다. 아니면 인터넷에서 전표 양식을 찾아 컴퓨터에 넣고 사용해도 좋습니다. 꼭 시행해야 합니다.

사람의 마음을 바탕으로 경영하려면 인간의 연약함으로부터 직원을 지키려는 의지가 필요합니다. 여러 사람이 체크하고 부서 간에 서로 확인하면 혼자 일할 때보다 더 긴장하고 탁월해지는 게 사람의 본성입니다. 따라서 전표를 작성하는 사람과 돈을 만지는 사람은 꼭 분리해야 합니다. 혼자서 모든 절차를 전부 할 수 있도록 만들면 안 된다는 말이죠. 일인 기업이 아니라면 업무를 분리해서 작성한 숫자가 서로 맞는지 점검하는 시스템을 만들어야 직원을 실수와 부정직으로부터 보호할 수 있습니다.

핸즈커피가 쓰는 방법을 예로 들겠습니다. 가맹 계약 후 가맹금의 입금은 계약 담당자인 론칭 디렉터[5]가 안내합니다. 입금된 돈은 재무팀에서 확인하고 그 내용을 가맹점별 원장에 기입하고 대표의 결재를 받습니다. 오픈 후 1개월 시점에는 자금 정산 담당자가 전체 수익보고서를 작성하고 계약 내역서와 매장별 원장의 숫자, 수익보고서의 숫자에 오류가 없는지 최종적으로 확인합니다. 이런 식으로 2중, 3중 점검하면 실수나 부정의 발생을 줄일 수 있습니다.

저는 중국사업부에 출장을 가도 한 달 치 혹은 두 달 치 장부를 꼼꼼히 확인하고 질문하는 시간을 가집니다. 몇 시간이 걸리더라도 전체 흐름을 숙지할 때까지 집중해서 장부를 검토하죠. 결국 경영자는 장부 숫자를 읽는 전문가입니다.

---

5 Launching Director. 가맹점 계약부터 오픈까지 일련의 과정을 안내하고 상담해 주는 런칭 전문가. 교육, 사업자 등록, 자금 정산 등을 안내하는 역할을 한다.

———✄

투명한 게 실력이다

1997년 코스트코 대구 부지점장으로 일하고 있는 친구를 만나 코스트코에 대해 들었습니다. 놀랍게도 코스트코는 1997년에 이미 과장 이상 누구나 어느 컴퓨터에서든지 실시간 회사의 손익계산서를 볼 수 있는 시스템을 갖추고 있다고 말했습니다. 그 이야기를 들으니 왜 코스트코가 세계적인 회사인지 알 것 같았습니다. 26년이 지나도 그런 회사는 여전히 찾기 힘듭니다. 직원에게 투명하게 회사의 장부를 실시간으로 보여주는 회사는 흔치 않습니다. 내외부적으로 신뢰에 근거한 경영을 하려면 우선 장부가 투명해야 합니다.

공개해도 부끄럽지 않은 기준으로 회계를 해야 합니다. '어떻게 그렇게 하느냐?'고 말하는 사람이 있을 수 있습니다. 하지만 아무나 할 수 없는 일이기 때문에 차별화의 길이 되는 것입니다. 직원과 기업 관계자에게 언제나 회사의 경영 상태, 회사가 처한 상황을 '숨기지 않고 알린다'는 정신으로 경영해야 합니다. 부정하지 않고 최선을 다해 일하고 있다면 재무제표가 보여주는 숫자를 부끄러워할 이유가 없을 것입니다.

공개해도 부끄럽지 않은 것과 기업 비밀과 노하우를 유지하는 것은 다른 개념입니다. 기업의 원가나 수익 구조를 공개하라는 뜻이 아닙니다. 공개했을 때 불법으로 인한 부끄러운 일이 없고 철저하게 합법적으로 해야 한다는 말입니다. 그래야 회사의 성장과 성공이 의미 있습니다. 이런 이야기를 학교나 사회에서는 잘 가르쳐주지 않지요. 이 책을 통해 사업하는 사람은 다들 투명하고 정직한 사람이라는 사회적 인식이 퍼지면 좋겠습니다.

———✄

법을 지키려면 세무 지식이 필요하다

무지는 불법입니다. 세법은 무지를 용서하지 않는다는 말이죠. '제가 잘 몰라서 누락시켰습니다, 다음부터는 잘하겠습니다'라고 해도 '이번에는 용서해 줄 테니 다음부터는 이러시면 안 됩니다'라고 하지 않습니다. 회계를 알아야 하고 또 엄격해야 합니다. 투명하게 경영하려면 경영자가 먼저 엄격해야 합니다. 자신이 쓰는 경비부터 철저하게 합법적으로 사용해야 하는 것이죠. 누구나 처음부터 부정을 계획하지 않습니다. 불법과 죄는 자기도 모르게 서서히 변질시키기 때문에 처음부터 철저히 관리해야 합니다.

그렇다면 정직하면 효율적일까? 그렇지 않습니다. 효율과 정직이 반대인 경우도 많죠. 그렇지만 정직한 것이 효율적이라고 생각해야 합니다. 그래서 회계의 정직함은 끊임없는 명료화 과정이 필요합니다. 회사의 경영 철학이 정직하다고 직원들이 알아서 정직하게 일하는 것은 아니기 때문이죠. 결국 반복해서 경영 철학을 직원들의 마음과 업무 습관에 심어야 합니다.

직원을 살리는 회계 원칙에 대해 마무리하면서 한두 마디 덧붙이자면, 경영자는 어떤 형태로든 완벽주의자여야 합니다. 애매함과 타협을 용납해서는 안 됩니다. 세밀하고 완벽하게 요구하고, 언제나 집중력을 유지하며, 직원은 잊어도 경영자는 잊으면 안 됩니다. 모든 책임은 경영자에게 있기 때문입니다.

창업 초기 경영자는 회사 내 어떤 부서, 어떤 분야라도 대안이 될 수 있을 정도로 준비되어야 합니다. 아무리 탁월한 직원이라도 리더는 그를 대체할 역량을 갖추어야 한다는 말이죠. '거시적 제왕학'은 재벌에게나 맞는 이야기입니다. 그래서 우리는 현장에서 시작해야 합니다. 현장을 모르는 사장은 직원을 대체할 수 없고, 그러면 관계가 기울어집니다. 직원들은 기차게 그것을 인지하죠.

경영자는 어떤 것도 대충 보면 안 됩니다. 직원들에게 보고서의 숫자, 문법, 가시성, 원칙 등 모든 분야에서 두려운 대상이 되어야 합니다. 한마디로 경영자의 과업은 '집요함'입니다.

17   손익 분기 계산은 출발점입니다

만약 창업하려고 임대 상가를 조사하는데, 손익 분기점 계산을 할 줄 모른다면 어떤 일이 발생할까요? 가게를 임대하고 내부 투자를 해서 오픈한 다음 뚜껑을 열고나니 돈이 안 되는 경우가 허다합니다. 다행히 수익이 나서 성공적인 비즈니스가 되더라도, 그것은 사업의 탁월함이 아니라 운이 좋았기 때문이라 해야 할 것입니다. 창업 전에 사업 타당성을 검토할 수 있어야 하고, 사업 타당성 검토를 하려면 당연히 수익이 날지 미리 계산할 수 있어야 합니다.

―――✖―――

손익 분기점 이야기

커피 비즈니스를 하면서 가장 많이 받은 질문은 '카페 하면 얼마 남아요?'입니다. 이 질문은 참 애매한 질문인데, 복잡한 이야기를 단순화해서 몇 % 남는다고 말할 수 있으면 좋겠지만, 사실 그렇게 말하면 상당한 오류나 오해를 불러옵니다. 그래서 저는 늘 그래프를 그려가며 손익 분기점 이야기를 해줬습니다.

손익 분기점이란 회사가 수익을 내기 위해 사용한 비용과 매출이 일치하는 점을 의미합니다. 예를 들어 매출이 천만 원인데, 재료비와 인건비, 월세 등 비용을 모두 지출하니 1원도 남지 않고 딱 맞아떨어졌다면 천만 원이 손익 분기점입니다. 분기점 이후 매출에 따라 이익이 생기는 거지요.

이 손익 분기점을 왜 알아야 할까요? 주로 2가지 이유가 있습니다.

1. 창업 전 수익성 검토를 위해(상가 임대 조건 분석 등)
2. 현재 상태에서 이익을 내기 위한 구조를 파악하기 위해

많은 이들이 창업하면서 손익 분기 계산을 하지 않고 창업합니다. 그냥 감으로 돈이 되겠다고 판단하거나 트렌드를 좇아 창업합니다. 만약 창업하려고 임대 상가를 조사하는데, 손익 분기점 계산을 할 줄 모른다면 어떤 일이 발생할까요? 가게를 임대하고 내부 투자를 해서 오픈한 다음 뚜껑을 열고 나니 돈이 안 되는 경우가 허다합니다. 다행히 수익이 나서 성공적인 비즈니스가 되더라도, 그것은 사업의 탁월함이 아니라 운이 좋았기 때문이라 해야 할 것입니다. 창업 전에 사업 타당성을 검토할 수 있어야 하고, 사업 타당성 검토를 하려면 당연히 수익이 날지 미리 계산할 수 있어야 합니다. 예상 매출을 추측해 보고 매출 대비 수익은 어느 정도가 될지 종이에 적어서 주변 전문가에게 자신이 한 계산에 오류가 없는지도 검토받아야 합니다.

손익 분기점에 대해 이해하는 가장 좋은 방법은 사례를 가지고 계산하는 것입니다. 저는 커피 사업을 하고 있으니 커피 사업을 예로 드는 게 가장 쉽습니다. 커피 가게를 시작하고 운영하려면 어떤 재정이 필요한지 적어 보겠습니다.

모든 리스트는 시간순, 큰 금액순으로 정리하면 좋습니다. 그러면 빠트리는 것 없이 정리할 수 있죠.

1. 권리금과 보증금
2. 시설 및 인테리어 비용
3. 월세
4. 이자 혹은 기회비용
5. 직·간접 재료비
6. 판매와 관리비 등

1~4번 비용인 권리금, 보증금, 시설 및 인테리어 비용과 월세, 이자 비용 등은 투자 과정에서 이미 결정됩니다. 이러한 비용을 '고정 비용'이 라고 합니다. 고정 비용은 제작, 생산량의 증감과 무관하게 창업하는 순 간부터 계속 발생하는 비용입니다.

5번과 6번 직·간접 재료비와 판매와 관리비 등은 '변동 비용'입니다. 변동 비용은 제작, 생산량의 증감에 따라 연동되어 발생하는 비용이며 정 확하게 계산하는 게 참 힘듭니다. 왜냐하면 최소 1년 이상 업계에 종사하 거나 수익 분석을 해 본 사람만 알 수 있는 정보이기 때문 입니다. 변동 비용을 알려면 업계 전문가의 도움이 필요합니다. 비즈니스를 처음 시작 하는 사람은 변동 비용을 추정하기가 힘들기 때문이지요.

고정 비용인 것 같은데 사실은 변동 비용인 항목이 인건비입니다. 창업 전 타당성 조사를 할 때 인건비를 고정비로 보고 BEP 계산하는 경우가 있습니다. 하지만 인건비는 변동 비용입니다. 예를 들어, 직원 5명을 고용해서 매출 2천만 원 정도 올리던 매장이 갑자기 소문나서 3천만 원으로 매출이 올랐다고 가정하면 이해가 쉽습니다. 아마도 사장은 2천500만 원 정도까지 현재 인원이 조금 더 수고하면서 감당하면 되지 인원을 더 늘릴 필요가 없다고 생각할 겁니다. 하지만 매출이 2개월 정도 계속 3천만 원 이상을 유지하면, 사장은 직원이나 파트타이머 한두 명 정도를 보충하겠지요. 그러니까 매출에 연동해서 바로 인원을 충원하지 않을 것이라는 말입니다. 공감되시죠? 이런 비용이 '비탄력적 변동 비용'입니다.

비탄력적 변동 비용은 매출에 따라 연동되어 비용이 달라지지만, 탄력적으로 변하지는 않는 비용입니다. 그래서 인건비는 BEP를 계산할 때, 시점에 따라 변동 비용이 되거나 고정 비용이 됩니다. 창업 전 예상 BEP 계산때는 변동 비용으로 계산하고, 오픈 후 일정 시간이 지나고 인건비가 어느 정도 인지 확인한 후에는 고정 비용으로 계산하는 것이 타당하다고 봅니다.

지금까지 설명을 표4로 정리해 보겠습니다. 앞서 말했듯이 고정 비용은 생산, 영업 활동과 관련 없이 계속 지출되는 비용이고, 변동 비용은 판매한 만큼 일정 비율로 지출되는 비용입니다. 이 두 비용을 합하면 '총비용'입니다.

손익 분기 매출은 총비용과 일치하는 매출을 의미합니다. 한마디로 비용을 다 떼고 하나도 남지 않는 매출 지점입니다. 그 이상의 매출이 발생

표4. 손익분기점

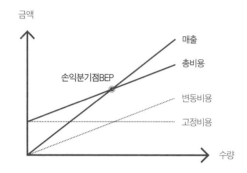

하면 그때부터 1원이라도 수익이 남는데, 그 지점을 손익 분기점 BEP이라고 합니다. BEP 이하 매출은 적자, BEP 이상 매출을 흑자라고 합니다.

이제 표를 수식으로 표현해 보겠습니다. 다들 그래프가 나오고 수식이 나오면 어려워하는데 쉽게 설명하겠습니다. 조금만 더 집중해서 보기 바랍니다.

'BEP 매출'을 X라고 하면 X는 총비용과 같습니다. 총비용은 변동 비용과 고정 비용의 합과 같으니까 BEP 매출 X는 고정 비용과 변동 비용의 합과 같습니다.

이제 앞서 말한 경험적 숫자가 필요합니다. 변동 비용 비율인데, 변동 비율은 그 분야에서 일해 본 사람이어야 알 수 있는 비율입니다. 커피 사업에서 변동 비율은 저가형이냐 고급형이냐에 따라 차이가 있는데 일단 70%로 보고 계산해 보겠습니다.

매출액 X는 변동 비용 즉, X×0.7 더하기(+) 고정 비용인 FC입니다. 0.7X를 왼쪽으로 넘기면 X(1-0.7)이 되고 결국 0.3X=FC가 됩니다. FC 나누기(÷) 0.3은(=) 3.3FC와 같으니까 결국 X=3.3FC입니다. 결국 손익 분기점이 고정 비용의 3.3배라는 뜻입니다. 이해하기 어려우면 수식 이야기 첫 부분으로 돌아가서 다시 천천히 읽어 보기 바랍니다. 그래도 이해하기 어려우면 다음으로 넘어가도 됩니다. 일단, 손익 분기 매출은 고정 비용의 3.3배라는 사실만 기억하기 바랍니다.

이 수식을 가지고 손익 분기 계산 실습을 하기 위해 가상의 매장을 오픈해 보겠습니다. 권리금 5천만 원, 보증금 5천만 원, 월세 150만 원짜리 상가를 임차해서 시설, 인테리어에 8천만 원을 투자한 가게가 있습니다. 이 가게의 손익 분기 매출은 얼마일까요?

우선 생소한 단어부터 설명하겠습니다. '권리금'은 임차할 상가를 이미 제3의 인물이 사용하고 있을 때 발생하는 금액입니다. 해당 상가를 사용해서 얻는 사용 이익에 대한 권리인데, 영업 권리금인 경우도 있고, 시설에 대한 권리금인 경우도 있습니다. 물론 비어 있는 신축 건물은 권리금이 거의 없습니다. 어떤 경우 건물주가 기존 건물을 멸실하고 새로 짓는 과정에서 이전 세입자에게 지불한 권리금이 있을 수도 있지만, 대부분의 신축 건물은 권리금이 없습니다.

'기회비용'이란 A를 선택하기 위해 포기한 B의 가치를 말합니다. 쉽게 말하면, 은행에 1억이 있을 경우, 은행에 두면 이자 수익이 발생하는데 돈을 인출해서 카페에 투자하면 은행에서 받을 수 있는 이자 수익을 포기하게 됩니다. 즉, 돈이 없어서 대출받아 카페에 투자하면 이자 비용이 발생하고, 통장에 있던 돈으로 투자하는 경우는 기회비용이 발생하는 것입니다. 그럼, 이자율은 어떻게 적용하는지 궁금할 텐데, 그때는 주로 은행 이자율을 적용합니다. 요즘 은행에서 빌리면 이자 비용을 얼마나 내는지 알아보면 됩니다. 여기서는 4%로 계산해서 설명을 이어가겠습니다.

'감가상각'이란 시설과 인테리어 투자 등 고정 자산이 영업 개시와 동시에 중고가 되고 노후되어 가치가 감소하는 것을 액수로 산정하여 상계 처리하는 것입니다. 에스프레소 머신을 예로 들면, 구입할 때 1천만 원이었는데, 1년, 2년이 지나면서 가치가 떨어지는 것을 비용으로 처리하는 것입니다. 카페의 경우 감가상각을 어느 정도 책정해야 할지 경험적으로 정리해 보니 5년에 40% 정도가 합당하다고 생각했습니다. 가게를 오픈하고 5년 정도 지나면 초기 투자 가치가 약 40% 감소한다는 말입니다.

변동 비율을 안다면 고정 비용만 산출하면 됩니다. 월세는 이미 정해졌으니 이자·기회 비용과 감가상각 비용만 계산해서 월세와 합산하면 됩니다. 이자 비용은 1~2번의 합계 금액에 대한 금융 비용을 계산하면 되는데, 1억 8천만 원의 4%는 연간 720만 원, 월 60만 원입니다. 감가상각은 시설, 인테리어 투자에 대한 비용입니다. 8천만 원의 40%는 3천200만 원이고 60개월로 나누면 월 약 54만 원이 됩니다.

고정비 합은 월세 150만 원＋이자 기회비용 60만 원＋감가상각 54만 원을 합한 264만 원이고, 3.3을 곱하면 871만 원이니까, 이 금액이 손익 분기 매출입니다. 이 가게의 손익 분기 일 매출은 얼마일까요? 30일로 나누면 29만 1천 원입니다. 객단가를 5천이라면 손익 분기 내점 고객 수는 59명이 됩니다. 손익 분기 매출은 연간, 월, 일 매출과 내점 고객 수 등으로 표현할 수 있습니다.

그런데, 이 정도 매출에 손익 분기가 나는 매장은, 인건비 비율이 30% 정도라고 가정했을 때 198만 원 정도밖에 안 됩니다. 이 가게는 1인 가게로 운영해야 한다는 뜻이지요.

이번에는 좀 더 현실적인 손익 분기 계산을 해 보겠는데요, 오픈 이후 인건비나 일반관리비의 사례를 어느 정도 정리한 후에 적용할 수 있는 손익 분기 계산 사례입니다.

표5를 보면 인건비가 350만 원으로 올랐고 고정 비용으로 이동했습니다. 몇 달 장사해 보면 계산할 수 있습니다. 이자 비용과 감가상각, 월세는 그대로죠. 변동 비용에서 절약할 수 있는 금액이 뭔지 생각해 보면 결국 자영업에서 가장 중요한 것이 '재료비'입니다. 여기서 2%를 줄이면 BEP는 많이 낮아집니다. 물론 고정비를 줄이는 것이 더 좋습니다. 고정비를 줄이면, 줄인 금액의 몇 배만큼 BEP를 낮출 수 있습니다.

수식을 적용해 보면 오픈 전보다 좀 더 높은 손익 분기 매출이 나옵니다. 당연히 인건비 비율이 높아졌기 때문이죠. 복잡하지만 조금만 들여다보면 누구나 계산할 수 있습니다. 다시 수식부터 만들어 보겠습니다.

BEP 매출(변동 비용+고정 비용) X=0.37X+6,140,000원입니다. 0.37X를 왼쪽으로 넘기면 X(1-0.37)=6,140,000원, X=6,140,000원/0.63이

표5. 손익분기 계산 사례

항목별	금액	비고
1. 고정 비용	6,140,000	
이자비용	600,00	투자금의 이자, 기회 비용
감가상각	540,000	시설 투자의 손료
월세	1,500,000	
인건비	3,500,000	비탄력적 변동비
2. 변동 비용	37%	
직,간접 재료비	30%	식자재, 일회용품 등
일반관리비	5%	수도광열비, 복리후생비, 홍보비 등
로열티	2%	가맹 사업의 경우

므로 월 BEP 매출은 9,746,032원입니다. 따라서 일 BEP는 325,000원 정도고, 객단가를 5,000원으로 가정할 때 일 BEP 매출을 넘기기 위한 내 점 고객 수는 65명입니다. 매일 65명이 오면 손익 분기 매출을 넘긴다는 의미입니다.

이렇게 정리되면 이 상권에서 상가를 임대하고 창업해도 될지 판단할 수 있는 근거가 마련된 것이지요. 또 매장을 오픈하고 몇 달 지난 후, 현재 매출에서 무엇을 조절해야 수익을 극대화할 수 있을지도 분석할 수 있습니다.

여전히 '나는 손익 분기 계산을 할 줄 몰라도 장사 잘할 자신이 있다'
라고 생각하나요? 이나모리 가즈오가 이렇게 탄식한답니다.

"회계를 모르고 어떻게 사업을 한단 말인가!"

18 　손익 계산서 작성으로 근력을 키우세요

통장에 돈이 있으면 흑자고 통장에 돈이 없으면 적자라고 생각하는 사장은, 실제로 자기 사업이 수익이 나는지 손해가 나는지 정확하게 모르는 것입니다. 어느 날 갑자기 그런 사장은 거래처 결제나 직원 급여를 줘야 하는데 통장에 돈이 없는 날을 만납니다. '이게 무슨 일인가?'라면서 대책을 세우지만 기차는 이미 떠났습니다.

———✂

손익 계산서는 비즈니스 역량이다

책을 쓰다가 고민에 빠졌습니다. '골치 아픈 숫자와 도표, 방정식이 들어가는 손익 분기점 계산 방법을 설명하고, 이어서 손익 계산서 작성법까지 제시하는 게 맞는가?' 라는 고민입니다. 독자가 참 힘들겠다는 생각이었죠. 그런 생각을 하다가 제가 처음 손익 계산서 작성 매뉴얼을 만들었던 이유가 기억났습니다.

　2006년 핸즈커피를 창업할 때 자금이 부족했습니다. 멘토를 통해 한 번도 뵌 적 없는 분에게서 1억 원이라는 큰돈을 투자받았는데, 그분은 개신교 선교사였습니다. 자신이 살던 집을 팔고 중국으로 이사 가는데, 전 재산을 가져가면 다 써 버릴 것 같아 집 판 돈 중에 1억을 멘토에게 맡겼다는 것입니다. 멘토는 매월 얼마씩이라도 선교사의 생활비에 보탬이 되면 좋겠다고 부탁했습니다.

투자를 받고 매월 생활비를 배당해야 하니 손익 계산서를 작성해야 하는 숙제가 생겼습니다. 저는 손익 계산서 작성 방법을 매뉴얼로 만들어 '이런 방식으로 매월 10일까지 손익 계산서 리포트를 보내고, 특별한 이의가 없으면 15일까지 배당금을 송금하겠다'고 약속했습니다. 저는 매월 얼마라도 더 많은 돈을 보내려고 최선을 다했습니다.

많은 창업자가 자금이 부족해서 기회를 놓쳤다고 말합니다. 자금만 있으면 뭐든 할 수 있을 거라고 호기롭게 말하지만, 정직하게 말하면 그 말은 틀린 말입니다. 우리는 돈이 없는 것이 아니라 자금을 유치할 지식과 투자 수익성을 보여 줄 데이터가 없는 것입니다. 돈 있는 사람은 투자처를 찾고 있는데, 정작 정직하고 실력 있는 사람을 찾기가 힘듭니다.

저는 그 후 손익 계산서 작성 방법을 근거로 한국과 중국에서 여러 번 자금 부족 문제를 해결할 수 있었습니다. 모두가 자기 자본으로 사업하면 좋겠지만 처음부터 자기 자본으로 시작하는 사람은 많지 않지요. 부모나 지인에게 자본금을 빌리는 경우가 대부분입니다. 누구나 예외 없이 은행이 아닌 곳에서 돈을 빌리려면 손익 계산서를 작성할 줄 알아야 합니다. 손익 계산서조차 작성할 줄 모르는 사람에게 돈을 빌려주는 사람은 거의 없습니다. 그러니까 '손익 계산서 리포트'를 작성할 수 있다는 것은, 단순히 자신의 비즈니스가 수익을 내는지, 얼마나 내고 있는지를 분석하는 도구에 그치지 않고, 비즈니스의 역량과 자산이 됩니다. 그러니 힘들겠지만 손익 계산서 이야기를 꼭 해야겠지요.

통장에 돈이 있으면 흑자고 통장에 돈이 없으면 적자라고 생각하는 사장은, 실제로 자기 사업이 수익이 나는지 손해가 나는지 정확하게 모르는 것입니다. 어느 날 갑자기 그런 사장은 거래처 결제나 직원 급여를 줘야 하는데 통장에 돈이 없는 날을 만납니다. '이게 무슨 일인가?'라면서 대책을 세우지만 기차는 이미 떠났습니다.

———✖

이익이 얼마인가요?

손익 계산서는 일정 기간 기업의 경영 성과를 표현하는 것인데, 크게 매출, 매출 원가, 판매와 관리비, 영업 외 수익과 영업 외 비용, 세후 당기 순이익 등으로 구성됩니다. 이렇게 말로 하면 어려운데, 차근차근 제 설명을 따라오면 사실 간단한 이야기입니다.

손익 계산서 구성 내용을 하나의 표로 간략하게 정리하면 다음과 같습니다(표6).

표6. 손익 계산서 구성

명칭	내용
매출총이익	매출액 – 매출원가
영업이익	매출총이익 – 판매비와 관리비
경상이익(세전이익)	영업이익 + (영업외 수익 – 영업외 비용)
당기순이익	경상이익 – (법인세, 소득세)

제품이나 상품을 팔아서 매출이 생기면 매출에 대한 순수 매출 원가가 있습니다. 순수 재료비 원가 같은 거지요. 제조업에서는 '제조원가'라고 합니다. 매출액에서 매출 원가를 뺀 이익은 '매출총이익'입니다. 매출 원가는 보통 변동 비용입니다. 즉 비율로 나타난다는 뜻입니다. 원가율이 몇 %냐고 물으면 변동 비용 비율이 몇 %인지를 말하는 것입니다.

매출총이익에서 판매와 관리비를 빼면 '영업이익'이 됩니다. 판매와 관리비 즉 판관비는 인건비, 복리후생비, 수도 광열비, 차량 유지비, 홍보비, 월세 등을 의미합니다. 판관비는 거의 고정비입니다. 앞서 손익 분기점 계산할 때 설명했는데 매출과 관계없이 기업이 존재하는 한 계속 발생하는 비용입니다.

영업이익에서 영업 외 수익을 더하고 영업 외 비용을 빼주면 '경상이익'이 됩니다. 경상이익은 세금을 내기 전 이익이라는 뜻입니다. 영업 외 손익은 영업 활동과 관련 없이 일어나는 수익과 비용을 의미하는데, 영업

외 수익은 주로 이자 수익이나 유형 자산 처분 이익 등이 있고, 영업 외 비용은 이자 비용과 환차손 비용 같은 것이 거기 해당합니다. 경상이익에 서 법인세 혹은 소득세를 제하면 '당기 순이익'이 됩니다. 이런 정보가 담 긴 보고서가 바로 '손익 계산서'입니다.

그럼 '부가 가치세는 어디에 반영하느냐'라고 질문할 수 있는데, 부가 가치세는 복식 부기에 의해 아예 별도로 부채란에 '부가세 예수금'이라 는 계정으로 정리합니다. 부가 가치세 10%는 국가에 납부하는 것으로, 현금 유동성에는 반영하겠지만 없는 돈으로 생각하고 손익 계산서를 정 리해야 합니다. 부가 가치세가 자기 돈인데 국가에 낸다는 사람은 사업을 모르는 사람입니다. 그 생각을 머릿속에서 완전히 지워야 합니다.

많은 사람들이 '이익이 얼마나 나나요?'라고 묻습니다. 그러면 우리는 다시 질문합니다. '매출총이익을 말하나요? 영업이익을 말하나요? 아니 면 경상이익이나 당기 순이익을 말하나요?'

처음부터 이익을 구분해 질문하는 사람은 손익 계산서를 아는 사람입 니다. 그렇게 이익을 구분하는 이유를 예로 들어 설명하면, 회사가 이자 지불 능력이 얼마나 되는지 알기 위해서는 영업이익을 알아야 합니다. 그 래야 돈을 빌려주는 쪽에서 이자를 지불할 능력이 있는지 검토할 수 있습 니다. 올해 법인세를 얼마나 낼지 알기 위해서는 경상이익이 얼마인지 확 인해야겠지요.

───────※

ABC 정렬을 하면 메뉴가 맛있어진다

저는 손익 계산 보고서를 만들면서, 매출 분석과 손익 계산서, 거기 필요한 다양한 재무 자료를 시트별로 정리했는데, 이런 리포트의 기초가 되는 부분이 '메뉴별 매출 보고서'입니다. 손익 계산서를 작성하기 위해 제일 먼저 해야 하는 작업은 포스에서 메뉴별 매출을 불러오는 것입니다. 메뉴별 매출 자료는 포스 프로그램에 기본적으로 장착된 기능인데, 포스에서 기간을 지정하시고 메뉴별 매출을 화면에 띄운 다음, 엑셀로 재저장하면 분류, 상품명, 판매 수량, 주문 금액 등의 자료를 얻을 수 있습니다. 여기에 '상품별 판매율' 열을 추가하고 수식을 넣으면, 필요한 정보를 정리할 수 있는 틀이 완성됩니다. 이제부터 엑셀 함수 이해가 필요한 설명을 하는데, 엑셀을 전혀 모르는 사람은 이번 기회에 엑셀 공부를 하길 권합니다. 회계를 알려면 엑셀 프로그램은 기본적으로 활용할 수 있어야 하기 때문입니다.

판매율(표7)은 해당 상품의 주문 금액을 매출 합계로 나눈 값이기 때문에, 매출 합계는 $값으로 고정하고 수식을 넣으면 됩니다. '$'는 엑셀 함수에서 셀을 고정값으로 지정할 때 사용하는 명령어입니다.

상품별 판매율을 정리하면 제일 윗줄의 구분 행을 엑셀 기능 중 필터 기능(데이터에 속한 기능 중 한 가지)을 지정하고, '주문 금액' 필터를 내림차순으로 정리하면 금액 기준 가장 많이 팔린 메뉴 순으로 정렬됩니다. 만

표7. 상품별 판매율 예시

분류	상품명	판매수량	주문금액	상품별 판매율
커피	카페라떼	193	868,500	6.93%

판매율=(해당 상품의 주문 금액 / 매출 합계)×100

약에 숫자로 가장 많이 팔린 메뉴 순서를 보고 싶으면, '판매 수량' 필터를 내림차순으로 정렬하면 많이 팔린 상품 순으로 정렬되겠지요. 물론 우리는 매출 기여도를 분석하기 위해 이러한 작업을 하는 것이니 주문 금액 기준으로 필터를 해야 합니다.

그렇게 필터링하면 주문 금액과 판매율 기준으로 매출이 정렬되고, 옆에 '누계' 수식을 넣어 주면 'ABC 정렬'을 할 수 있습니다(표8).

ABC 분석은 자영업자라면 꼭 돌려봐야 하는 매출 분석 자료입니다. A군은 매출의 75%를 차지하는 메뉴군, B군은 다음 20%를 차지하는 메뉴군, C군은 마지막 5%를 차지하는 메뉴군입니다. 대부분의 매장은 3개 군의 숫자가 비슷합니다. 그러니까 A군에 속하는 3분의 1이 전체 매출의 75% 기여하고, C군에 속한 3분의 1이 전체 매출의 5%에 해당합니다.

이렇게 분석하면 다음 전략을 짜기 아주 쉽지요. A군의 메뉴 퀄리티를 높이면 고객들은 금세 메뉴가 좋아졌다고 생각합니다. C군에서 재고 부담이 크고 브랜드 이미지에 부정적인 메뉴는 없애면 좋겠지요. C군은 줄이고, A군 메뉴의 특징을 잘 분석해서 다음 신메뉴 개발에 반영하면, 어

표8. ABC 분석

분류	상품명	메뉴수	주문금액	상품별판매율	누계(%)	ABC 정렬
커피/사이드 디저트/기구 등	-	1/3	75%	75%	75%	A군
	-	1/3	20%	20%	95%	B군
	-	1/3	5%	5%	100%	C군

떤 메뉴든 맛있는 커피 전문점이 되겠지요. 핸즈커피가 17년 동안 그런 식으로 빌드업했더니, 고객들이 '핸즈커피는 맛있다. 핸즈커피는 맛있으니까'라고 칭찬해 주었습니다.

ABC 분석에 대해 잘 정리한 다양한 책이 있습니다. 찾아서 읽어 보면 경영 분석에 분명히 도움이 됩니다.

———✄

현금 출납장 작성도 노하우가 필요하다

손익 계산서 리포트를 작성하기 위해 다음으로 필요한 자료는 '현금 출납장'입니다. 예전에는 현금 출납을 장부에 기록했지요. 볼펜으로 일단 쓰고 실수하면 빨간색으로 줄을 그었습니다. 화이트로 지우거나 검은색으로 뭉개고 다시 쓰면 안 되는 원칙이 있었습니다. 저는 지금도 그렇게 쓰면 좋겠다고 생각합니다. 하지만 종이에 기록하면 분석하기 위해 컴퓨터에 다시 옮겨야 하니까 바로 '회계 관리 프로그램'에 기록하는 게 효과적이겠지요. 단, 이 경우에도 매월 정리한 자료를 클라우드에 올리거나 별도 저장 장치에 저장해서 바이러스 감염으로 자료를 분실하는 일이 없도록 보완해야 합니다.

'부기'란 회계 장부 작성법인데, '단식 부기'와 '복식 부기'가 있습니다. 단식 부기는 장부에 수입과 지출이란 단순 결과를 시간순으로 기록하는 것이고, 복식 부기는 대변과 차변으로 나누어 기입해서 원인과 결과를 함께 기록하는 것입니다. 세무에서는 회계 장부를 복식 부기로 제출하도록 정하고 있는데, 복식 부기는 회계에 대한 전문 지식이 필요해서 세무 사무소나 회계사무소에서 대행하는 것이 일반적입니다. 물론 규모가 큰 기업은 전문가를 영입해서 모든 장부를 직접 기입하지요.

대부분의 자영업자는 복식 부기의 원리만 이해하고 단식 부기만 해서 세금계산서, 거래명세서, 영수증 같은 증빙 서류와 함께 세무사무실에 넘기면, 세무사무실에서 복식 부기로 정리해서 재무제표를 작성하는 것이 일반적입니다.

창업 초기 저는 단식 부기의 가장 중심이 되는 장부를 현금 출납장으로 보고 현금 출납장만 열심히 정리했습니다. 그런데 현금 출납장을 기록하는데도 노하우가 필요합니다. 장부에 기입하는 것을 '기장'이라고 하는데, 기장은 상식이 아니라 '지식'이거든요. 상식대로 정리하면 복잡해집니다. 그래서 이러한 개념이 중요합니다.

우선 현금 출납장을 보관하는 장소는 금고이고, 현금 출납장은 금고를 기준으로 돈의 이동을 기록하는 장부라는 개념을 정립해야 합니다. 금고에 돈이 들어오면 수입이고, 금고 밖으로 나가면 지출입니다. 금고에 들어오지 않거나 지나가지 않는 돈, 예를 들어 카드 매출 같은 금액은 바로 통장으로 가는 돈이기 때문에 현금 출납부에 기록할 필요가 없는 것이지요.

구체적인 예를 들면, 오늘 현금 매출이 50만 원이었습니다. 저녁에 정산해서 금고에 50만 원을 넣으면서 현금 출납부 수입란에 50만 원이라고 적습니다. 다음 날에도 현금 매출 35만 원이 발생했습니다. 그러면 다시 수입란에 35만 원을 적고 잔액도 적겠지요. 그날 오후 은행에 70만 원 입금했습니다. 은행에 입금했으니, 입금으로 잡을지 지출로 잡을지 고민입니다. 그래서 현금 출납부의 위치가 중요하다고 말했습니다. 은행에 70만 원을 입금하면 현금 출납부 '적요'란에 은행 입급이라고 표기하고, '지출' 부분에 70만 원을 적고, '잔액'란은 금고에 남아 있는 현금 금액을 기입합니다. 이해되나요?
한 가지 더 예를 들면, A 거래처와 지난 한 달 동안 100만 원어치를 거래한 후, 이번 달 정해진 결제일에 100만 원을 결제한다면, 현금 출납부에 이렇게 적어야 합니다. '적요'란에 은행 출금, '수입'란에 100만 원을 적어서 금고 안으로 돈이 들어왔다는 흔적을 남깁니다. 그리고 다시 'A 거래처 전월 외상대'라고 '적요'에 적고 '지출'란에 100만 원을 기입합니다. 현금의 이동을 이런 식으로 현금 출납부에 기록하는 것입니다.

물론 직원이 금고에 있는 돈을 가지고 동네 마트에서 바나나를 샀다면, '바나나 구입'이라고 적고 '지출'란에 금액을 적습니다. 그런데 금고가 아니라 포스 현금통에 있는 돈을 가져가는 경우가 있는데, 한 번은 괜찮겠지만 습관이 되면 매일 마감 정산할 때마다 숫자가 맞지 않는 곤란한 상황이 발생합니다. 그러니까 포스 현금통에 있는 현금은 절대 만지면 안 됩니다. 그런 원칙을 만들어야 합니다.

이렇게 한 달간 현금 출납부를 매일 작성한 후 지출만 따로 정리하면 '판매와 관리비' 리스트를 완성할 수 있습니다. 단, 현금 출납부에는 현금의 흐름을 알기 위해 기록하지만 손익 계산서에는 반영되지 않은 부가세 납부 같은 항목들이 있는데, 이런 항목은 판매와 관리비 리스트에는 제외해야 합니다.

판매와 관리비 리스트를 정리하고 나면, 제일 오른쪽 열에 비고란을 만들고 거기에 항목마다 계정 과목을 기입합니다. 계정 과목은 손익 계산서 항목을 기준으로 정리하면 되겠죠. 직원들 식비는 복리후생비이고, 바나나 햄은 식재료입니다. 이런 식으로 상식선에서 분류하면 됩니다. 손익 계산서 항목은 장 마지막에 자세히 설명하겠습니다.

이렇게 정리가 되면 필터 정렬을 통해 계정 과목별 지출 금액이 얼마인지 정리할 수 있고, 계정 과목별 금액을 손익 계산서 집계표에 기입할 수 있습니다.

———✄

현금 이동과 물품 이동은 시차가 있다

마지막으로, 손익 계산서를 작성하기 위해 '거래처별 거래 내역'이 필요합니다. 메뉴별 매출은 포스 데이터에 쌓이고, 판매와 관리비는 현금 출납부에 기록하고, 거래처별 거래 금액과 미지급금은 거래처 원장에 기록합니다.

이 거래처 원장의 관리가 참 중요합니다. 현금 출납부같이 단식 부기 장부만 관리하면 놓치는 부분이 물품의 이동입니다. 대부분 거래처와는 외상 거래를 합니다. 원두를 매입하는 곳, 우유나 유제품을 거래하는 곳, 일회용품을 거래하는 곳 등 다양한 거래처와 거래를 하는데, 문제는 물품의 이동과 돈의 이동에 시차時差가 발생한다는 것입니다. 물품이 들어와서 매출로 이어지고 현금이 들어왔지만, 아직 물품 대금은 지급하지 않은 것이지요. 물건과 돈 모두 자기 것이라는 착각에 빠지게 됩니다.

따라서 거래처별 물품에 상응하는 금액을 원장에 기록해야 합니다. 구체적으로는 이렇습니다. 거래처에서 물품이 들어오면 거래 명세서가 따라옵니다. 거래명세서에는 물품, 숫자, 단가, 금회 거래 금액, 미수금, 미수 합계 금액 등이 기입되어 있습니다. 물품을 받은 사람은 거래명세서에 적힌 물품과 숫자를 확인한 다음 사인하고 보관용 거래명세서를 철해 둡니다. 원장을 정리할 때, 다시 거래명세서를 찾아서 거래명세서에 있는 미수 금액과 기록한 원장에 외상 매입 잔액이 일치하는지 확인해야 합니다. 만약 오차가 있으면 즉시 원인을 확인하고, 거래처와 거래 내역을 대조해서, 거래처가 가진 거래 금액과 원장에 있는 금액이 일치하도록 해야 합니다.

이렇게 거래처별 원장을 관리한 후, 월 손익 계산서를 작성하는 시점이 되면, 매월 말일 밤 12시를 기준으로 전월 미결액, 금월 결제액, 외상 매입 잔액 집계표를 작성해야 합니다. 이 내용을 손익 계산서에 반영하면, 손익 계산을 하는 해당 월에 사용한 비용을 계산할 수 있는데, '외상 매입 잔액＋금월 결제액－전월 미결액'이란 수식에 넣으면 그 금액이 나옵니다.

———✄

이 모든 정보를 한 장에 모으면

메뉴별 매출, 판매와 관리비, 거래처별 거래 내역 등을 엑셀 프로그램에서 시트별로 정리하고 다시 거래처별로, 계정 과목별로 정리하면 손익 계산서를 만들기 쉬워집니다. 지출 항목이 어떤 계정 과목에 해당하는지 모르면 전문가에게 문의해야 합니다. 그러한 궁금증을 해결하기 위한 질문은 부끄러운 일이 아닙니다. 그렇게 자꾸 하다 보면 원리를 이해하는 날이 옵니다. 회계가 어려운 이유는 오랜 시간 경험이 필요하기 때문입니다. 저는 회계를 전공하지 않았고, 학원을 다닌 적도 없으며, 회계 관련 직업에 종사한 적도 없습니다. 제가 할 수 있다는 것은 여러분 역시 할 수 있다는 것을 의미합니다.

2008년 중국에 진출해서 중국 직원들에게 회계를 가르쳤고, 그들은 지금도 저에게 배운 대로 잘하고 있습니다. 매월 손익 계산서를 보내오니까요. 그러니까 용기를 가지기를 바랍니다.

이제 드디어 손익 계산서를 볼 차례입니다. 표9는 2008년 10월 핸즈커피 1호점의 손익 계산서입니다. 하나하나 읽어 보면 지금까지 이야기한 내용이 한 페이지에 모두 정리돼 있습니다.

I. 매출액 부분은, 가게마다 다르지만, 다양한 종류의 매출이 발생하기 때문에 종류별 매출액을 정리해야 합니다. 보통 커피 전문점 매출의 종류는 음료 및 비 음료, 교육, 기구, 원두 그리고 기타 매출 정도로 정리하지 않을까 생각합니다. 만약 자신의 가게에서 발생하는 매출의 종류가 다르면 자기 가게 매출로 종류를 분류해서 정리합니다.

'그런데 선불카드를 판 매출은 어떻게 하나요?'라고 질문하는 이가 있는데, 선불카드는 복식 부기로 설명하면 차변에는 현금, 대변에는 선수금으로 적어야 하는 거래입니다. 회계에서 '이연 매출'이라고 부르는데, 미래에 매출로 전환될 매출이란 의미입니다. 그러니까 선불카드 매출은 매출로 잡지 말고 선수금으로 이해하는 게 좋습니다. 그래서 회계 공부가 필요합니다.

II. 매출 원가는 커피 재료와 기타 재료를 구분해서 정리했습니다. 이렇게 구분한 이유는, 추후에 순수 커피 원가가 얼마인지 분석해 보기 위한 의도가 있었습니다. 이렇게 손익 계산서를 작성할 때, 축적하고 싶은 데이터가 무엇인지 미리 정리할 수 있다면, 이러한 데이터가 쌓여서 스몰

표9. 2008년 10월 핸즈커피 수성점 손익 계산서

지점명	수성점	2008년 10월 1일~2008년 10월 31일	
계정과목	금액	계정과목	금액
I. 매출액	12,243,240	V. 일반관리비	773,680
1. 음료판매	11,552,240	1. 세금과 공과관리비	531,580
2. 교육판매		2. 광고홍보비(인쇄비)	
3. 기구판매	205,000	3. 매뉴개발비	
4. 원두판매	486,000	4. 시설, 집기비	
5. 기타매출		5. 행사비(음악회 등)	
II. 매출원가	3,165,320	6. 용역, 보험료	80,600
1. 커피재료비	1,743,410	7. 문구, 소모품비	15,000
① 전월미결액	1,333,940	8. 교통, 운반비	58,500
② 금월결제액	1.333.940	9. 지급수수료	88,000
③ 외상매입잔액	1.743.410	10. 기타	
2. 주요거래처식재료비	517.940	6%	
① 전월미결액	553,110	VI. 임대비용	1,800,000
② 금월결제액	553,110	1. 임차료	1,800,000
③ 외상매입잔액	517,940	15%	
3. 기타거래처재료비	903,970	VII. 영업이익	2,161,518
26%		VIII. 영업외수입	0
III. 매출총이익[(I/1.1)×II]	7,964,898	1. 기타수익	0
IV. 인건비	3,229,700	2. 매입부가세	0
1. 급여	3,040,900	IX. 영업외비용	500,000
2. 4대보험료		1. 이자비용	500,000
3. 복리후생비	188,800	2. 자산평가손(전월 손실)	
26%		X. 경상이익	1,661,518

데이터와 빅 데이터가 됩니다. 이제 매출액에서 매출 원가를 빼면 III. 매출총이익이 나옵니다. 이익의 첫 번째 개념은 매출총이익입니다.

매출총이익 다음 IV, V, VI 모두 판매와 관리비라고 하는데, 그 항목도 인건비와 월세를 구분해서 이해하려고 4번에 인건비와 복리후생비 같은 계정 과목을 모았고, VI에서 임대료를 별도로 분리해서 정리했습니다. 그래야 투자자나 관계자에게 인건비 비율은 얼마이고, 월세 비율은 어느 정도 이하를 유지해야 하는지 답할 수 있기 때문입니다. 매출총이익에서 판매와 관리비를 빼면 7번 영업이익이 됩니다. 금융권에서 대출하거나 신용 평가를 받을 경우, 영업이익은 아주 중요한 기준입니다. 영업이익이 이자 지불 능력을 나타내는 숫자이기 때문입니다.

IX. 영업 외 비용을 보면 이자 비용 50만 원이 발생했는데요, 이게 초기 창업 시기 투자자에게 약속한 최소 배당 금액이었습니다. 연간 6% 정도의 기본 이자 비용을 지불하기로 약속하고 투자를 받았지요. 당시 은행 이자가 10% 전후여서 6%는 아주 저렴한 이자율이었다고 생각하면 됩니다.

이렇게 영업 외 비용과 영업 외 수익을 빼고 더하면 10번의 경상이익이 나오는데 이를 '세전 순이익'이라고도 합니다. 이러한 내용을 담은 재무 자료를 손익 계산서라고 합니다. 저는 매월 10일까지 전월 손익 계산서를 작성해서 투자자에게 공유하고 다른 이의가 없으면 15일까지 이자와 배당금을 지정 통장에 송금했습니다. 여러분이라면 매월 리포트를 정확하게 작성하는 사람에게 투자하겠습니까? 아니면 그냥 열심히 일하는 사장과 일하겠습니까?

그러니까 회계는 자산이고 경쟁력이며 실력입니다. 핸즈커피를 창업하던 시점에 커피 사업을 시작한 사람이 정말 많습니다. 이후에도 많은 사람이 커피 사업을 시작했지요. 하지만 저와 비슷한 규모와 상황으로 시작한 대표나 브랜드 중에 핸즈커피만큼 성장한 예는 찾아보기 힘듭니다. 핸즈커피가 어떻게 수백억 매출을 올리는 브랜드로 성장할 수 있었을까요? 그 이야기를 다음 장에서 계속 이어가겠습니다.

19 인건비 비율이 중요합니다

경험상 인건비 비율이 20% 이하로 낮아지면, 노동강도가 높아져 직원들의 피로가 쌓이고 품질과 서비스의 저하, 질병, 직무이탈, 산재사고 등의 악재로 이어질 수 있습니다. 그래서 관리자는 매장이 바빠진 만큼 인건비율을 관찰하는 일 또한 소홀하지 않아야 합니다.

인건비는 어디까지를 의미하나?

손익 계산서를 작성하면 다양한 정보를 정리할 수 있는데, 요일별 매출과 시간대별 매출, 주간별 매출을 알 수 있지요. 요즘 포스기는 그러한 데이터를 전부 제공합니다.

매출액 대비 인건비 비율 역시 계산할 수 있는데요, 인건비 비율 수치를 보고 '일하는 직원들의 노동강도와 비즈니스의 생산성을 평가'할 수 있습니다. 간단한 요소지만 현장에서 꼭 알아두어야 하는 실제적인 데이터입니다.

인건비 비율과 노동 생산성은 엄밀히 다른 의미입니다. '노동 생산성'

은 경영학에서 '근로자 1인이 일정 기간 산출하는 생산량 또는 부가가치' 이지요. 이 개념은 노동자가 보수를 얼마나 받는 가와 관계가 없는 데이 터입니다. 반면 '인건비 비율'이란 보수 대비 생산성(매출)을 보여주는 수 치입니다. 우리는 매출 대비 인건비에 관심이 더 많습니다. 왜냐하면 대 부분의 자영업이 노동 집약적인 업종이기에 그렇습니다.

인건비 비율은 인건비 나누기 매출액인데, 이때 인건비는 직원과 파트 타이머 급여, 각종 수당과 4대 보험에 들어가는 회사 부담금, 식대, 간식 비, 회식비, 치료비 등 다양한 복리 후생비를 모두 포함한 금액입니다.

창업 초기 저는 직원을 대부분 파트 타이머로 채용해서 가게를 운영했 습니다. 현장에서 함께 일한 후에 정직원으로 전환할지 말지 결정해야 한 다고 생각했습니다. '알아보고 뽑는다'는 원칙이었죠. 그런데 손익 계산 서를 작성하려니까 파트 타이머를 몇 명으로 계산할지 고민이었습니다. 파트 타이머는 인원으로 계산할까요? 시간으로 계산할까요?

파트 타이머는 하루 8시간씩 월 21.7일 일하는 직원과 달리 서로가 합 의한 시간만 근무하기 때문에 인원으로 봐서는 안 됩니다. 결국, 몇 명인 지 관계없이 '총 근무 시간이 몇 시간이냐'에 따라 몇 명이 일했다고 말할 수 있습니다. 2008년에는 한 명의 개념이 월 220시간이었습니다. 당시는 월 220시간이 직원 1명이 한 달 일하는 정상 근무 시간이었습니다. 요즘 은 209시간이죠. 이제는 209시간을 기준으로 한 달에 몇 명이 일하는지 계산할 수 있습니다.

표10. 인건비 비율

인원 구분	인원	급여	보험, 복리후생비	합계
직원	–		188,800	188,800
아르바이트(1인/220시간)	3.53	3,040,900		3,040,900
합계	3.53	3,040,900	188,800	3,229,700

매출액	인건비총액	매출대비 인건비 비율 (인건비/매출액)	1인당 매출 (매출액/인원계)	전월 비율
12,243,240	3,229,700	29%	3,153,442	

표10은 2008년 10월 핸즈커피 1호점의 매출 분석 리포트의 일부입니다. 파트 타이머의 근무 시간을 모두 합한 다음 직원 1인당 월 근무 시간 220시간으로 나누니까 그달 근무 인원은 3.53명이었습니다.

급여와 보험, 복리 후생비를 모두 합한 인건비 합계는 약 322만 원이었고, 매출 대비 인건비 비율은 29%였습니다. 이때 인건비 비율을 산출할 때도 매출에서 부가 가치세는 무조건 빼야 합니다. 부가 가치세를 매출로 착각하는 경우가 많은데, 회계 장부를 다룰 때 부가 가치세는 없는 돈으로 쳐야 합니다. 진짜 매출은 공급가액만 매출이라고 생각해야 합니다. 그래서 인건비에 '매출 나누기 1.1을 한 값'으로 나눕니다. 당연히 1인당 매출액도 부가세를 별도로 한 매출로 나눈 것이고요.

표11. 현재 상태 손익분기점 계산

1. 고정비용		
이자비용	600,000	투자비의 이자, 기회비용
감가상각	540,000	시설투자비의 손료
월세	1,500,000	
인건비	3,500,000	영업을 통해 얻은 데이터
소계	6,140,000	

2. 변동비용		
직,간접 재료비	30%	식자재, 일회용품 등
일반관리비	5%	수도광열비, 홍보비, 차량유지비
로열티	2%	가맹 사업의 경우
소계	37%	

———✄

현재 상태에서 손익 분기 계산

손익 분기점 계산 방법을 설명할 때 말했다시피 인건비 데이터가 쌓이면
다시 표11과 같은 현재 상태에서의 손익분기점 계산할 수 있습니다. 앞
의 손익분기점을 데이터를 이용해 설명하겠습니다.

경험을 통해 얻은 데이터 중에서, 계산하기 쉽게 인건비를 350만 원이라고 가정하겠습니다.

이 경우 계산해 본 결과 BEP는 9,746,032원이었지요. 이 가게의 매출액 증가에 따른 인건비 비율을 평가하면 표12와 같은 매출액에 따른 인건비율 변동표가 나옵니다.

매출액은 손익 분기 매출 곱하기 1.1을 계산해 표기합니다. 부가세 포함 손익 분기 매출을 제일 첫 줄에 삽입하면 1천7십2만6백3십5원이 되지요. 변동비는 부가세 별도로 계산한 값에 37%를 곱하고, 고정비는 6백1십4만 원을 고정값으로 넣으면 됩니다. 엑셀에 이렇게 수식을 넣고 매출액을 200만 원씩 올리면 자동으로 표가 만들어집니다.

———✄

적정 인건비 비율은 몇 %가 좋은가?

이렇게 표를 만들지 않으면 적정 인건비 비율을 산출할 수가 없는데, 변동비와 고정비, 그리고 고정비 안에, 인건비에 대한 데이터가 어느 정도 쌓이면 유용한 데이터가 나옵니다.

BEP 매출일 때 인건비 비율은 35% 정도인데, 매출이 상승할수록 점점 인건비 비율이 떨어집니다. 하지만 매출이 2배로 뛴다면 인건비를 그대로 유지할 수 없지요. 그래서 비탄력적 변동비라고 설명했습니다. 그럼 어느 시점에 인건비를 조정해야 할까요?

표12. 매출액에 따른 인건비율 변동표

매출액 (V+)	변동비 (V−)	고정비(V−)	수익	수익률	인건비율
10,720,635	3,606,032	6,140,000	−	−	35.9%
12,720,635	4,278,759	6,140,000	1,145,455	9.0%	30.3%
14,720,635	4,951,486	6,140,000	2,290,909	16%	26.2%
16,720,635	5,624,214	6,140,000	3,436,364	21%	23.0%
18,720,635	6,296,941	6,140,000	4,581,818	24%	20.6%
20,720,635	6,969,668	6,140,000	5,727,273	28%	18.6%
22,720,635	7,642,395	6,140,000	6,872,727	30%	16.9%
24,720,635	8,315,123	6,140,000	8,018,182	32%	15.6%
26,720,635	8,987,850	6,140,000	9,163,636	34%	14.4%
28,720,635	9,660,577	6,140,000	10,309,091	36%	13.4%
30,720,635	10,333,304	6,140,000	11,454,545	37%	12.5%
32,720,635	11,006,032	6,140,000	12,600,000	39%	11.8%
34,720,635	11,678,759	6,140,000	13,745,455	40%	11.1%
36,720,635	12,351,486	6,140,000	14,890,909	41%	10.5%
38,720,635	13,024,214	6,140,000	16,036,364	41%	9.9%

매장마다 제공하는 메뉴와 서비스의 유형에 따라 다르겠지만, 대개 25% 전후에서 조정하는 것이 좋습니다. 그 지점에서 파트 타이머를 늘

린다든지, 직원들이 추가 근무를 하게 하고 추가 근무 수당을 지급하든지, 가장 지혜로운 방안을 선택하면 됩니다.

경험상 인건비 비율이 20% 이하로 낮아지면, 노동강도가 높아져 직원들의 피로가 쌓이고 품질과 서비스의 저하, 질병, 직무이탈, 산재사고 등의 악재로 이어질 수 있습니다. 그래서 관리자는 매장이 바빠진 만큼 인건비율을 관찰하는 일 또한 소홀하지 않아야 합니다. 물론 인건비를 조정하는 기준은 저가형 브랜드냐 고가형 브랜드냐에 따라 달라진다는 사실 역시 염두에 두어야 합니다.

20　원가 계산법을 공개합니다

극단적인 사례로, 직원들이 가게 물건을 개인적인 목적에 활용하거나 주머니에 넣어 가는 범죄 행위 때문에 원가율이 높아지는 경우도 있습니다. 그래서 이런 데이터를 꾸준히 관리하면 이상한 정황을 파악할 수 있게 되죠. 어쩌면 사장이 철저한 관리자라는 인식을 심어주는 것만으로도 범죄 행위를 예방하는 안전장치가 될 수 있습니다.

원가율 이해하기

경영 데이터를 쌓아 가면 재미있는 데이터들이 나오는데, 그중 하나가 '원가율'입니다. 대개 원가율을 손익 계산서에 나오는 재료 원가 비율 정도로 생각하는데, 그것만 원가율이라고 생각하면 놓치는 게 많습니다. 원가율이란 말에는 다양한 개념이 들었죠.

첫째, '레시피 원가율'이라는 개념인데, '메뉴 개발 담당자가 메뉴 개발 시 메뉴의 소비자 판매가 결정을 위해 계산한 순수 재료 원가'입니다. 이 원가율에는 재료 관리상 발생할 수 있는 로스loss를 약 5% 정도 반영합니다. 원가율은 전체 판매 전략을 짤 때도 중요한 근거 자료가 되지요.

표13. 평균 매출 원가율

메뉴명	판매량	판매 단가	매출	레시피 원가율	레시피 원가
A	50	3,500	175,000	22%	38,500
B	23	4,500	103,500	25%	25,875
C	21	4,300	90,300	32%	28,896
D	11	5,200	57,200	35%	20,020
합계	105		426,000	26.6%	113,291

메뉴를 개발하면서 순수 재료 원가를 계산할 줄 모르면, 판매가를 결정할 때 다양한 오류가 발생합니다. 레시피 원가율을 계산하는 방법과 표는 다시 설명하겠습니다.

두 번째, '평균 매출 원가율' 개념인데, '판매한 전체 메뉴의 메뉴별 레시피 원가를 합하고 그 값을 전체 매출액으로 나눈 값'입니다. 평균이라고 했으니 레시피 원가율과 판매량이 메뉴별로 다르다는 것을 의미합니다. 그래도 이해가 쉽지 않지요? 예를 들어 설명해 드리면 쉬워집니다. 메뉴가 A, B, C, D 4가지뿐인 매장이 있습니다. 그 매장에서 표13과 같은 매출이 발생했을 경우를 가정하겠습니다.

표13에서 메뉴는 4가지입니다. A는 50개 팔렸고, 판매가 3,500원이며, 레시피 원가율은 22%이니까, A 메뉴 50개를 판매한 레시피상의 원가는 38,500원입니다. 이렇게 A, B, C, D 4가지 메뉴의 판매 원가를 전부 합

하면 113,291원이고, 매출액 426,000원으로 나누면, 이 가게의 평균 매출 원가율 26.6%입니다. 물론 실제는 메뉴 숫자가 훨씬 많을 겁니다. 하지만 계산은 컴퓨터가 하니까 대입만 하면 됩니다. 몇 달 운영하면 데이터가 모여 자신의 매장 '평균 매출 원가율'이 얼마인지 알 수 있습니다.

세 번째, '장부상 원가율'입니다. 장부상 원가율은 손익 계산으로 산출한 '매출 원가율'입니다. 이 매출 원가율이 가장 실제적인 경영 데이터가 되지요. 그렇다면 두 번째 설명한 '평균 매출 원가율'은 손익 계산서 매출 원가와 일치할까요? 절대 일치하지 않습니다. 원인은 뭘까요?

메뉴를 개발할 때 계산한 메뉴별 원가율인 레시피 원가율과 레시피 원가율을 판매량에 대입해서 산출한 평균 매출 원가율은 이론적인 원가율이지요. 그렇게 되리라 생각하고 판매가나 할인 이벤트 등을 기획하는 근거로 사용하려고 만든 원가율입니다.

하지만 현실은 다릅니다. 손익 계산을 해 보면 생각대로 잘 안 됩니다. 이유는 재고 관리 역량, 재료 로스, 할인 판매, 판촉 이벤트 등 다양한 원인으로 차이가 발생할 수 밖에 없기 때문입니다. 이러한 차이가 얼마인지 분석하는 것은 아주 중요합니다. 참고로 핸즈커피의 2022년 1년 평균 매출 원가율은 25%입니다. 하지만 매장별로 장부상 원가율을 조사하면 어떤 매장은 23%이고, 어떤 매장은 35%인 경우도 있습니다. 왜 다를까요?

원인은 복합적입니다. 가장 주된 원인은 매장의 '주력 메뉴'가 무엇이냐인데 주력 메뉴에 따라 그 매장의 평균 매출 원가율이 달라집니다. 단순 커피 메뉴는 레시피 원가율이 낮습니다. 그러니까 커피 메뉴 판매가 많은 매장은 '평균 매출 원가율'이 타 매장보다 낮겠지요. 반면에 브런치처럼 레시피 원가율이 높은 메뉴가 많이 팔리는 매장은, 평균 매출 원가율이 타 매장에 비해 높아질 수밖에 없습니다. 그러니까 "자신의 매장은 왜 이렇게 원가율이 많이 나오지?" 라고 묻기 전에 어떤 메뉴가 주로 팔리는지 검토하는 것이 중요하겠지요.

또 다른 원인은 '재고 관리' 역량입니다. 실제로 장부상 원가율이 설명보다 높다고 체인 본부에 문제를 제기하는 매장이 있었습니다. 가맹 상담을 할 때는 28%~32% 정도 매장에 따라 편차가 있다고 설명을 들었는데, 실제로는 35%가 넘는다는 것입니다. 그런 경우 방문해서 조사하면 재고 관리가 잘 안되고 있는 경우가 많습니다. 커피 음료나 원두 판매량에 비해 원두 주문량이 많다든지, 브런치 메뉴 판매량에 비해 과일과 야채 등의 매입 금액이 높다든지, 관리상의 문제가 많다는 것을 볼 수 있습니다.

그러니까 적정 재고량을 파악하여 유통 기한이 지나서 버리는 식재료가 없도록 하고, 냉장·냉동고가 너무 꽉 차 있어 뭐가 어디에 있는지 찾지를 못해서 다시 주문하는 일이 없도록 관리해야 하는데, 그런 부분을 놓치면 장부상 원가율이 높게 나오는 것입니다.

또 극단적인 사례로, 직원들이 가게 물건을 개인적인 목적에 활용하거나 주머니에 넣어 가는 범죄 행위 때문에 원가율이 높아지는 경우도 있습니다. 그래서 이런 데이터를 꾸준히 관리하면 이상한 정황을 파악할 수 있게 되죠. 어쩌면 사장이 철저한 관리자라는 인식을 심어주는 것만으로도 범죄 행위를 예방하는 안전장치가 될 수 있습니다.

다시 원가율 이야기의 기초로 돌아가 원가율을 어떻게 계산하는지 살펴보겠습니다. 우선, 레시피 원가율을 계산하려면 모든 재료의 단위당 단가를 정리해야 합니다. 예를 들어 휘핑크림의 경우 500g을 만들어서 S 메뉴에 35g을 사용하고, R 메뉴에 45g을 사용한다면, g당 단가를 산정해 놓아야 각 메뉴의 원가율을 계산하기 쉽겠죠. 이런 식으로 휘핑크림, 반죽, 배합, 전 조리가 필요한 식재료는 단위당 단가를 미리 계산해야 합니다.

다음은, 모든 매입 단가에서 부가세를 구분하는 것입니다. 사용하는 식재료 중에 부가세가 포함된 재료가 있고 부가세 면제인 것도 있습니다. 주로 농산물의 경우 부가세가 없고, 가공 과정을 더해서 부가 가치가 발생한 상품의 경우 부가 가치세가 있습니다. 그래서 모든 재료는 부가세 별도 금액 기준으로 단가를 정리해야 합니다.

예를 들어, 휘핑크림이 들어가는 '휘핑크림 카푸치노'로 설명하겠습니다. 메뉴 개발 담당자는 표14만 봐도 금세 이해하겠지만, 처음 보면 표가 상당히 복잡합니다. 그러나 하나하나 살펴보면 그리 어렵지 않습니다.

메뉴에 들어가는 재료는 물까지 6가지입니다. 모든 재료의 매입가를 기입하고, 공급가액과 부가세를 분리해서 기입합니다. 우선 에스프레소는 구매 단위가 500g이지요. 대부분 에스프레소는 500g 단위로 거래합니다. 에스프레소 샷에 들어가는 파우더 양을 기입하고 엑셀에 수식을 넣으면 투입 원가는 자동으로 계산됩니다. 이렇게 각 재료의 매입가, 구매 단위, 투입량, 투입 원가를 정리하면, 어떤 재료는 부가세가 있고, 어떤 재료는 부가세가 없지요. 그래서 원가 계산을 할 때 모든 금액을 부가세

표14. 휘핑크림 카푸치노 레시피 원가

재료명	매입가	공급가	부가세	구매단위	투입량	투입원가	판매가 VAT 포함	원가율
에스프레소	16,500	15,000	1,500	500g	21.5g	645	5,000	21.4%
설탕시럽	3,960	3,600	360	1,500g	11g	29	5,300	20.2%
휘핑크림	8,946	8,946		1,390g	35g	225.3	5,500	19.5%
레몬즙	600	600		40g	1g	15		
시나몬파우더	2,640	2,400	240	200g	1g	13.2		
물					130g			
판매가결정	5,300		원가율 20.2%	투입unit 판매원가	1인분 973.9	927.5 5% 로스		

별도 금액으로 기입해야 합니다. 마지막에 소비자 판매가를 결정할 때만 부가세를 포함해서 결정합니다.

에스프레소와 설탕 시럽 같은 재료는 투입 원가 계산이 쉬운데, 휘핑크림 경우 크림 안에 또다시 다양한 재료가 들어가고, 휘핑크림은 다시 다양한 메뉴에 들어가기에, 휘핑크림 단위로 만든 상태에서 원가를 먼저 정리해야 합니다. 그래서 전 조리가 필요한 식재료를 별도로 기초 재료 시트에 미리 계산하는 것이지요.

표15. 핸즈커피 휘핑 크림 재료표

메뉴명	재료명	매입가	공급가	부가세	구매단위	투입량	투입원가
휘핑크림	휘핑프리마	4,950	4,500	450	1,000g	1,000g	4,950.0
	연유	4,200	4,200	–	500g	370g	3,108.0
	밀크파우더	12,100	11,000	1,100	800g	20g	302.5
	총량		1,390g		투입unit	1인분	8,361
					판매원가	8,946	7% 로스

표15는 핸즈커피의 휘핑크림 기초 재료표입니다. 단, 반영된 매입가는 2019년 기준입니다.

핸즈커피는 이런 '기초 재료'에 해당하는 식재료가 휘핑크림, 발효유, 드레싱, 와플 반죽, 복숭아아이스티, 홍차 시럽, 홍차 냉침 우유 등 8가지입니다. 휘핑크림 기초 재료 원가는 1,390g당 8,946원입니다. 휘핑크림은 실리콘 주걱으로 아무리 깨끗이 닦아 담아도 상대적으로 재료 손실이 많아서 로스율 7%를 적용했습니다. 이렇게 정리한 휘핑크림 원가 데이터를 휘핑크림 카푸치노 레시피 원가표에 입력합니다.

이런 식으로 재료별 투입 원가를 입력하고 투입 원가의 합에 재료 손실 5%를 더하면 판매 원가가 나옵니다. 판매 원가를 고정값으로 다양한 판매가를 대입하면 판매가별 원가율이 나오고, 최종 결정된 판매가는 왼쪽

아래에 기입합니다. 자신의 브랜드에서 판매하는 모든 메뉴와 세트 메뉴의 레시피 원가율을 계산 해두면 그 자체가 엄청난 자산이 됩니다.

이렇게 완성한 '레시피 원가율'을 가게 매출에 대입하면 매장의 '평균 매출 원가율'이 만들어집니다. 이 과정이 제일 중요합니다. 결국 메뉴별 레시피 원가율을 계산하는 이유가 이런 데이터를 얻기 위한 과정인데요, 이렇게 '평균 매출 원가율'을 산정하면 다양한 경영 분석이 가능해집니다.

메뉴를 개발할 때, 커피는 원가율을 어느 정도 유지해야 하는지, 사이드 메뉴와 디저트 메뉴의 원가율은 어느 정도를 넘지 않아야 하는지 전략적인 판단이 가능합니다. 따라서 3가지 원가율에서 가장 중요한 개념은 해당 매장의 '평균 매출 원가율'입니다. 매장에 어떤 메뉴가 더 많이 팔리느냐에 따라 평균 매출 원가율은 달라지거든요. 그러니까 메뉴별 레시피 원가율은, 결국 평균 매출 원가율을 확인하기 위한 기초 자료이지요. 더 실제적인 데이터는 매출에 따른 평균 매출 원가율입니다.

포스에서 메뉴별 매출 자료를 가져와서 메뉴별 레시피 원가율을 입력하고 해당 매장의 '평균 매출 원가율'을 꼭 평가해 보기 바랍니다. 그래야 장부상 원가율과 비교해서 관리상 어떤 문제가 있는지, 어떤 부분을 개선해야 어머니 경영을 잘할 수 있는지 방향을 잡을 수 있습니다.

이러한 시스템을 구축하는 것이 회사가 커지기 전에 해야 하는 일입니다. 3가지 종류의 원가율을 꼭 계산하고 데이터가 주는 소리에 귀 기울이기를 바랍니다.

21   지속가능성을 확보하세요

다시 한번 강조합니다. 아버지 경영에 몰입하지 말고 이제부터 어머니 경영에 힘쓰기를 바랍니다. 회계는 자산이고 경쟁력입니다.

―――※

현금 흐름표 작성

회계 관련 마지막 주제인 '현금흐름표 작성' 방법입니다. 현금 흐름표는 '정해진 기간 현금이 어떻게 움직일지 추측하는 표'입니다. 영업 활동에 의한 현금 흐름과 투자금의 현금 흐름, 재무 활동에 의한 현금 흐름 등을 이해하도록 돕는 게 목적이지요. 현금 흐름표는 주로 사업 계획서를 작성할 때 필요한 자료인데, 월 손익계산서를 분석하려는 기간만큼 펼쳐 둔 표입니다. 손익계산서에 매출, 매출 원가, 매출 총이익, 판관비, 영업 이익의 정보를 특정 기간 범위만큼 펼친 것이죠. 우선 간단한 사례를 들어 현금 흐름표를 어떻게 작성하는지 살펴볼 계획인데요,

표16. 현금 흐름표

월별	1	2	3	4	5	6	7	8	9	10	11	12
오픈 수익	1,375	1,375	1,375	1,375	1,375	1,375	1,375	1,375	1,375	1,375	1,375	1,375
매장1		78	78	78	78	78	78	78	78	78	78	78
매장2			78	78	78	78	78	78	78	78	78	78
매장3				78	78	78	78	78	78	78	78	78
매장4					78	78	78	78	78	78	78	78
매장5						78	78	78	78	78	78	78
매장6							78	78	78	78	78	78
매장7								78	78	78	78	78
매장8									78	78	78	78
매장9										78	78	78
매장10											78	78
매장11												78
매장12												
매장13												
매장14												
매장15												
매장16												
매장17												
매장18												
매장19												
매장20												
월매출	1,375	1,453	1,531	1,609	1,687	1,765	1,843	1,921	1,999	2,077	2,155	2,233

표16은 2006년 12월에 가게를 오픈하고 3개월 지난 시점에, 프랜차이
즈 사업을 시작한다면 어떻게 될까를 예측해 보기 위해 만든 현금 흐름표

264

단위: 만 원

13	14	15	16	17	18	19	20	21	22	23	24	합계
1,375	1,375	1,375	1,375	1,375	1,375	1,375	1,375	1,375	1,375	1,375	1,375	33,000
78	78	78	78	78	78	78	78	78	78	78	78	1,794
78	78	78	78	78	78	78	78	78	78	78	78	1,716
78	78	78	78	78	78	78	78	78	78	78	78	1,638
78	78	78	78	78	78	78	78	78	78	78	78	1,560
78	78	78	78	78	78	78	78	78	78	78	78	1,482
78	78	78	78	78	78	78	78	78	78	78	78	1,404
78	78	78	78	78	78	78	78	78	78	78	78	1,326
78	78	78	78	78	78	78	78	78	78	78	78	1,248
78	78	78	78	78	78	78	78	78	78	78	78	1,170
78	78	78	78	78	78	78	78	78	78	78	78	1,092
78	78	78	78	78	78	78	78	78	78	78	78	1,014
78	78	78	78	78	78	78	78	78	78	78	78	936
	78	78	78	78	78	78	78	78	78	78	78	858
		78	78	78	78	78	78	78	78	78	78	780
			78	78	78	78	78	78	78	78	78	702
				78	78	78	78	78	78	78	78	624
					78	78	78	78	78	78	78	546
						78	78	78	78	78	78	468
							78	78	78	78	78	390
								78	78	78	78	312
2,311	2,389	2,467	5,545	2,623	2,701	2,779	2,857	2,935	2,935	2,935	2,935	54,060

인데, 당연히 프랜차이즈 사업 개시 전이기 때문에, 대부분의 수치는 스몰
데이터 small data에 근거한 예상 수치였습니다.

265

현금 흐름표를 작성하기 전에 먼저 프랜차이즈 사업에서 가맹점 한 개를 개설할 때 본부가 얻는 개설 수익을 어느 정도로 잡을지 정해야 합니다. 개설 수익이 크면 가맹 전개 속도가 늦고 개설 수익이 적으면 실제로 오픈 과정에서 손해 보는 경우가 발생합니다. 저는 가맹점 한 개를 오픈할 때 얻는 개설 수익을 나름의 방식으로 계산해서 1,650만 원 정도가 적정하다고 생각했습니다. 물론 매출은 매장 평수마다 다르고, 계약 금액은 훨씬 더 크지만, 매출 금액까지 전부 추측하는 것은 의미가 없어서 개설 수익 목표 금액만 매출 금액으로 잡았습니다. 그리고, 앞으로 2년 동안 20개 전개를 목표로 정하고, 매장당 개설 수익을 곱한 후 24개월로 나누니, 가맹점 개설 수익은 월 1,375만 원이 나왔습니다.

다음은 가맹점을 오픈한 후 가맹점과 본부 사이 일어나는 거래 수익을 어느 정도로 볼지 결정해야 합니다. 이런 경우 약간의 경험적 데이터가 필요한데, 저는 프랜차이즈 사업 시작 전에 가게 2개를 오픈해서 약 8개월 정도 운영한 경험이 있었기 때문에, 매장 한 곳에서 사용하는 원두량과 기타 식재료 사용량이 어느 정도인지, 종이컵처럼 본부에서 공급하는 물품의 종류가 어떤 것이 있는지, 그러한 물품을 공급하면 어느 정도 이익을 붙이는 게 적정한지, 기준을 세울 만큼 데이터가 쌓여 있었습니다.

그때 저는 '7% 정도의 거래 수익을 기준으로 가맹점 공급가를 결정하자. 대신 가게 한 두 개일 때와 비교해 10% 이상 싸게 구매할 수 있는 방법을 찾아 내자'는 기준을 세웠습니다. 그렇게 하면 프랜차이즈 울타리 안에 들어온 가맹점도 본부도 모두 유익하리라 생각했습니다. 하지만 그 계획은 생각처럼 잘되지 않았습니다. 매장 숫자가 늘고 매입 규모가 커지면 규모의 이익이 발생하기 때문에, 당연히 그렇게 되리라 생각했지만, 시간이 지날수록 '인터넷 최저가'라는 개념이 보편화되면서, 본부와 가맹점이 수익을 나눌 정도로 충분한 이익은 만들어지지 않았습니다. 요즘은 가맹본부가 운영하는 스토어에 들어와 원스톱one-stop으로 다양한 물품을 주문하는 편리함과 배송비 절약 정도의 유익이 전부라 해야 할 상황입니다. 가맹본부의 노력이 허무할 정도로 가격 경쟁이 치열해졌습니다.

다시 거래 수익으로 돌아가서 저는 매장당 원두 공급 매출을 월 78만 원으로 책정했습니다. 여러분도 나름의 방식으로 계산할 수 있을 것입니다.

이 데이터를 정리하면 향후 2년 동안 월별 매출을 계산할 수 있습니다. 맨 위는 월별 가맹점 개설 수익을 입력하고 첫 번째 매장부터 20번째 매장까지 순서대로 월 원두 거래 금액을 입력합니다. 그리고 전체 합산하면 2년 동안 예상 매출이 산출됩니다. 초기 월 1,375만 원 정도 매출로 시작해서 24개월째 2,900만 원 정도 매출이 나오는 비즈니스 모델입니다. 2년 총매출은 5억 4천만 원 정도고요.

예상 매출을 정리한 후 매출 원가를 입력해야 하는데, 사실 매출 원가는 원두 공급가를 결정할 때 이미 정의되었기 때문에 금방 입력이 가능합니다(표17). 저는 재료 원가를 40% 선에 맞추는 것이 적정하다고 생각했습니다. 회계 원칙상 원두의 제조 원가는 인건비, 로스팅 기계 감가상각, 가스비 같은 부대 비용까지 들어가지만, 당시에는 계산을 단순화하려고 재료비와 감가상각만 매출 원가로 잡았습니다. 그 외는 판관비로 잡았고

표17. 매출원가표

월별	1	2	3	4	5	6	7	8	9	10	11	12
재료비 (40%)		31	62	94	125	156	187	218	250	281	312	343
감가 상각		100	100	100	100	100	100	100	100	100	100	100
월비용		131	162	194	225	256	287	318	350	381	412	443

요. 따라서 재료 원가는 매출액의 40%로, 감가상각은 5년 만에 제로zero 로 만든다는 개념으로 월 100만 원으로 잡았습니다. '이렇게 하면 된다, 혹은 이렇게 하면 안 된다'라는 법은 없습니다. 스스로 기준을 세우고 그 기준에 맞게 계산하면 되니까요.

매출원가표까지 입력하면 매출 총이익이 나옵니다. 사업 초기에는 수 익이 없거나 마이너스인 경우가 많습니다. 다행히 저는 처음부터 적지만 수익을 낼 수 있는 상황이었습니다. 매출 총이익 다음에는 판매와 관리비 를 계산하는데, 인건비를 별도로 구분해서 표기하고 나머지는 이자, 기회 비용과 일반 관리비로 표시했습니다.

표18에서 인건비는 창업 당시 직원 인건비를 그대로 반영했고, 그 외 기회 이자 비용, 차량 유지비, 사무실 임대료 같은 기타 비용에 대한 8개월 정도 경험치가 있었기에 정확한 데이터를 넣을 수 있었습니다. 매출 총이 익에서 판매와 관리비를 빼면 영업 이익이 됩니다. 영업 이익을 24개월로

단위: 만 원

13	14	15	16	17	18	19	20	21	22	23	24	합계
374	406	437	468	499	530	562	593	624	624	624	624	8,424
100	100	100	100	100	100	100	100	100	100	100	100	2,300
474	506	537	568	599	630	662	693	724	724	724	724	10,724

확장하니 2년간 현금 흐름표가 나왔습니다. 약 1억 8천786만 원 정도 영업 이익을 낼 수 있다는 판단이 섰습니다. 그래서 매장을 10개 정도 진행한 시점에 도소매 사업을 시작할 수 있겠다는 확신으로 추가 투자를 결정할 수 있었습니다.

영업이익 항목은 2006년 12월에 만든 현금 흐름입니다. 항목의 흐름을 자세히 보면 틀을 어떻게 만들지 충분히 확인할 수 있습니다. 아주 단순해 보이지만 계획은 정확하게 맞아떨어졌고, 2년 후 2009년 상반기에 핸즈커피는 20호점까지 오픈하는 브랜드로 성장했지요. 여러분도 이런 표를 만들어서 사업을 시작하면 훨씬 정확하게 자금을 동원할 시점과 추가 시설 투자의 여력을 판단할 수 있습니다.

표18. 가맹 본부 인건비 및 관리비와 영업이익

월별	1	2	3	4	5	6	7	8	9	10	11	12
인건비	450	450	450	450	450	450	450	450	450	450	450	450
이자 · 기회 비용		50	50	50	50	50	50	50	50	50	50	50
일반 관리비	400	400	400	400	400	400	400	400	400	400	400	400
월비용	850	900	900	900	900	900	900	900	900	900	900	900

영업이익 = 매출 − 매출원가 − 판관비

영업 이익	525	422	469	515	562	609	656	703	749	796	843	890

———✄

연간 현금 흐름표 작성

현금 흐름표를 작성할 수 있으면 해마다 작성하는 연간 사업 계획서에서 '연간 현금 흐름표'도 만들 수 있습니다. 단, 연간 현금 흐름표는 최소한 몇 년 동안의 데이터를 축적해야 가능합니다. 먼저 매출 목표를 설정할 때 자신의 비즈니스에서 발생하는 매출의 항목을 정리하고 항목별 예상 매출을 산정해야 합니다.

핸즈커피는 가맹점 개설 매출과 제품 및 상품 공급 매출, 교육 매출, 로열티,[6] 온라인 쇼핑몰 매출 등으로 구분합니다. 개설 원가율을 매출액에

13	14	15	16	17	18	19	20	21	22	23	24	합계
600	600	600	600	600	600	600	600	600	600	600	600	12,600
50	50	50	50	50	50	50	50	50	50	50	50	1,150
500	500	500	500	500	500	500	500	500	500	500	500	10,800
1,150	1,150	1,150	1,150	1,150	1,150	1,150	1,150	1,150	1,150	1,150	1,150	24,550
687	733	780	827	874	921	967	1,014	1,061	1,061	1,061	1,061	18,786

곱하면 개설 원가가 나옵니다. 제조 원가도 상품 원가도 축적한 데이터를 적용하면 산출됩니다.

여기까지 작성하면 알다시피 '매출 총이익'이 나옵니다. 월별 매출 총이익을 알면 월별 지불 가능한 판관비 규모 역시 알게 되지요. 어느 회사든 최근 몇 년 동안 자기 회사의 판관비는 어느 정도 인지 데이터를 가지고 있습니다. 이러한 데이터를 월별로 기입하면 월별 예상 영업 이익이 나옵니다. 물론 최근 몇 년 동안 데이터를 축적했다면 영업 외 수익과 비용도 기입할 수 있고, 그렇다면 경상 이익까지 정확한 계산이 가능해지겠

---

6   royalty. 특정한 권리를 이용하는 이용자가 권리를 가지고 있는 사람에게 지불하는 대가이다.

지요. 이런 방식으로 자신의 매장 현금흐름표를 만들어 보기 바랍니다. 재정 전문가를 만나서 도와 달라고 해도 좋습니다.

이제껏 자영업자에게 가장 기본적이고 경영 전략에 적용할 수 있는 실제적인 회계 개념에 대하여 설명했습니다. 다시 한번 강조합니다. 아버지 경영에 몰입하지 말고 이제부터 어머니 경영에 힘쓰기를 바랍니다. 회계는 자산이고 경쟁력입니다.

직원들에게 회계의 개념을 가르쳐야 합니다. 손익 분기점 계산과 손익 계산, ABC 정렬과 원가율 계산, 매출 대비 인건비 비율 등의 개념을 이해하고 자신의 업무에 적용할 수 있도록 훈련해야 합니다. 그래야 회사가 성장하고 확장될 때 데이터에 근거한 경영을 할 수 있습니다. 회계는 비즈니스의 언어입니다.

MANUAL

4 | 매뉴얼이 시스템을 만듭니다

22 　우리는 모두 오래 살아남고 싶습니다

 '제로 투 원'을 할 때부터 '원 투 엔'을 생각하는 기업과 뒤늦게 '원 투 엔'을 생각하는 기업은 격
차가 크게 날 가능성이 큽니다. 어떤 경우 '원 투 엔'에 대한 기대와 욕구가 있어도 너무 늦어서
'원 투 엔'을 만들지 못하는 기업도 있습니다. 그러니까 처음부터 '원 투 엔'을 생각하면서 비즈
니스를 시작해야 합니다.

────✂

왜 기업을 하는가

우리는 어떤 형태로든 기업을 운영합니다. 카페든, 프랜차이즈 본부든, 제
조업이든, 교육 사업이든 규모와 조직에 관계없이 기업을 운영합니다. 그렇
다면 기업의 목적은 무엇일까요? 대부분 자연스럽게 이윤 창출이라 말하
고, 어떤 이는 먹고 살기 위해, 어떤 사람은 사회에 공헌하기 위해라고 말합
니다. 이런 대답은 자본주의 고전 경제학자들의 생각이었고 교과서에 나
오는 내용입니다. 경제학자 조지프 슘페터 Joseph A. Schumpeter는 '기업은
목적을 이루기 위해 혁신을 반복해야 한다'라고 말했습니다. 하지만 다시
질문을 바꿔 '혁신하고 이윤 창출해서 뭘 하려고?' '먹고 살면 되는가?'

'진짜 사회 공헌이 목적인가?'라고 물으면 사람들은 답을 잘 못합니다. '왜 기업을 하고 있지?'라고 스스로 질문해 봐야 합니다.

피터 드러커Peter F. Drucker는 생각이 좀 다른 것 같습니다. 그는 『경영의 실제』에서 '기업이 이윤을 추구한다고 하는데, 사실 고객 창출이 기업의 존재 이유이다. 고객 없이 이윤은 없기 때문이다. 기업은 고객 창출을 통해 영속하게 된다'라고 했습니다. 피터 드러커의 정의를 통해 우리는 기업의 존재 목적은 결국 '영속永續'이라는 것을 알게 됩니다.

경제학자 우석훈은 『조직의 재발견』에서 기업의 목적은 이윤 추구가 아니라 이윤 추구 그다음이 있다고 말하면서 '살아남는 것입니다. 기업의 존재 목적은 생존 그 자체입니다'라고 썼습니다. 결국 기업이 이윤을 추구하고 혁신을 반복하는 것은 생존하기 위한 것입니다. 지금 기업이 어려운 상황이지만 생존하고 있다면 그 기업은 성공한 것입니다. 간단해 보이지만 생존도 쉬운 목적은 아닙니다. 그래서 다시 이렇게 질문해야 합니다.

"생존한다는 것은 무엇을 의미하는가?"

인공호흡기를 달고 연명해도 생존일까요? 그런 의미는 아니겠죠. 생존하는 것은 멈춘 상태가 아닙니다. 아이가 5살에서 성장이 멈추면 그런 상태를 생존이라고 말하기 힘들죠. 생존을 위해서 주변 사람의 도움이 필요하고 누군가가 헌신해야 합니다. 성장을 멈춘 사람은 보호하고 도와야겠지만, 그런 기업은 없어져야 할 수도 있습니다.

결국 생존하는 기업은 이윤을 내고 혁신을 반복하여 성장해야 합니다. 기업은 법인격이고 살아 있는 에코 시스템eco system이지요, 따라서 성장하지 않으면 죽습니다. 세포가 재생산되고 확산되면서 성장해야 합니다. 피터 드러커는 또 이런 말을 했습니다.

"기업이 성장하기 위해서는 두 가지가 꼭 필요한데 하나는 혁신이고 다른 하나는 마케팅이다."

GE의 잭 웰치Jack Welch 역시 비슷한 이야기를 자주 했지요. 정리하면 현대 경영학자들은 이구동성으로 기업의 존재 목적이 '살아남는 것'이라고 말합니다. 그래서 경영학의 큰 이슈 중 하나가 '지속가능성'입니다. 살아남기 위해서 성장 해야 하고 성장을 위해서는 혁신과 마케팅을 반복해야 합니다.

기업의 존재 목적 = 살아남는 것(생존) = 성장 = 혁신 + 마케팅

이 이야기를 이어가기 전에 우리는 '그러면 얼마나 성장해야 하는가'에 대한 이야기를 나눌 필요가 있습니다. 주변을 살펴보면 끊임없이 성장하지 않고 규모를 잘 유지하는 기업이 많기 때문입니다. 그렇죠. 많은 기업이 중소 규모로 잘 살아내고 있습니다. 서구의 경우 이런 기업들을 '강소기업'이라고 하고 사회가 그런 기업을 지지해 줍니다. 하지만, 강소기업이 되

기 위해서도 어느 정도까지는 성장해야 합니다. 저는 그 기준을 '모든 직원이 생애 주기에 맞는 보상을 받을 수 있을 만큼'이라고 정했습니다.

2006년 저는 40대 중반에 창업해 18평짜리와 24평짜리 가게를 직영으로 운영하면서 6명의 직원과 함께 일하고 있었습니다. 어느 날 저녁 만석이 된 가게에서 모든 주문을 다 처리한 후 커피 한 잔을 들고 가게 앞 벤치에 나와 가게를 바라보며 이런 생각을 했습니다.

"과연 이런 비즈니스 모델로 저 직원들이 40대가 되고 50대가 되었을 때, 그들의 생애 주기에 맞는 급여를 지급할 수 있을까?"

현재 주임은 과장이 될 것이고 과장은 언젠가 임원으로 승진해야 하는데 그들의 직급에 맞는 부하 직원이 필요한 거지요. 특별한 경우를 제외하고 기업은 시간이 지나면 규모를 키워야 합니다. 평생 계약직으로 일해도 되는 사람은 없습니다. 20대에 기대하는 소득 수준이 있고, 40대에 기대하는 소득 수준이 있는데, 기업이 그 기대를 충족시켜 주지 못하면 인재는 기업을 떠날 것입니다.

그러한 문제를 해결하지 못하고 기업 규모가 적정 수준으로 성장하지 않으면, 그런 기업은 '가족 기업'에 머물 가능성이 큽니다. 자녀 세대가 사업을 돕다가 자기 길을 찾아 떠나면 부모 세대의 기술은 사라지는 것이죠. '모든 직원이 생애 주기에 따른 보상을 받고, 직급에 맞는 부하 직원이 배치되어 지식과 성공 노하우를 계속 전수할 수 있을 만큼' 기업은 규모를 키워야 합니다.

저는 창업 후 10년 정도 지난 시점에 직원의 퇴사 비율과 직급별 필요 인원 등을 정리해서 인력 구조를 짜 보고 '현재 물가 기준으로 월 급여 3억, 직원 숫자 70명 정도의 규모까지 성장해야 한다'라는 것을 알게 되었습니다. 연 매출로는 200억, 가맹 매장 수는 150개소 정도까지 성장해야 한다는 계산이었습니다. 물론 매장 숫자보다 매출이 더 중요합니다.

더 성장하는 게 좋을지 그 정도 규모를 유지하며 생존하는 것이 좋을지는 그 시점에 경영자가 결정할 일이겠지요. 저는 가능하면 거기까지 성장하면 좋겠다고 생각했습니다. 기업이 어느 정도까지 성장하길 원하고 있는지 한 번쯤 스스로 정리할 필요가 있습니다. 그러한 기준이 의사결정에 미치는 영향은 생각보다 큽니다.

기업이 성장하기 위해서 혁신과 마케팅이 필요하다고 했는데 마케팅 이야기는 이 책에서 제외합니다. 마케팅 관련 다양한 책들이 있으니까 마케팅에 대한 인사이트를 얻으려면 별도로 관련 책을 읽으시는 게 좋을 것 같습니다.

피터 드러커는 기업이 성장하기 위해서 '혁신'을 반복해야 한다고 했는데, 혁신은 다시 두 가지로 나뉩니다.

첫 번째 혁신은 '사업 혁신'입니다. 사업 혁신은 대부분 창업자에 의해 만들어지는데, 초기 기업의 핵심역량, 차별화, 특허와 아이디어 같은 가치를 의미합니다. 사업 혁신을 통해 기업은 시장에 진입하고 매출을 일으키게 되죠. 두 번째 혁신은 '운영 혁신'입니다. 사업 혁신을 통해 시장에 진입한 기업이 매출과 직원 수가 어느 정도 늘면 그때부터 '운영 혁신'에 관심을 가져야 합니다. 복잡한 회사 조직과 업무 구조를 혁신하지 않으면 어느 순간 모든 것을 잃고 무너지는 현상이 발생합니다. 무질서라는 함몰 웅덩이에 빠지게 되는 것이죠.

운영 혁신이 이루어지면 기업은 다시 사업 혁신으로 갈 수 있는 동력을 얻게 됩니다. 이렇게 두 가지 혁신이 유기적으로 작동해 완성된 고객 가치는, 마케팅이란 매개를 통해 소비자에게 알려져야 합니다. 혁신을 통해 만든 좋은 가치를 소비자에게 전달하지 않으면 혁신은 무용한 것이 됩니다. 그렇게 소비자에게 알리는 역할을 마케팅이 하는 것이죠.

도대체 운영 혁신이 무엇인지 묻는 분들에게 저는 '운영 혁신은 매뉴얼화와 시스템화이다'라고 대답합니다. 매뉴얼화와 시스템화에 실패한 기업은 여러 가지 한계에 부딪히고 결국 정체되어 자멸하게 됩니다.

왜 운영 혁신 즉, 매뉴얼화와 시스템화를 이렇게 강조하는지 피터 틸 Peter Thiel이 쓴 『제로 투 원』이라는 책을 통해 한 번 더 확인할 필요가 있습니다. 피터 틸은 일론 머스크와 페이팔을 공동 창업했던 경영자입니다. 『제로 투 원』은 제로zreo에서 1이라는 가치를 만들어 내는 것과 1이라는 가치를 n으로 확장하는 이야기가 담겼습니다. 정말 아름다운 책입니다. 꼭 읽어 보길 권합니다.

"제로에서 1이 되기 위해서는 아주 작은 시장에서 시작해야 합니다.

그래야 지배가 쉬워지겠죠. 작고 분명한 시장을 찾아서 내가 들어가야 할 시장을 정하고 그곳을 점령해야 합니다. 그런 일은 소규모 집단에 맞는 일이지요. 아마존도 그랬고, 애플도 그랬습니다. 대기업은 그런 일이 불가능합니다. 작은 기업은 스스로 지배할 수 있는 작은 시장을 먼저 정의해야 합니다. 여러분의 비즈니스가 고객들에게 사랑을 받고 있다면 분명히 여러분의 비즈니스는 아주 협소한 시장에서 차별화에 성공했을 가능성이 큽니다."

『제로 투 원』 한국경제신문 | 2012

피터 틸은 자신만의 아주 작은 시장을 정의한 기업은 이제 제로 투 원을 이루기 위해 다음 4가지에 집중하라고 말합니다. 첫째는 독자 기술, 둘째는 네트워크 효과, 셋째는 규모의 경제, 넷째는 브랜드 전략입니다.

우선, '독자 기술'은 가장 가까운 대체 기술보다 중요한 부분에서 10배 뛰어나야 한다고 합니다. 독보적 우위를 가진 기술은 10배 빠르거나, 편하거나, 많거나, 최대인 기술인데 이런 가치는 빌드 업과 스케일 업을 통해 만들어집니다. 빌드 업과 스케일 업에 대해서는 별도로 다시 설명하겠습니다.

다음으로 '네트워크 효과'는 요즘 SNS, 바이럴 마케팅이라는 말을 하는데 이런 네트워크 효과를 비즈니스에 최대한 활용하라는 이야기입니다. 이 일 또한 상당한 수고와 아이디어가 필요하다는 걸 알아야 합니다.

세 번째는 '규모의 경제'입니다. 제로에서 원이 된 가치는 규모가 커질수록 영향력이 더 커집니다. 극단적 규모로 성장하기 위해서는 제로에서 1이 될 때 미리 1에서 n이 될 수 있는 시스템을 구축해야 하는데, 이 부분은 매뉴얼화, 시스템화를 통해 만들 수 있습니다.

네 번째는 '브랜드'가 되는 것입니다. 튼튼한 브랜드가 되면 가치가 다시 상승합니다. 사람들은 브랜드를 신뢰하고 사랑하게 되지요. 그러면 다시 규모의 경제는 더 강력해집니다.

가게 하나로 시작해서 장사가 어느 정도 되고 수익도 안정화되는 날이 옵니다. 하지만 그 수익은 현재 급여 수준을 유지해야 얻을 수 있는 수익입니다. 직원들에게 생애 주기에 맞는 급여를 주려면 매출이 더 늘어야 하는 게 일반적인 상황이죠. 그래서 메뉴도 개발하고 이벤트도 하고 직원 교육도 해서 생산성을 높이는 노력을 기울입니다. 그 결과, 차이가 약간씩 있겠지만 30%나 혹은 50% 정도 매출이 상승하는 효과를 가져올 수 있습니다. 하지만 이러한 성장은 곧 한계에 부딪힙니다. 가게 하나로 끊임없이 성장하는 것은 불가능하기 때문입니다.

반면, 기업을 경영하는 사람은 30%나 50% 성과가 아니라, 30배, 60배, 100배 성과를 생각합니다. 수십 배, 수백 배의 성과를 기대하는 사람은 생각이 달라야 합니다. 장사를 잘하는 사람이 잘못됐다는 말이 아니라, 누구나 장사와 경영, 둘 중 하나를 선택해야 하는 순간을 만난다는 이야기입니다.

제가 주변 사업하는 사람들에게 이렇게 묻습니다.

"가게 하나만 할 거 아니잖아요?"

지금까지 이런 질문을 받은 사람 중에 '가게 하나만 할 계획이다'라고 답하는 사람을 한 명도 만나지 못했습니다. 많은 창업자가 '프랜차이즈 같은 비즈니스는 안 한다'라고 말하면서 톡톡 튀는 아이디어로 비즈니스를 시작하지만, 결국 그들의 목표는 프랜차이즈 본부를 만드는 것이거나 최소한 '원 투 엔One to N'으로 가는 것에서 크게 벗어나지 않습니다.

모든 기업은 성장을 꿈꿉니다. '처음 시작할 때의 모습과 규모 그대로 가게 한 개면 충분해. 더 이상 성장하지 않아도 돼'라고 생각하는 기업은 없습니다. 기업은 '제로 투 원'에서 '원 투 엔'으로 꼭 가야 합니다.

제로 투 원을 할 때부터 원 투 엔을 생각하는 기업과 뒤늦게 원 투 엔을 생각하는 기업은 격차가 크게 날 가능성이 큽니다. 어떤 경우 원 투 엔에 대한 기대와 욕구가 있어도 너무 늦어서 원 투 엔을 만들지 못하는 기업도 있습니다. 그러니까 처음부터 원 투 엔을 생각하면서 비즈니스를 시작해야 합니다. 그래야 미래가 생깁니다. 가게 한 개부터 직원들이 시스템적 사고를 하도록 가르쳐야 합니다. 모든 경험과 성공 노하우를 담은 지식 매뉴얼을 정리해 두는 습관과 기업 문화가 필요합니다.

정리하면, 기업의 목적이 이윤 추구라고 정의한 교과서적 지식을 버리고, 기업의 목적이 살아남는 것이라는 것을 깨달아야 합니다. 어느 영화의 등장인물이 이렇게 말했지요.

"태수야, 살아보니께 강한 놈이 오래 가는 게 아니라 오래 가는 놈이 강한 거더라."

살아남기 위해서는 성장해야 합니다. 기업은 살아 있는 유기체와 같은 존재라 성장을 멈출 수 없습니다. 그렇다면 얼마나 성장해야 할까요? 모든 기업이 대기업이 될 수는 없습니다. 그래서 모든 직원이 생애 주기에 맞는 보상을 받고, 직급에 맞는 부하 직원들이 배치 되어 지식과 성공 노하우를 계속 전수해 갈 수 있을 만큼 규모를 키워야 합니다.

성장을 위해선 '사업 혁신'과 '운영 혁신'을 이루어야 하는데 피터 틸은 『제로 투 원』에서 사업 혁신은 제로 투 원이라고 했고, 운영 혁신은 원 투 엔이라고 했습니다. 기업이 성장하면서 생존하길 원한다면 지금부터라도 반복적인 사업 혁신과 더불어 매뉴얼과 시스템을 고민해야 합니다.

23 시스템을 생각하는 직원으로 키우세요

2011년 스티브 잡스는 지병으로 미래가 불투명해지자, 세계에서 가장 가치가 높은 기업의 후임 대표로 팀 쿡을 지명했습니다. 애플은 디자인과 아이디어의 혁신 아이콘이었고, 애플 대표는 당연히 그 흐름을 이어갈 인재로 세워질 것이라 예상했지만, 팀 쿡은 전혀 그런 인물이 아니었습니다. 팀 쿡은 공급망 관리 전문가였습니다.

시스템적 사고 인재

가맹점주 남편이었다가 체인 본부에 입사한 특별한 인연의 C 과장이 있었습니다. 그는 영어 학원 원장으로 자수성가한 사람이었습니다. 저는 그에게 사업가적인 기질이 있다는 것을 알고 함께 일하자고 제안했고 그는 운영하던 학원을 후배에게 즉시 넘겨주고 핸즈커피에 입사했습니다.

C 과장은 입사한 지 얼마 지나지 않아 저에게 질문했습니다. '왜 가맹점들이 매월 본부에 입금해야 하는 물품과 로열티 대금을 제때 입금하지 않지요?' 뭔가 혜안이 있는 듯 자신감을 보였습니다. '가맹 계약 내용 중 물품 대금을 2개월 이상 연체하면 이자를 부과할 수 있다는 조항이 있는

데, 그 조항을 이용해서 일부 가맹점들이 2개월 정도 계속 연체를 유지하고 있어요. 계약상 그러하니까 본부로서도 강제할 방법이 없지요.'라고 설명했습니다. C 과장이 '그렇다면 매월 10일까지 입금이 될 수 있도록 시스템을 만들면 되지 않나요?'라고 말했습니다.

C 과장은 매월 10일까지 입금할 수밖에 없는 '결제용 신용 카드 등록 방식'을 도입하거나, '입금하지 않은 매장은 물품 주문 사이트를 차단하는 방식'의 시스템을 만들자고 말했습니다. 매월 물품 대금을 다음 달 10일까지 입금하는 게 계약 기본 조항이니까 '시스템'으로 관리할 필요가 있다는 제안이었습니다.

신용 카드 결제 방식을 검토해 보니 카드 수수료가 연간 1억 이상 드는 방식이었습니다. 제때 외상 대금을 받기 위해 드는 금액으로 큰 비용이었고, 그 비용을 카드사에 줄 이유가 없었습니다. 결국 3개월 동안 사전 예고 기간을 가진 후, 매월 1일부터 말일까지 거래한 물품 대금을 다음 달 10일까지 입금하지 않으면, 자동으로 점주 물품 구매 사이트에서 주문을 차단하도록 하는 시스템을 구축했습니다. 물론 불가피하게 입금이 힘든 매장을 위해 연간 2회 유보 신청을 할 수 있는 보완 제도도 만들었죠. 그렇게 시스템을 구축했더니 매월 10일까지 전 매장에서 외상 대금이 꼬박꼬박 입금되었습니다. 현재 핸즈커피의 매출채권 회전율[1]은 연간 12회전 이상입니다. 이 말은 매월 외상 매출금이 전액 입금되고 추가로 신규 매장 오픈 대금 역시 전액 입금된다는 뜻입니다. C 과장은 '시스템적 사고'를 하는 인재였습니다. 그렇게 만든 시스템은 회사 유동성을 크게 개선했습니다. 이후 C 과장은 독립해서 4개의 브랜드 총 7개의 매장을 소유한 사장이 되었습니다.

2020년 8월 11일자 신문 기사는, 애플 대표 팀 쿡Tim Cook이 억만장자에 이름을 올렸고, 그의 재산은 한화로 1조 2천억 원을 넘었다면서, 대부분 억만장자 기업인은 창업주인데 전문 경영인의 자산이 10억 달러를 넘어선 일은 매우 이례적이라고 보도했습니다.

2011년 스티브 잡스는 지병으로 미래가 불투명해지자, 세계에서 가장 가치가 높은 기업의 후임 대표로 팀 쿡을 지명했습니다. 애플은 디자인과 아이디어의 혁신 아이콘이었고, 애플 대표는 당연히 그 흐름을 이어갈 인재로 세워질 것이라 예상했지만, 팀 쿡은 전혀 그런 인물이 아니었습니다. 팀 쿡은 '공급망 관리'[2] 전문가였습니다. 심플하고 매력적인 디자인, 놀라운 기술력과 창의적인 아이디어로 대변되는 애플을 이어갈 대표가 공급망 관리 전문가라니 애플과 어울리지 않는 결정인 것 같았습니다. 하지만 팀 쿡은 취임 당시 3,500억 달러(한화 약 458억) 수준이었던 애플의

---

1 기업의 활동성을 나타내는 지표 중 하나. 기업이 외상으로 판매하고 장부에 매출채권으로 인식한 금액을 얼마나 빨리 현금으로 회수하고 있는지를 나타내며, 연간 매출액 중 외상 판매 금액을 연간 평균 매출채권 금액으로 나눈 것을 말한다.

2 Supply Chain Management. 원자재의 조달부터 최종 소비자에 이르는 전체 공급망에서, 관련 기업 간의 물적 흐름과 정보의 흐름을 통합적인 관점에서 관리하여 물류비용을 절감하고 기업의 이익을 늘려 기업의 경쟁력을 높이려는 활동 체계이다.

기업 가치를 2020년 현재 2조 달러(한화 약 2622조)까지 끌어 올린 장본인입니다. 사실 팀 쿡은 애플의 공급망 관리 혁신을 이끌어 온 핵심 주역이었고, 애플의 공급망 관리는 혁신 중의 혁신으로 인정받고 있는 공급망 관리 모델입니다.

1995년 애플은 매출 성장세가 떨어지면서 완제품 재고만 11억 달러(한화 약 1조 4천억)에 육박하는 위기를 맞았습니다. 스티브 잡스는 먼저 6억 달러(한화 약 7천 8백억)의 재고 해결 목표를 세우고 애를 썼지만, 아무런 성과를 내지 못했습니다. 해결 과정에서 스티브 잡스는 공급망 관리가 정말 난해한 분야임을 깨닫게 되었죠. 그래서 컴팩에서 공급망 관리와 운영을 맡았던 팀 쿡을 수석 부사장으로 영입했습니다.

팀 쿡은 애플에 들어오자마자 공급망 관리를 과감하게 개선했습니다. 애플의 창고 재고를 70일 수준에서 30일 수준으로 떨어뜨리고, 애플이 생산하던 제품 절반을 아웃소싱으로 돌렸으며, 물류 센터 10개를 폐쇄했습니다. 납품업체 수 역시 기존 100개에서 24개로 줄이고 관리의 효율화를 구축했죠. 결국, 그 해 애플은 흑자로 돌아섭니다. 그 후 팀 쿡은 애플의 공급망 관리를 계속 빌드업해서 매출액 대비 재고 보유 비율을 1% 미만으로 낮췄습니다. 2012년 발표 자료에 의하면, 재고 회전율[3]을 74.1까지 끌어 올려 세계 최고 수준의 공급망 관리를 자랑하는 델의 35.6(약 10일)

---

3   매출액을 재고자산(기업이 정상적인 영업활동 과정에서 판매를 위해 보유하고 있는 자산)으로 나눈 수치로, 기업이 재고를 얼마나 잘 운용하고 있는지를 나타내는 지표이다.

과 삼성전자 17.1(약 21일)을 월등히 따돌렸습니다. 팀 쿡은 최고 수준의 시스템적 사고를 갖춘 인물입니다.

핸즈커피는 2019년 말 기준 20.9 수준의 제품 재고 회전율을 유지하고 있습니다. 공급망 관리 전문가 한 명 없는 지방의 중소기업으로서는 좋은 결과죠. 어떻게 이런 수치가 가능했을까요? 한마디로 말하자면, 시스템적 사고를 하는 경영진과 직원들이 핸즈커피에 많았기 때문입니다.

기업이 성장하는 과정에서 핸즈커피는 다른 회사가 가지지 못한 우리들만의 자랑스런 시스템을 많이 만들었는데, 그중에 '커피 품질 관리 시스템'은 다음과 같은 과정에 의해 만들어졌습니다.

커피 회사를 창업하면서, 가맹점 숫자가 늘고 커피 공급량이 어느 정도 많아지면, 아프리카와 중남미 그리고 아시아권 커피 생산국에 직접 가서, 최고의 품질을 자랑하는 숨은 커피 농장을 찾아, 그들과 함께 종자와 재배 환경을 조율하고, 현지 농부들과 농장에서 따가운 햇볕을 맞으며 함께 수확의 기쁨을 나누고, 정밀하게 가공 과정에 개입하여 세상에 없는 최상의 커피를 가져오겠다는 야심 찬 계획을 세웠습니다. 말로 하는 계획이 아니었고, 그러한 꿈을 이루려고 종자와 재배, 가공 방식 등을 깊이 공부해 책으로 쓸 정도의 전문성을 쌓았으며, 커피 감별사 자격증도 획득했습니다. 누가 들어도 멋진 계획이었죠.

하지만 좋은 커피 농장을 찾아다닌 지 얼마 되지 않아, 이러한 계획이 얼마나 허황된 꿈이었는지 알게 되었습니다. 그때까지 방문한 커피 생산

국은 인도네시아, 케냐 그리고 중국 등 3개국 정도였습니다. 우선, 커피 생산국의 환경은 생각한 것과 사뭇 달랐습니다. 농장 하나를 방문하려면 비포장도로를 기본 4시간 내지 11시간이나 달려야 했고, 농장 도착 후 커피 맛을 보는 것은 정확한 사전 의사소통이 필요했으며, 맛 테스트에 미치는 다양한 변수에 대한 깊은 지식도 필요했습니다. 2개 이상의 농장에서 생산한 커피의 품질을 비교하려면, 같은 시간, 같은 장소에서 동시에 테스트하는 것이 가장 좋은데, 농장을 찾아다니며 품질을 평가하는 방법으로는 두 농장의 커피 중 어느 커피가 더 좋은지 정확하게 비교 커핑[4]하는 것이 불가능했습니다. 그저 혀의 기억력에 의존해야 했던 것이죠.

한 나라에서 숨어 있는 최고의 커피 농장을 찾아내기 위해서는 최소 5년 이상 그 나라에 살면서 수확기마다 농장을 돌아다니며 철저한 검증 과정을 거쳐야 한다는 것을 알게 되었습니다.

커피 농장에서 돌아와서 '나는 왜 농장을 돌아다니고 있는가'를 자문해 보았습니다. 좋은 품질의 커피, 가격 경쟁력, 커피 농민 보호, 커피 전문 기업으로서의 이미지 같은 것이 직접 무역[5]이나 공정 무역[6]의 목적이

---

4 Cupping. 커피의 향과 맛의 특성을 평가할 때 쓰는 방법. 이러한 검사를 전문적으로 하는 커피 감별사를 커퍼cupper라고 한다.

5 Direct Trade. 무역상사 또는 제조업자가 제3자(대리업자) 손을 거치지 않고 직접 수·출입 거래하는 것을 말한다. 상사의 중개로 수·출입 하는 것은 '간접 무역'이라고 한다.

6 Fair Trade. 개발도상국 커피 생산자의 경제적 자립과 지속 가능한 발전을 위해 생산자에게 유리한 무역 조건을 제공하는 무역 형태를 말한다.

었습니다. 하지만, 직접 커피 농장에 간다고 그런 목적이 저절로 달성되는 것은 아니었습니다.

품질 좋은 커피를 만나더라도 주문량이 부족해서 좋은 가격에 살 수 없었고, 가격 경쟁력을 갖추려고 대량 주문을 하자니 그들이 요구하는 최소 구매량을 전부 쓰는데 2년 이상이 걸린다는 계산이 나왔습니다. 커피는 수확한지 1년이 지나면 패스트 크롭[7]이 되어 품질이 떨어지기 때문에 1년 이상 사용할 량을 구매할 수 없었습니다. 커피 농민들의 권익을 보장하고, 커피 매입 가격을 현실화하여 그들의 삶의 질을 높여 주고 싶었던 욕심도 여행 경비와 투자한 시간을 생각하면 양보하기 어려웠습니다. 우리가 중간 상인들보다 더 좋은 가격을 보장해 주는 매입자가 되기 힘들다는 것도 알게 되었죠.

결국 커피 농장에 직접 가서 커피를 구매하는 행위가 주는 유익은, 커피 전문 기업이라는 이미지뿐이었습니다. 소비자에게 보이려는 이미지 하나를 위해 일 년 중 상당한 시간을 투자해서 전 세계 농장을 돌고 적잖은 경비를 쓴다고 생각하니 전체 그림이 무언가 잘못되었다는 생각이 들었습니다.

그렇게 저희는 좋은 커피 생두를 구하려고 먼 나라를 수시로 오가는 것을 중단하고, 국내 생두 수입 회사 중에 수입량이 가장 많은 몇몇 회사와

---

7 Past Crop. 전년도에 수확하거나 수확한 지 1년 이상 2년 미만인 커피 생두. 생두 보관 상태에 따라 다르지만 패스트 크롭은 산미가 거의 없고 향미는 밋밋하다.

협력 관계를 맺어, 우리가 원하는 커피를 그들에게 자세히 설명해 주기로 했습니다. 우리가 원하는 커피에 대해 들은 그들이 일차적으로 선별해서 보내준 샘플 중에서 제일 좋은 커피를 고르는 것이, 우리가 직접 먼 나라를 오가면서 구매하는 것보다 훨씬 더 효과적으로 가성비 좋은 생두를 구매하는 방법이라고 판단한 것입니다.

그래서 얻은 시간과 자금을, 로스팅 노하우 축적과 원두 품질 관리, 추출 레시피와 교육 시스템 관리, 커피 관련 유인물 관리와 SNS 홍보 등, 커피와 관련된 다양하고 복잡한 활동을 통합적으로 관리하는데 골고루 투자하는 것이, 더 좋은 결과를 내게 될 것이라는 생각을 했습니다.

커피 원재료 공급망 관리 시스템을 구축하는 것이, 커피를 생산 국가에 가서 직접 가져온다는 자부심보다 품질 관리 측면에서 훨씬 효과적이라고 깨닫게 되었습니다.

이후 저는 빈매니징[8]이라는 시스템을 구축하고 빈매니저, 로스터, 교육팀, 메뉴개발자, 매장 관리 담당자인 서비스 파트너 등 커피 관련 업무를 수행하는 모든 직원들에게 커피 감별사 자격을 취득하게 했습니다. 2020년 8월 기준으로 핸즈커피 체인 본부에서 근무하는 직원 40명 중 12명이 커피 감별사 자격을 가진 큐그레이더가 되었습니다. 그리고 빈매니저는

---

8 Bean Managing. 커피 생두의 선별, 수급, 보관, 배합과 로스팅, 원두의 품질 관리, 추출 교육, 홍보 등의 관리와 이에 따른 지식의 축적, 시스템 관련 전문 인력의 양성 등을 총괄하는 핸즈커피의 커피 품질 관리 시스템이다.

그들이 각자의 자리에서 최상의 커피를 만들어 갈 수 있도록 책임을 맡기고 그 전체를 관리하는 역할을 하고 있습니다.

커피 품질 관리를 총괄하는 빈매니저는 커피 품질을 결정하는 특정 부분에 치우치면 안 됩니다. 부분에 몰입되면 전체를 볼 수 없습니다. 커피가 맛있어도 물량이 충분하지 않거나 가성비가 떨어지면 커피 생두 구매를 결정할 수 없습니다. 한번 라인업을 완성했다고 안심해서도 안 됩니다. 철저한 품질 관리를 통해 품질이 유지되고 있는지 끊임없이 점검해야 하죠. 그렇게 시스템 안에서 전체를 빠짐없이 관리해야 브랜드 고유의 색깔을 가진 커피가 완성됩니다.

다수의 커피 생두 거래처에서 보내온 샘플은 큐그레이드 모임에서 엄격한 기준으로 선별하고, 선정한 최상의 커피는 생두 거래처와 연간 계약을 체결해 필요한 물량을 확보합니다. 확보한 물량은 거래처가 보유한 항온·항습 시설이 완벽한 창고에 보관했다가 매월 주문량만큼 핸즈커피 로스팅 공장에 입고합니다. 그리고 입고한 물량에 대한 대금은 다음 달 15일에 결제합니다. 생두 거래처는 핸즈커피가 직접 국가별 농장 선정, 샘플 배송, 농장과 생두 품질에 관한 정보 수집, 수입을 위한 선투자, 배송 리스크, 창고 시설 유지 등의 부담을 책임지는 것입니다.

빈매니징 시스템을 가동한 후, 핸즈커피의 제품 재고 자산 회전율은 급격하게 좋아지기 시작해서, 연간 21회전이라는 놀라운 기록을 세웠습니다. 자금 유동성이 좋아졌뿐만 아니라, 핸즈커피는 고객들에게 수확한 지 1년 이내의 뉴 크롭New Crop 커피만 제공하는 커피 회사가 되었습니다.

시스템이란 '특정한 목적을 달성하기 위해 여러 구성 요소가 서로 유기적으로 연결되어 작용하는 것'입니다. 시스템적 접근이란 '전체의 입장에서 부분을 이해하고, 상호 관련성을 전제로 문제의 본질을 파악하여 주어진 문제를 해결하는 접근 방법'입니다. 즉, 부분 최적화를 통해 기업 전체의 성과를 이루기보다 전체를 먼저 생각하고, 부분은 어디까지나 전체의 부분이며, 전체는 부분의 합 이상의 의미가 있다고 생각하는 접근 방법입니다.

예를 들면, 소금(NaCl)은 나트륨과 염소의 화합물이지만, 분석하면 거기서 소금의 특성을 확인할 수 없는 것과 같습니다. 이처럼 시스템적 사고에 입각한 접근을 연구하는 학문들이 최근 많이 생겨나고 있는데 시스템 분석, 시스템 공학, 시스템 경영 등이 그런 것입니다.

"개별적 요소의 행동이 전체의 행동을 규정하는 것이 아니라 전체의 본질적 성격이 전체의 부분을 스스로 규정한다."

— 막스 베르트하이머 Max Wertheimer

기업이 성장하고 절대가치를 보유한 기업이 되려면, 시스템적 사고로 문제를 돌파하고, 돌파에 그치지 않고 더 업그레이드된 서비스를 제공할 수 있도록 다시 시스템화 하는 사람이 있어야 합니다. 가맹 사업자는 부분만 잘하면 안 됩니다. 전체를 보고 전체의 구성을 먼저 이해한 후 부분을 살펴야 합니다. 그리고 회사는 시스템적 사고로 문제를 해결하고 시스템을 업그레이드하는 직원에게 격려와 보상을 주어야 합니다. 그래야 더 시스템적인 기업이 될 수 있습니다. 컵의 크기는 구멍의 위치에 의해 결정됩니다.

24   매뉴얼화의 필요성은 금세 찾아옵니다

기업은 성장 과정에서 꼭 "복잡성"이라는 문제에 부딪힙니다. 기업이 복잡성에 부딪히면 일이 어떻게 꼬이는지 알 수 없고, 비효율, 낭비, 정체, 손실, 신뢰의 추락으로 이어지는데, 이런 현상을 '엉킴과 지침'이라고 합니다. 엉킴과 지침은 조직을 약하게 만들고 쇠퇴시킵니다. 직원들을 신뢰하고 위임하는 것으로 안 되는 날이 오는 것입니다.

———✄

어디서 많이 들어 본 이야기 "우리 회사는 체계가 없다."

핸즈커피에서 일하던 J 대리는 결혼을 2개월 앞두고 예비 신랑이 갑자기 지방으로 근무지를 옮기게 되어 뜻하지 않은 사직을 하게 되었습니다. 회사도 개인도 너무나 아쉬운 상황이었지만 어쩔 수 없는 상황이었죠.

그 후 J 대리는 업무 인수인계 과정에서, 퇴사자가 자신의 업무를 후임에게 어떻게 인계해야 하는지에 대한 매뉴얼이 회사에 없다는 것을 알게 되었고, 업무 인수인계 과정을 정리해서 마지막 근무일에 '퇴사자 업무 인수인계 절차'란 매뉴얼을 만들어 사직서와 함께 제 책상에 올려 두었습니다.

중소기업에 근무하는 수많은 직장인이 '우리 회사는 체계가 없다'라고 말합니다. 꿈과 희망을 안고 입사한 회사에 복무규정이 없고 직무 설명서도 없습니다. 선배에게 물으면 그냥 시키는 대로 하면 된다는 답만 돌아옵니다. 급여나 직원으로서 알아야 할 복지 규정에 대해 누군가에게 물으려면 신입 사원이 일 배울 생각은 안 하고 혜택에만 관심이 있다고 무시하는 경우도 많고, 무시당할 것 같은 분위기 때문에, 당당히 물어보지도 못하는 경우가 대부분입니다.

그런 직장을 다니는 직원은 대개 출근해서 오늘 무슨 일을 해야 하는지 모르고, 어떻게 일해야 선임자뿐 아니라 회사가 자신의 수고를 성과로 인정해 줄지에 대해 알 방법이 없습니다. 그 결과는? 상상 이상으로 가혹합니다. 결국 기업은 체계 없음으로 인해 직원들에게 신뢰를 잃고 점점 기울어집니다.

창업 초기에는 이런 상황이 문제가 되지 않습니다. 회사는 바쁘고 빠른 속도로 성장하기 때문에 직원들은 언젠가 체계가 잡힐 것이라 기대하면서 모든 것을 수용하게 되죠. 그러나 회사의 매출이 어느 정도 안정되고 직원 숫자가 늘어나면 분위기는 달라집니다. 소위 말하는 체계가 필요해지는 것입니다.

———❦

매뉴얼화의 임계점은 꼭 온다

기업 대부분이 사업 초기에는 창업 멤버와 경영자의 역량과 헌신으로 성장합니다. 그들은 열정적이며 변화에 빠르게 적응하는 사람들이죠. 멀티 플레이어로 일하고, 책임감이 강하며, 일하면서 얻은 경험은 즉시 강점이 되어 성과로 이어집니다. 이 시기에는 매뉴얼이 오히려 걸림돌이 되고 거추장스럽습니다. 하지만 어느 순간 '우리가 잘 가고 있는가'라는 질문을 하는 날이 오는데, 이런 질문을 아직 해 본 적이 없다면 당신의 사업은 아직 초기 단계라 말해야 할 것입니다.

기업은 성장 과정에서 꼭 '복잡성'[9]이라는 문제에 부딪힙니다. 기업이 복잡성에 부딪히면 일이 어떻게 꼬이는지 알 수 없고, 비효율, 낭비, 정체, 손실, 신뢰의 추락으로 이어지는데, 이런 현상을 '엉킴과 지침'이라고 합니다. 엉킴과 지침은 조직을 약하게 만들고 쇠퇴시킵니다. 직원들을 신뢰하고 위임하는 것으로 안 되는 날이 오는 것입니다. 그때가 바로 매뉴얼화의 임계점입니다(표19).

---

[9] 『강소기업, 성장통을 넘다』(매디치 미디어 | 2013)을 쓴 이용훈은 이 책에서 기업이 성장 과정에서 맞닥뜨리는 '복잡성'의 문제를 자세히 설명한다. 이용훈은 휴맥스 홀딩스의 창립멤버로 1997년 코스닥 상장 이후 회사가 본격적으로 해외 시장의 문을 두드리던 당시 유럽 지역에 파견되어 7~8년간 해외 영업을 담당했다. 이후 휴맥스의 조직 문화 만들기를 위한 '혁신실'을 이끌기도 했다.

표19. 메뉴얼화의 임계점

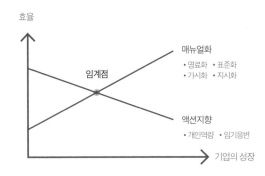

그전에는 매뉴얼화가 짐이고 불필요한 일이지만 임계점이 오면 상황은 달라집니다. 매뉴얼이 일을 자연스럽게 흘러가게 만들고, 매뉴얼이 직원들에게 자부심을 심어줍니다. 매뉴얼이 없는 회사 대표는 엉킴과 지침의 문제를 해결하느라 회사의 성장과 미래를 위한 새로운 혁신에 자신의 시간을 투자할 수 없고, 이런 상황이 지속되는 회사는 성장 동력을 잃게 됩니다. 이때부터 기업은 매뉴얼화에 목숨을 걸어야 합니다. 만약에 사업 초기부터 전사적으로 매뉴얼화를 중요한 경쟁력으로 삼고, 매뉴얼화가 가능한 시스템적 사고를 훈련해 왔다면, 기업이 임계점에 도달해도 엉킴과 지침이라는 정체 현상 없이 지속적으로 성장할 수 있을 것입니다.

2006년 대구에서 저와 아내는 평소 알고 지내던 바리스타 3명과 아르바이트 3명을 데리고 핸즈커피를 창업했습니다. '무엇을 파는 회사인가요?'에서 이야기했듯이 핸즈커피는, 기독교 선교사들이 선교지에서 비자 문제를 해결하고, 현지에서 직원을 고용해서 비즈니스를 할 수 있도록 돕자는 미션을 품고 커피 회사를 설립했습니다.

그래서 핸즈커피는 처음부터 모든 내용을 기록했고 기록하다 보니 프랜차이즈 사업이 된 것이죠. 원거리에서 비즈니스를 할 선교사들을 도우려면 지식과 경험을 기록해야 했고, 교육 시스템을 만들어 전수할 수 있는 정보로 만들어야 했습니다. 그랬더니 그것이 프랜차이즈 시스템이 된 것입니다. 2014년부터 매뉴얼의 탁월함으로 중소벤처기업부 프랜차이즈 수준 평가에서 6년 연속 우수 프랜차이즈 인정을 받았고, 2016년부터 2019년까지 4년 연속 1등급 우수 프랜차이즈로 커피 업계 최초 중소벤처기업부가 인정하는 프랜차이즈 명예의 전당에 2018년, 2019년 연속으로 헌정되었습니다.

매뉴얼화란 무엇인가?

매뉴얼의 사전적 의미는 '직무를 수행하는 데 필요한 작업상의 지식이나 작업 진행 방법 등에 관한 기본적인 사항을 체계적으로 정리한 지도서'입니다.

핸즈커피는 오랫동안 매뉴얼화를 진행하면서 의미를 더 구체적으로 정의했는데, '직무를 명료화하고 표준화해서 보이지 않는 일을 보이게 하는 것이고, 업무 중에 얻은 성과의 비결을 전수 가능한 정보로 만드는 것이다.'라고 정의하고 있습니다. 결국 매뉴얼화란 '기업의 가치와 재규정을 명료화, 표준화, 가시화, 지식화하는 것'이라고 하면 될 것입니다.

명료화

경영자는 '명료화'라는 이름의 광장을 만드는 사람입니다. 그곳에서 직원들은 창의적으로 일하고, 마음껏 배우며, 자신의 역량을 동료들과 나누게 됩니다. 경영자가 생각 능력과 의사결정 능력을 갖췄다는 것은-항상 최선의 선택을 해낸다는 의미 이전에-문제에 대해 정확하고 빠르게 명료한 해석과 해법을 내놓을 수 있다는 것을 의미합니다. 리더가 수립하는 모든 목표, 지적이고 직관적인 이해와 판단들, 매 순간 반복되는 선택의 과정은 명료화라는 궁극의 방향성을 가지고 있습니다. 명료화가 안 된 리더는 직원을 혼란에 빠뜨리고, 기업은 방향성을 잃고 표류합니다. 리더가 세운 목표와 결정이 명료하지 않으면 어떤 결과에 도달하더라도 실패한 경우와 별반 차이가 없다고 말하는 것이 맞을 것입니다. 성공의 이유를 모르거나 성공의 원인을 오해할 수 있기 때문이죠. 리더는 언제나 명료화하기 위해 조사하고 고뇌하고 해법을 내놓아야 합니다.

명료화된 경영자의 생각은 직원에게 조직의 방향을 보여 주고, 팀워크로 일하도록 하며, 직원들이 어떤 성과를 이루었을 때 그 성과를 평가하는 기준이 되어, 조직 구성원들이 우리 회사는 공정하다고 생각하게 만듭니다. 대부분의 사람들은 명료화가 잘 안 되기 때문에 명료화를 잘하는 사람이 정한 규칙을 따를 수밖에 없습니다. 그래서 명료화는 실력이자 권위가 됩니다. 명료화 역량은 기업과 개인의 경쟁력입니다.

표준화

맥도널드의 창업자 레이 크록Ray Kroc은 '전 세계 어디서나 동일한 Q.C.S를 제공하는 맥도널드'라는 비전을 제시했습니다. 프랜차이즈에서 '동일성'이란 너무나 중요한 가치죠. 그 가치가 오늘의 맥도널드를 만들었다고 할 수 있습니다.

표준화는 비즈니스 역량을 상당한 수준으로 끌어올리는 디딤돌 같은 것입니다. 표준화된 업무는 신입과 경력의 격차를 줄이고, 품질과 서비스의 수준을 높여 줄 뿐 아니라, 언제 어디서나 동일한 가치를 제공할 수 있도록 기준을 세워 줌으로써, 고객들에게 안정감과 신뢰라는 가치를 심어줍니다.

하지만 표준화는 관리하기 어려운 몇 가지 난점이 있습니다. 먼저 표준화는 '논리'가 중요합니다. 논리가 없는 표준화는 혼란을 가중하고 조직의 결집력을 떨어뜨리게 되죠. 영원한 진리가 없듯이 한번 정리한 표준화는 시간이 지나면 다시 불완전해집니다. 그래서 표준화는 상황에 맞춰 계속 개선해야 합니다. 만약 개선 과정에서 기존 매뉴얼과 새로운 매뉴얼이 섞이는 경우가 발생하면 표준화 자체가 다시 문제를 일으키는데, 이런 현상을 방지하기 위해 정밀한 관리 시스템이 필요합니다.

가시화

매뉴얼화 된 정보는 어떻게 관리해야 할까요? 매뉴얼화 된 정보는 정보가 필요한 사람이 언제 어디서나 열람하거나 사용할 수 있도록 만들어야 합니다. 그래서 매뉴얼화의 마지막 단계는 바로 가시화입니다.

기업이 목표를 설정하고 달려갈 때 목표를 가시화하는 것만으로도 성공의 가능성은 커집니다. 대부분의 직원은 자신이 무슨 일을 해야 하는지 잘 모르죠. 그래서 우왕좌왕하는 것을 보게 되는데 그런 상황은 회사 차원에서 큰 손실이지만 직원 개인에게도 괴로운 일입니다. 매일, 매주 자신이 할 일이 무엇인지 명쾌하게 알고, 아침마다 오늘 할 일에 대한 기대로 업무를 시작하는 사람은 행복한 사람입니다.

경영자는 회사의 비전과 전략을 가시화해서 반복적으로 직원들에게 보여줘야 합니다. 이것은 회사가 바른길로 가고 있는지 이정표를 보여 주는 것과 같습니다. 뿐만 아니라 가시화된 비전과 미션은 직원들이 스스로 사고할 수 있도록 돕습니다. 경영자는 사사건건 기업의 철학을 직원들에게 일깨워야 하는 수고를 할 필요가 없어집니다. 그래서 회사가 어디로 가고, 직원이 무슨 일을 하는지 명료하게 가시화해 주는 것이 중요합니다.

지식화

한번 만들어진 성과는 직원들끼리 공유하고 통용해야 합니다. 매뉴얼화

되지 않는 성공 경험과 실패 경험은 다시 반복된 실수와 손실을 가져다 주기 때문이죠. 그래서 모든 성과와 성공의 경험은 '전수 가능한 정보'로 만들어야 하는데, 그런 정보를 '지식'이라고 합니다.

지식화하지 않으면 이런 일이 발생합니다.

첫째, 이번에는 성공했는데 다음에는 실패할 수 있습니다. 지식화라는 과정이 없으면 "지난번에 성공했던 일이 이번에는 왜 실패했지?"라는 이해할 수 없는 의문을 반복하게 됩니다.

둘째, 다음 단계로의 성장이 어려워집니다. 지식화된 매뉴얼이 없는 기업은, 이번에 올라선 지식의 수준이 담당자가 바뀌면 다시 원위치하게 됩니다. 결국 회사는 그 수준을 넘어서지 못하고 에너지만 잃게 되는 것이죠.

셋째, 성과자를 명확하게 알기 힘들어집니다. 누군가 낸 아이디어로 다른 사람이 성과를 내고, 자신의 성과를 다른 사람이 가로채는 일이 일어납니다. 그런 일을 방지하기 위해 기업은 지식화 과정에서 아이디어를 낸 사람과 성과에 이르도록 실행한 사람이 누구인지 명료화하고 그들의 이름을 매뉴얼에 기록해야 합니다. 많은 직장인은 회사가 자신의 기여를 몰라줄 때 가장 큰 좌절감을 느낀다고 합니다. 지식화는 억울한 사람이 발생하지 않도록 만드는 중요한 시스템입니다.

핸즈커피는 직원 성과를 평가할 때 '이 아이디어를 누가 가장 먼저 입에서 꺼냈는가?'를 꼭 묻습니다. 아이디어를 낸 사람이 중요한 성과자이기 때문입니다. 여러 명이 아이디어 회의를 진행하던 중에 나온 아이디어는 없습니다. 그래도 아이디어를 최초로 제안 한 사람이 꼭 있습니다. 우리는 아이디어를 낸 사람을 존중하는 문화와 시스템을 만들어 직원들이 자신 있게 자신의 아이디어를 쏟아 낼 수 있도록 격려할 수 있습니다.

——✄

축적을 통해서만 얻을 수 있는 지식이 있다

많은 사람이 제게 이런 질문을 합니다.

"왜 스타벅스를 사람들이 그렇게 좋아하나요? 무슨 이유가 있나요?"

저는 이렇게 대답합니다.

"저도 이유를 몇 가지로 요약해서 설명하긴 힘들겠어요. 그런 걸 복잡계라고 하거든요. 꼭 일기예보같이 복잡해요. 하지만 스타벅스처럼 되는 방법은 아는데, 스타벅스가 고객들에게 사랑받는 것은 반복되는 경험을 지식으로 축적한 세월 때문인 것 같아요."

소비자들은 구매를 결정할 때 '가성비' '가심비' '절대 가치'[10] 등을 고려합니다. 비슷한 말 같지만 가성비는 비용 측면에서의 상대적 가치를 의

10　소비자가 제품을 사용할 때 실제로 경험하는 품질 또는 가치를 말한다.

미하고, 가심비는 심리적 만족감을 의미합니다. 절대 가치는 소비자가 제품을 사용하면서 경험하는 차별성, 가치 등과 관련 있습니다. 결국 소비자는 구매 의사 결정 과정에서 자신도 모르게 가치를 개입시키고 있는데, 그 가치는 단순한 아이디어나 특허, 상표가 아닙니다.

사람들은 책이나 영상을 통해 성공 신화를 보면서 단순한 아이디어가 성공의 열쇠가 된 것으로 오해하는 경우가 많은데, 사실 아이디어나 기술은 세상에 너무나 많습니다. 아이디어와 기술을 상품화하고 사업화해서 절대 가치로 전환하려면 또 다른 전문성과 투자 여력, 경영 철학이 필요합니다. 결국 아이디어나 특허보다 중요한 것은 상품화하고 절대 가치로 키워가는 축적의 역량[11]입니다.

많은 한국 기업이 이 부분에서 훈련되어 있지 못합니다. 특히 커피 업계의 내부를 들여다보면, 대부분 시스템이 없고 기업 활동을 통해 얻은 지식을 축적하는 기술이 부족합니다.

대개 사장님 혼자 아르바이트 몇 명 데리고 창업했다가, 소문이 나고 매출이 오르면서 회사가 커지고 직원 숫자도 늘어났기 때문에, 초기 멤버들은 관계가 끈끈하고 눈빛만 봐도 서로 무슨 생각을 하는지 아는 사이입니다. 창업자적 관계를 강조하고 헌신은 요구하지만, 지속 가능한 체질을 가진 기업의 특징인 기록하고, 토론하고, 개선해서, 전수하는 축적의 문화는 그 속에서 찾아보기 어렵습니다.

---

11 『축적의 시간』 | 이정동 | 지식노마드 | 2015

누구나 지속 가능하면서 직원들에게 멋진 업무 환경을 제공하는 기업을 만들고 싶지만 그런 기업은 쉽게 만들어지지 않습니다. 지속 가능하게 하려면 축적의 기술을 이해해야 하는데, 이를 위해서 최우선 매출 성장 그래프와 고용 직원 숫자로 평가하는 '정량적 성과주의'와 창업하고 1, 2년 내로 무언가 대단한 외양을 만들고 싶어 하는 '단기 성과주의'에서 벗어나야 합니다. 그런 비즈니스 관례는 나중에 비즈니스를 함몰 웅덩이로 몰아갈 가능성을 품은 폭약과 같은 것입니다.

──────✖

내 꿈은 전통과 축적의 문화를 가진 조직을 남기는 것이다

만약 누군가가 '당신은 무엇을 남기는 경영자가 되고 싶은가?'라고 질문한다면 저는 '다음 경영자에게 전통과 축적의 조직 문화를 남기는 경영자가 되고 싶다'라고 대답할 것입니다.

전통은 의지와 돈으로 만들거나 살 수 있는 가치가 아닙니다. 전통은 절대적인 시간이 필요하지요. 우리가 오래 살아남아서 전통이라는 가치를 다음 세대에게 남겨 줄 수 있다면, 그것은 우리 세대가 가지지 못했던 엄청난 경쟁력이 될 것입니다. 값으로 매길 수 있는 가치가 아니죠. 전통과 더불어, 축적의 문화를 가진 조직 또한 하루 아침에 만들어지지 않습니다. 수많은 시련과 좌절, 변화와 적응의 시간을 보내며 흔들리지 않는 신념을 지켜낸 기업만이 가질 수 있는 조직 문화입니다.

이러한 기업은 성공과 실패를 통해 지식을 축적하고, 모든 직원이 그 지식을 활용하며, 더 탁월한 수준에 이르도록 다시 축적의 과정을 반복하는 시스템을 가진 기업입니다. 기업의 진짜 열매는 수익이라는 금전적 결과보다 수익이 가능할 수 있었던 이유를 전수 가능한 정보로 만든 축적이란 가치입니다.

저는 튼튼한 기초를 놓고 오랫동안 지식과 경험을 집요하게 축적하여 어떤 시련과 환난에도 넘어지지 않을 바위산과 같은 건강한 기업을 꿈꿉니다. 그런 기업을 '강소기업 Hidden Champion'이라고 부른다면, 제 꿈은 강소기업을 다음 세대에게 남기는 경영자가 되는 것입니다.

25   범위 설정이 우선입니다

스트럭처를 완성하면 무슨 일부터 해야 할지 우선순위를 정할 수 있고, 놓치고 있는 중요한 요소는 무엇인지, 각 부분은 어떤 연관성이 있는지 볼 수 있습니다.

미시의 완성

앞의 글 '시스템을 생각하는 직원으로 키우세요'에서 '컵의 크기는 구멍의 위치에 의해 결정된다'라고 했습니다. 이번 이야기를 꺼내기 위해 미리 던졌던 말인데요, 어떤 주제든 전체를 아는 것이 중요하다는 의미입니다. 아무리 애를 쓰고 완성도를 높이려 해도 극복이 안 되는 이유는 놓치고 있는 그 무엇 때문입니다. 그것이 무엇인지 알 수 없다면 끝까지 저평가 될 수 밖에 없습니다.

세계 최고 수준의 기업 컨설팅 전문 회사인 맥킨지는 새로운 프로젝트를 진행할 때마다 자신들이 개발한 '미시MECE'란 프레임으로 전체가 무엇인지부터 연구한다고 합니다. 미시란, Mutually Exclusive Collectively Exhaustive의 약자입니다. 번역하자면 '상호 배제와 전체 포괄'이라는 뜻입니다. 항목들이 상호 배타적이면서 모였을 때는 완전히 전체를 이루는 것을 말하지요. 쉽게 말하면 '겹치지 않으면서 빠짐없이 나눈 것'이라 할 수 있습니다. 저는 미시 기법으로 핸즈커피의 매뉴얼과 시스템을 만들었는데, 이 개념을 이해하면 여러모로 도움이 될 것입니다.

어떤 문제나 주제를 다룰 때 제일 먼저 미시를 완성해야 합니다. 예를 들어 '핸즈커피의 교육 프로그램의 미시는 무엇인가?' '완벽한 오픈이란 어떤 요소를 담아야 하나?' '건강한 가맹점이란 어떤 요소를 갖춘 매장을 의미하는가?' 같은 질문에 답하는 것입니다. 그렇다면 이 질문은 어떤가요?

매뉴얼의 전체는 어디서부터 어디까지인가?

이러한 질문이 회사를 만들고 키우는 힘이 됩니다. 경영자와 직원들은 해결하지 못하고 있는 질문을 많이 해야 합니다. 그 질문이 의미하는 미시가 무엇인지 조사하고 토론해서 정의하는 거죠. 매뉴얼을 만들기 위해서는 우선 전체 그림을 그려야 합니다. 어디서 시작해서 어디까지 만들지 알아야 하는 거죠. 그래야 종착점이 어디인지 알고, 진도율도 알 수 있습니다.

저는 핸즈커피에 필요한 '매뉴얼의 미시'가 무엇인지 오랜 시간 고민하고, 수정을 반복하면서 전체 그림을 그려 왔는데요, 5년 정도 시간을 보

표20. 매뉴얼의 범위

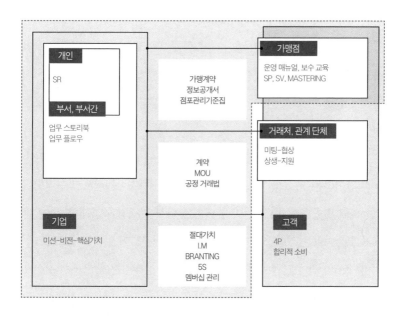

내니까 매뉴얼화의 전체가 어떻게 구성되는지 어느 정도 이해할 수 있었습니다. 표20은 단순하지만, 상당한 노하우가 담긴 것입니다.

이런 구조를 완성하면 무슨 일부터 해야 할지 우선순위를 정할 수 있고, 놓치고 있는 중요한 요소는 무엇인지, 각 부분은 어떤 연관성이 있는지 볼 수 있습니다.

미시를 정의하려면 제일 중요하고 중심이 되는 개념이 무엇인지 알아야 합니다. 한 기업의 매뉴얼은 자연스럽게 기업의 '미션mission'에서 시작해야겠지요.

311

미션은 기업이 '왜 이러한 비즈니스를 하는가?'를 정의하는 것입니다. 미션이 명확해지면 미션은 기업의 비전과 방향성, 일하는 방식을 정의한 핵심 가치 모두에 영향을 미칩니다. 그렇게 미션부터 핵심 가치까지 정의하고 나면 경영 철학을 일관성 있게 부서별, 개인별 업무에 적용하는 매뉴얼을 만들 수 있습니다. 따라서 제일 먼저 경영 철학을 정립하는 게 우선입니다.

프랜차이즈 본부로서 핸즈커피의 비즈니스는 표와 같이 개인과 부서, 부서 간이라는 요소가, 기업이라는 큰 박스 안에서 유기적으로 연결되어 작동하고 있습니다. 이 기업이란 단위는 다시 가맹점과 거래처, 관계 단체와 고객이라는 접점들과 다양한 약속으로 연결되어 있습니다.

이 구조와 관계 안에서 매뉴얼화 할 범위가 정해지는데, 표에서 점선으로 표시한 것처럼 저는 범위를 기업 부분 전체와 기업 외부의 가맹점까지로 제한하는 것이 맞다 생각했습니다. 점선 바깥의 거래처와 고객은, 매뉴얼화해야 할 대상이 아니라고 본 것이죠. 단, 거래처와 고객과의 관계에 대한 정의는 매뉴얼화 범위 안에 있어야 한다고 생각했습니다.

이 범위 안에서 '정체성과 과업의 명료화' '관계와 절차의 명료화' '가치와 경쟁력의 명료화' 등 다양한 명료화의 과정을 통해 매뉴얼화를 이루어 가는 것입니다.

———✄

기업의 경영 철학

제일 먼저 '기업의 경영 철학'에 대해 이야기하겠습니다. 모든 창업자는 기업을 설립하면서 경영 철학을 갖고 시작합니다. 경영 철학을 명료화해서 직원에게 공유하는 것은, 기업 경쟁력을 위해 가장 기초적이면서 강력한 힘이 됩니다. 기업에 소속된 개인과 부서는 기업이 가진 가치를 업무 중에 실현해 갈 수 있어야 합니다. 이런 가치는 미션과 비전, 그리고 핵심 가치로 설명할 수 있는데, 이 가치는 표준화, 명료화, 가시화, 지식화해서 직원들에게 반복적으로 설명해야 합니다. 핸즈커피의 경영 철학을 예로 설명하겠습니다.

기업의 시작은 '왜 우리는 이 일을 하는가?'라는 질문에서 시작된다고 했습니다. 그러한 질문의 답을 미션이라고 합니다. 미션은 기업 가치의 출발점이자 중심입니다. 기업의 정체성과 궁극적인 존재 이유를 보여 주는 것이죠.

미션에 대해서는 '우리는 무엇을 파는 회사인가?'에서 구체적으로 나눴습니다. 미션의 명료화는, 사업 초기에 한 번만 정리하는 것이 아니라 사업을 바라보는 시각과 시대적 흐름의 변화에 따라 다르게 표현해야 할 때가 많고 그때마다 새로운 해석이 필요합니다.

다시 한번 요약하면 핸즈커피는, '기독교 선교사들에게 창의적 접근이 필요한 지역에서 핸즈커피가 만든 비즈니스 모델을 가져가서 성공적으로 창업할 수 있도록 돕자'라는 목적으로 시작했기 때문에 'Making Tent Maker'가 미션이었습니다. '텐트 메이커'는 신약 성경에 나오는 바울이란 사도가 천막을 만드는 일을 하면서 자비自費로 전도 여행을 했다고 붙여진 이름입니다.

그러나 이 미션은 얼마 후 변경될 수밖에 없었는데, 핸즈커피가 중국에 진출하면서 '중국 정부와 선교사를 싫어하는 공안들에게 오해를 불러일으킬 수 있다'는 생각이 들었기 때문입니다. 그래서 미션을 'Making Tent Maker' 대신 'Making Business'로 바꿨습니다. 그렇게 바꾸고 보니업의 본질이 더 선명하게 보이기 시작했습니다. 프랜차이즈업의 특성과 기독교적 미션이 모두 통합되는 '미션 스테이트먼트mission statement'가 완성된 것이죠.

비전vision

미션이 정의되면 이 미션으로 일해서 "기대하는 우리의 미래 모습은 어떤 것인가?" 라는 질문을 하게 되는데, '무엇이 될 것인가?'를 정의한 것이 비전입니다. 기업의 미래상이죠. 이것은 기업의 방향성이라는 의미에서 '어디로 가고 있는가?'와 상당히 일치하는 가치입니다. 기업은 방향성을 잃어버릴 때 표류하고 결국 침몰합니다. 방향성이 없는 회사는 속력으로 일하고 방향성을 아는 회사는 속도로 일합니다. 요즘 애자일Agile 조직이나 피보팅Pivoting 같은 단어로 속력을 강조하는 경영 이론이 많은데 정말 위험합니다. 방향이 정확할 때는 그런 기법이 유용하지만, 방향을 정하지 않은 상태에서 속력으로 일하는 것은 회사를 위험에 빠트릴 가능성이 크다고 봐야 합니다.

WAWG(WHERE ARE WE GOING)?

요즘은 비전이 너무 멀게 느껴지는 것을 개선하기 위해 '우리는 어디로 가나?'라는 질문을 던지는데, WAWG은 방향성 차원에서 의미 있는 질문입니다. 저는 방향성을 비전보다 더 중요하다고 생각합니다. '우리는 어디로 가는가?'에 대해 오랜 시간 토의하고 학습하면서 재정의를 반복해 왔는데, 2018년에 핸즈커피는 '지속적으로 절대 가치를 반복 생산하는 축적의 역량을 갖춘 기업이 된다'라는 정의에 도달하고서 명료화되었다는 확신이 들었습니다. 핸즈커피의 정의를 이해하기 어렵죠? 절대 가치, 축적의 역량같은 단어에 익숙하지 않은 분들은 이러한 정의가 가슴에 와닿기 힘들다고 생각합니다. 하지만 내부 교육을 통해 이런 단어의 의미가 무엇인지를 정확하게 인지하고 익숙해지면 이보다 더 좋은 명료화는 없다고 생각합니다. 이제 여러분도 동료들과 함께 '우리 회사는 어디로 가고 있는가?'에 대한 명료화를 꼭 해 보시기 바랍니다.

핵심 가치

미션은 '구체적으로 어떻게 일할 것인가?'라는 질문을 낳는데, 그 질문의 답이 '핵심 가치'입니다. 미션과 상호 작용을 하는 가치가 핵심 가치죠. 핵심 가치는 리더가 함께 근무하지 않아도 직원들이 스스로 판단하고 일하도록 만드는 기준이 됩니다.

핸즈커피는 핵심 가치를 '축적하고 확산한다'라고 정의했습니다. 우리는 어떤 일을 시작하든 이미 축적된 지식이 있는지 먼저 조사하고 물어본 후에 일을 시작합니다. 어떤 경험이든 전수 가능한 정보로 만들어서 다음에는 더 멋지게 일하도록 해야 한다고 생각합니다. 누군가의 정보나 매뉴얼을 가져와서 흉내 내면 금세 완성할 수 있는 일도, 스스로 미시를 정의하고, 어눌하지만 스스로 만든 프레임을 기초로 끊임없이 축적해서 가치 있는 지식으로 만드는 일을 반복했습니다. 그리고 그 축적의 최종 목적은 늘 '확산'이었습니다. 가맹점으로 확산하고 후배 경영자들에게 전수하는 것이었습니다.

'어떻게 일할 것인가?'를 정의하는 것은 이토록 중요한 일입니다. 축적하고 확산한다는 핵심 가치가 이루어 낸 놀라운 성과를 돌아보면, 탁월함과 성실함보다 결국 모든 직원이 공감하는 기업의 핵심 가치가 더 중요하다는 사실을 새삼 깨닫습니다.

핵심 가치는 기업의 주요 의사결정 과정에서 거절과 선택, 단순화와 최종 평가의 기준이 됩니다. 참 중요한 것이죠. 그런데 핵심 가치만으로 정의하고 설명할 수 있으면 좋은데 핵심 가치 한 문장으로 모든 것을 설명하기는 어렵습니다. 직원들은 자주 혼란스러워하고 오해하는 존재입니다. 임의로 해석하고 자기 생각이 맞다는 잘못된 소신을 갖는 경우도 자주 보게 되고요. 그래서 경영자는 기업의 경영 철학을 더 구체적이고 명료하게 설명해야 할 필요가 있습니다.

핵심 가치를 더 구체적으로 설명하기 위해 경영자는 다양하고 실제적인 설명서를 제시해야 하는데, 그런 설명서의 역할을 하는 매뉴얼이 '핸즈 스피릿'과 '취업 규칙' 같은 것입니다.

핸즈 스피릿

'핸즈 스피릿Hands Spirit'은 '핸즈커피의 성공 비결을 담은 교육 자료'입니다. 총 10가지의 핸즈 스피릿이 있는데, '우리에게 있어서 성공이란 무엇을 의미하는지, 그 성공에 도달하는 과정은 어떠해야 하는지를 정리해놓은 것'입니다. 아마 불법을 저질러서라도 돈을 벌어야 한다고 직원들에게 가르치는 사장은 없을 겁니다. 조폭이 아니고는 말입니다. 그러나 이렇게 명문화되어 있지 않은 경영 철학은 언제나 변질될 수 있습니다.

─우리는 사람을 세웠다면 성공이라고 본다.
─정직하게 일하고 그 일에서 교훈을 얻었다면 성공한 것이다.
─진보의 기술은 변화하는 가운데 질서를 유지하고,

질서 있는 가운데 계속 변화하는 것이다.

—집요함은 한결같은 것이고 목표가 크며 초점이 분명한 것이다.

이런 식으로 실제 업무 중에 부딪히는 복잡한 상황에서 어떤 기준으로 판단하고 결정해야 하는지 사례를 들어가며 원리를 설명해 주는 지침서가 핸즈 스피릿입니다. 이랜드와 배달의 민족, 구글 같은 회사는 이러한 스피릿이나 경영 철학을 재미있고 이해하기 쉽게 잘 만들어 공유하는 회사인 것 같습니다.

취업 규칙

직원들은 근로 조건 및 휴가, 휴직과 복직, 출장 경비 기준 등 복무에 관한 사항을 규정한 규정집을 보고 싶어 합니다. 하지만 대기업이나 국가 기관이 아니고는 이런 규정집을 정리해 놓은 기업이 잘 없습니다. 2012년 7월부터 8월까지 약 2개월 동안 저는 취업 규칙을 직접 만들었는데요, 취업 규칙에 직원들에게 기대하는 복무, 윤리, 안전 등 다양한 규정들을 담았습니다. 취업 규칙에서 직원들이 가장 궁금해 하고 헷갈리는 내용을 다 정리한 거죠. 약 38쪽에 달하는 내용입니다. 요즘은 신입 직원이 입사하면 '취업 규칙'과 '취업규칙 요약본'을 PDF 파일로 나눠 주고 읽도록 합니다.

여기까지가 기업을 세우는 기초 매뉴얼들입니다. 장수하는 기업과 성장하는 기업들은 모두 이러한 매뉴얼이 잘 정리되어 있습니다.

경영 철학이 명료화되면 경영 철학을 근거로 부서의 업무를 정의하게 됩니다. 부서의 업무가 정리되면 다시 부서 간 의사소통 방식을 정의하는 매뉴얼을 만들 수 있고 부서와 부서 간 업무의 흐름까지 정의되고 나면 개인의 업무 분장이 쉬워집니다.

업무 스토리북

매뉴얼의 전체 그림에서 가장 작은 단위는 개인의 업무를 정의하는 것입니다. 그 전에 개인의 업무보다 부서의 업무를 먼저 정의하는 것이 맞겠지요. 부서의 업무를 정의한 다음 개인의 업무를 분장해야 부서 안에서 개인이 어떤 역할을 할 것인지 알게 됩니다.

기업은 보통 부서별 업무 분장표를 '체크 리스트' 형식으로 만듭니다. 핸즈커피는 그러한 업무 분장표가 효과적이지 못하다고 생각했는데, 이유는 체크 리스트로 만들어진 업무 분장표는 그 업무가 앞뒤 업무와 어떻게 연관이 있고, 그 업무의 의미는 무엇인지 이해하기가 힘들다는 것이었습니다. 이해가 안 된 업무는 머리에 남지 않고 자신의 업무와 연결되기가 힘든 것입니다. 그래서 부서의 업무를 딱딱한 리스트 형식이 아니라 스토리텔링 형식을 사용해 시간과 중요도 순으로 이야기하듯이 정리했더니, 직원들의 반응이 업무 내용을 이해하기가 훨씬 좋아졌다는 것이었습니다. 그렇게 '업무 스토리북'이라는 매뉴얼이 탄생했습니다.

부서별 업무 스토리를 쓰다 보면 더 구체적인 매뉴얼을 참고해야 하는 경우가 있는데, 이런 경우 스토리 우측 색인란에 참고 할 매뉴얼 이름을 표시했습니다. 그리고 부서별 업무 스토리북마다 적혀 있는 매뉴얼을 모아 리스트로 작성하니까 회사의 전체 매뉴얼 리스트가 되었습니다. 부서별 업무 스토리에 나오지 않는 매뉴얼과 문서 양식이 하나도 없도록 업무 스토리북을 만들었던 거죠.

모든 직원은 자신이 속한 부서의 업무 스토리북을 읽고 자신의 역할을 이해합니다. 자신의 역할이 전체 업무 스토리 안에서 어느 부분에 해당하는지 아는 것은 부서와 기업이 탁월해지기 위해 꼭 필요한 과정입니다. 개인이 아무리 탁월해도 부분적으로 누락과 결함이 있는 조직은 그러한 약점의 수준에 의해 평가됩니다. 반면 전체를 이해하고 누락과 결함이 없는 조직과 개인은 언젠가 탁월한 팀으로 성장하게 되는 것이죠.

다시 말씀드리지만, 컵의 크기는 가장 낮은 곳에 난 구멍의 위치에 의해 결정됩니다. 그렇기에 업무 스토리북을 만들면서 자기 부서의 업무는 어디서부터 어디까지인가를 끊임없이 생각해야 합니다.

한 번 정의된 업무 스토리북을 만약 아무도 읽지 않는다면 매뉴얼은 무용지물이 될 것입니다. 그래서 핸즈커피는 1월, 5월, 9월 연간 3회 정도 정기 업무 스토리북 낭독회를 실시합니다. 부서장은 부서원과 한자리에 모여 업무 스토리북을 읽으면서 자기 부서의 연간 업무를 설명하고, 변화된 상황과 관계 가운데 매뉴얼이 여전히 적절하고 유효한지 재평가합니다. 그리고 부서장은 수정할 업무 내용을 반영해서 업무 스토리북을 업그레이드합니다.

이렇게 업그레이드한 스토리북은 핸즈커피의 지식 저장 창고인 〈핸즈 위키〉라는 클라우드에 업로드하고 전담 관리자가 관리합니다. 새로운 부서원이 들어오면 부서장은 신입 사원 교육 담당자를 세워 새로운 부서원에게 업무 스토리북을 숙지하게 한 다음 질의응답 시간을 가져서 전체 업무와 자신의 업무를 이해할 수 있도록 돕습니다.

신입 사원이 입사하자마자 부서의 업무 스토리북을 읽고 이해하면 자신이 앞으로 1년 동안 해야 할 업무의 내용을 알게 되고, 그 효과는 상사가 그때그때 시키는 일만 하는 신입 사원과 완전히 다른 성과를 내는 결과를 가져옵니다.

부서간 업무 플로우

개인과 부서, 부서와 부서가 각자 탁월하게 일하면서 유기적으로 협업할 수 있는 조직은, 한 개인의 탁월함에 의존해 성과를 내는 기업과는 차원이 다른 성과를 만들어 내는데, 이런 조직 역량을 갖춘 기업은 장기적으로 생존하면서 성장하게 됩니다. 개인의 탁월함이 부서의 탁월함이 되고 부서의 탁월함이 다시 기업의 탁월함으로 이어지기 위해서는, 전체 그림을 이해하고 관리할 수 있는 시스템이 따라 줘야 하는데요, 그 이유는 한 부서의 업무는 다시 부서 간의 업무로 연결되어 있기 때문입니다. 한 부서에서 완성한 업무는 다음 부서의 업무로 연결되고, 이전 부서의 품질은 다음 부서의 품질로 연결됩니다. 이전 부서의 품질에 문제가 있으면 다음 부서는 이전 부서의 결함을 채우려고 필요 이상의 비용과 시간을 투입하게 되지만, 그 결과는 부정적입니다. 그래서 앞단 품질을 잘 잡는 시스템이 필요한 거죠. 앞단 품질과 부서간 소통이 얼마나 중요한지에 대한 사례를 이야기하겠습니다.

2018년 6월, 저는 일주일 동안 국제 포럼을 다녀와서 아침부터 하루종일 회의를 했습니다. 오전에만 회의가 3번 있었는데, 그중 하나는 인테리어팀과 S 프로젝트에 대한 개념 설계 회의였습니다. 예정이 없었던 회의인데, 인테리어 팀장의 급한 요청으로 열린 회의였습니다. 회의를 진행하면서 팀장의 평소 실력에 비해 디자인의 완성도가 너무 떨어져 보여서 불편했습니다. 급조된 아이디어, 짜깁기식 디자인이라는 생각이 들었습니다. 기본 콘셉트부터 명료하지 않다는 생각이 들었죠. 시간을 쪼개서 회의를 진행했는데 제 마음에 차지 않았습니다.

그래서 '왜 이렇게 급히 개념 설계를 진행해서 엉뚱한 결과물을 만드느라 시간을 허비했느냐?'고 물었더니, 당장 오늘 오후에 예비 점주와 미팅이 잡혀 있어서 급히 서두를 수밖에 없었다고 했습니다.

개념 설계 도면을 불과 일주일도 안 되는 기한을 주고 만들라고 했다니 이해가 안 돼서, 그 자리에서 이 일을 의뢰한 가맹개발실 부장에게 전화했습니다. 'S 프로젝트 미팅이 왜 이리 급하게 진행되나요?' '네, 좀 급하게 진행되고 있습니다.' '오늘, 목요일 오후에 개념 설계 미팅을 하기로 했나봐요?' '아닙니다. 다음 주 목요일입니다.' '그런데 인테리어팀은 왜 오늘 목요일이라고 하지요?' '잘못 알고 있는 것 같습니다. 다음 주입니다.' 전화를 끊고 인테리어 팀장에게 다시 물었습니다. '가맹개발팀은 다음 주라고 하는데요?' '아닌데요. 분명히 J 대리가 목요일에 미팅하니까 부탁한다고 해서 휴일도 반납하고 급히 현장 다녀오고 준비한 건데요.' '이번 주 목요일인지 다음 주 목요일인지 물어봤어요?' '아니요'

일하다 보면 이런 일이 자주 일어날 수 있다고 생각합니다. 이 사례를 책에 실어 인테리어팀에게는 미안한 마음입니다. 하지만 돌아보면 이 사건은 우리에게 아주 중요한 교훈을 주었습니다.

프로젝트의 '마스터 플랜' 같은 역할을 하는 개념 설계는, 콘셉트를 어떻게 잡느냐가 중요한데, 이를 위해 건축 법규 조사와 디자인 레퍼런스 선정, 기계 장비 규격 조사와 가구 컨셉, 아트월 아이디어와 핵심 오브제 구상 등 수많은 요소를 사전에 검토하고 예산을 조율하는 시간이 필요합니다. 그래서 초기 개념 설계는 절대로 급하게 진행해서 안 되는 과정입니다. 그런데 중요한 프로젝트를 시작하는 시점에 이루어진 무성의하고 불분명한 구두 소통은, 다음 부서의 업무를 결국 혼란에 빠뜨렸고, 디자인의 격을 떨어뜨리는 엉뚱한 결과를 만들어 낸 것입니다. 그리고 그렇게 급조된 디자인은 공사 현장의 관리를 어렵게 만듭니다. 공사 도중 법적 문제가 터지고 공사를 마무리했는데 완성도가 떨어지는 결과를 얻게 되는 것입니다.

이렇게 한 부서의 업무는 타 부서와 복합적으로 관계되는데, 타 부서와 협력하여 일할 때의 절차와 방법을 명료화한 것을 '업무 플로우flow'라 합니다. 이 업무 플로우를 정밀하게 설계해서 정의할 때 기업은 더 효과적이고 탁월하게 일하게 됩니다. 그런 기업의 상품은 결국 고객으로부터 사랑받는 절대 가치에 이르게 되겠지요. 그래서 그날 '이제부터 가맹개발팀의 개념 설계 요청서 없이 인테리어팀이 개념 설계에 착수하는 일이 없도록 업무 플로우를 수정하라'고 지시했습니다.

업무 플로우를 설계하는 사람은 전체를 이해하는 사람이어야 합니다. 개인의 탁월함과 부서의 팀워크, 그리고 부서 간의 유기적 연계와 전체의 이해는 조직을 차별화하는 중요한 경쟁력이 됩니다.

핸즈커피는 신메뉴 개발이나 MD 상품 개발, 신규 매장 오픈 등 상대적으로 규모가 작고 과거 경험과 패턴이 유사한 프로젝트의 경우 '업무 플로우'로 부서간 업무를 정의하고, 프로젝트의 규모나 난이도가 상대적으로 큰 경우 '프로젝트 매니지먼트PM(Project Management)'라는 이름으로 해당 프로젝트의 마스터 플랜을 정리하고 있습니다.

개인 업무 매뉴얼

부서의 업무, 부서와 부서 간의 업무를 정의하고 나면, 부서에 속한 개인은 자연스럽게 부서의 업무 중에서 자신의 역할을 이해합니다. 매뉴얼로 이해한 개인의 업무는 다시 업무 과정에서 팀장과 부서장의 지시와 도움을 받으면서 구체화하고, 일을 잘했는지 못 했는지는 SR(Self Review)이라는 인사 평가 시스템으로 평가합니다. 2개월 단위로 시행하는 SR 평가는 자신이 무슨 일을 어떻게 수행해야 회사가 성과로 인정하는지 확인하는 계기가 됩니다. 이렇게 부서와 기업 내에서 자신의 역할이 무엇인지 반복적으로 평가하는 과정에서 개인은 자신의 업무를 명료화할 수 있습니다.

결국 핸즈커피는 개인의 업무를 '부서별 업무 스토리북'과 'SR 평가 시스템'을 통해 명료화 할 수 있었습니다. SR 시스템은 '직원이 자신의 업무를 스스로 정의하고 평가하는 것이 가장 탁월한 업무 분장 방식이다' 라는 생각으로 만들어진 핸즈커피의 인사관리 시스템입니다.

내부 매뉴얼을 완성한 후 기업은 다시 외부와의 관계를 명료화해야 하는데, 외부 관계자는 가맹점과 거래처, 고객 등이 있습니다.

이들은 다양한 약속과 신뢰를 기반으로 상호 가치를 거래하는 관계이기 때문에 거기에 맞는 계약이나 협약의 형식이 필요합니다. 가맹점과 본부의 경우, 가맹 계약서와 정보 공개서, 점포 관리 기준집이 그 관계를 상호 보완적으로 규정해 주고, 거래처의 경우, 계약이나 MOU를 통해, 고객의 경우, 상품의 가치나 기업의 핵심 역량, 브랜딩 같은 요소에 의해 그 관계를 정의하는 것이 일반적입니다.

외부 관계자 중에 회사가 정의한 매뉴얼을 통해 영향을 미칠 수 있는 관계자는 가맹점뿐입니다. 거래처나 고객은 매뉴얼에 있는 대로 생각하고 일해야 한다고 강제할 수 없지만 가맹점의 경우 가맹 본부가 만든 매뉴얼을 따르지 않을 경우 불이익이 있을 수 있다는 조항을 계약서에 넣을 수 있습니다.

가맹 본부는 그러한 장치를 통해 브랜드 전체의 유익을 추구해야 합니다. 그렇다고 매뉴얼이 모두 통제의 수단으로만 사용되는 것은 절대 아닙니다. 매뉴얼의 작성 목적은 늘 가맹점의 유익에 초점이 맞춰져 있습니다.

가맹점주는 대개 사업을 처음 하는 사람이기 때문에 매일 아침 오픈은 어떻게 하고 마감 때는 뭘 해야 하는지 잘 모릅니다. 기계가 고장 나면 어떻게 해야 하는지, 제빙기 청소는 어떻게 해야 하는지, 위생 정기 점검은 어떻게 해야 하는지, 본사 슈퍼바이저는 슈퍼바이징을 나와서 어떤 항목을 점검하는지, 갑자기 소방 공무원이 시설 검사를 나오면 어떻게 해야 하는지 등 경험이 없는 사람은 도저히 알려 줄 수 없는 다양한 정보를 본부로부터 제공받기를 원하는 사람들이죠. 그래서 점포 운영 매뉴얼과 슈퍼바이징 매뉴얼 같은 다양한 매뉴얼이 필요합니다.

핸즈커피는 창업 1년이 지난 후부터 매뉴얼을 만드는데 많은 시간을 투자했습니다. 초기 이러한 매뉴얼이 필요하다는 건의를 한 직원은 다음 달에 과장으로 승진했고, 슈퍼바이징 매뉴얼을 만든 직원은 매장 관리 업무를 하다가 경영지원실로 이동해서 다양한 매뉴얼을 만드는 데 기여하게 되었습니다. 2023년 현재까지 그렇게 만든 매뉴얼과 문서 양식이 178개나 됩니다. 회사는 다양한 매뉴얼을 〈핸즈 위키〉에 올리고 언제 어디서나 직원들이 매뉴얼을 참조해서 일할 수 있도록 합니다.

핸즈커피는 이렇게 매뉴얼 전체 범위를 표로 만들면서 어디서부터 어디까지 매뉴얼을 만들어야 하는지 이해할 수 있었습니다. 다시 한번 강조하지만, 이러한 매뉴얼을 만들어 내는 것이 진짜 실력입니다. 이 표를 만들기 위해 노력한 수년의 시간을 통해 핸즈커피는 기업다운 면모를 갖추게 되었습니다.

26   빈 매니징, 이런 것이 핵심 노하우입니다

기다리고 애태우며 분노로 보낸 시간뿐 아니라, 억 단위의 금전적 손실까지 본 후에 '우리의 마크를 찍은 커피 포대를 보는 일과 우리 커피는 모두 직수입한다는 꿈은 접어야 한다'라는 결론에 이르렀습니다.

딘 사이컨

커피를 하는 사람은 사업 시작하기 전에 대개 자바 트레커[12] 딘 사이컨 Dean Cycon을 꿈꿉니다. 딘 사이컨은 미국 변호사이자 사회 운동가고, 매사추세츠주 오렌지 시에 본사가 있는 유기농 커피 로스팅 회사 딘스 빈스의 창립자입니다. 그는 다른 커피 업자들의 발이 닿지 않은 벽지와 오지를 찾아가 커피 재배 원주민과 주저 없이 땅에서 함께 뒹굴고 애환을 나눕니

---

[12] Javatrekker. 커피를 찾아 고된 여행을 하는 순례자. 인도네시아 자바섬에서 생산된 커피가 미국에 처음 소개된 이후 미국인은 커피를 '자바'라고 부른다.

다. 거대 자본에 맞서 커피 농부의 권익을 위해 애쓰고, 여성 노동자 보호와 청소년 교육 환경 개선, 환경 보호 및 유기농 커피 재배, 중간 상인을 배제해서, 농부들의 이익을 극대화하는 공정 무역 운동 등을 하려고 자바 트레커라는 고된 삶을 선택한 사람입니다.

딘 사이컨이 경영하는 커피 회사 딘스 빈스는 철저한 대안 무역 원칙을 준수하고, 생산자와 사업 수익 공유, 커피 생산자의 자주적인 지역 개발 프로젝트 지원 등을 통해, 세계 각지에 있는 원주민 커피 생산자와 협동조합을 지원하는 기업으로 잘 알려져 있습니다.

딘 사이컨 같은 자바 트레커의 삶을 그대로 따라 하지는 못하더라도 커피인들은 농장으로 가서 농부를 만나고, 커피를 맛보며, 일주일 혹은 한 달씩 농장에서 거주하면서 함께 커피를 수확해서, 정성스레 가공과 선별 과정을 거친 커피를 자신의 브랜드가 찍힌 포대에 담아오는 꿈을 꿉니다.

농장의 공기와 추억을 담아 직접 로스팅한 커피를 고객에게 제공하고, 그런 드라마틱한 커피가 고객에게 사랑을 받고 수익이 늘면, 더 적극적으로 새로운 농장들을 개발해서 전 세계에 커피 네트워크를 형성하고 싶다는 계획을 세웁니다.

농장주의 파티에 초대받아 동네 사람들과 친구가 되어 함께 어깨동무하며 수확의 기쁨을 나누고, 아이들과 커피 농장을 뛰어다니며 술래잡기하는 그림도 그립니다. 기회가 된다면 현지 아이들을 위한 교육 시설을 만들고 여성 노동자의 고용 촉진을 위해 합의된 계약 금액에 웃돈을 얹어 줄 마음도 있습니다. 뿐만 아니라 농부들이 농사만 전념해도 먹고 사는

데 어려움이 없도록, 매년 안정적인 물량을 계약 재배를 통해 매입하기로 약속합니다. 대게 그렇게 공정 무역의 꿈을 꿉니다.

처음은 특정 국가 한 농장에서 시작하지만, 에티오피아, 케냐, 콜롬비아, 브라질, 과테말라, 코스타리카 같은 대표적인 커피 생산 국가에는 모두, 믿고 부탁할 수 있는 형제 같은 농장주가 있으면 좋겠다는 꿈도 품게 됩니다. 많은 커피 전문가가 이러한 꿈을 꾸고 농장을 다니면서 경험을 쌓고 있습니다.

하지만 현실은 녹록지 않습니다. 우선 그런 농장을 찾아다닐 시간이 없습니다. 커피를 하는 사람 대부분은 자신의 전문성을 기반으로 가게나 커피 아카데미를 운영하기 때문에 몇 주일이나 몇 달씩 자리를 비울 수 없습니다. 한 나라만 찾아가서 해결되면 어떻게라도 시간을 내겠지만, 에스프레소 하나 만드는데 최소 2~3개국의 다양한 커피가 필요하니, 2개나 3개 국가로 늘어나면 1년의 절반이나 3분의 1을 커피 농장에서 살아야 하는 상황이 펼쳐집니다.

그래도 내가 꿈꾸던 그림이니 의지를 가지고 농장을 찾아간다 치더라도 그 다음에 더 큰 장벽을 만납니다. 커피를 구매하기 위해 먼 나라에서 왔다고 해도 농부들 입장에는 흔히 만나는 또 한 명의 구매자일 뿐 특별할 게 하나도 없습니다. 밝은 미소로 환영하더라도 영상에서 보던 일은 흔히 일어나지 않습니다. 물론 큰돈을 들고 왔거나, 자신들에게 지식이나 원조로 도움이 될 만한 사람이라면 상황은 달라지겠지만, 우리는 그런 돈이나 영향력이 없습니다. 자부심과 얇은 주머니만 있을 뿐이죠.

커피 사업 초기에 저 역시 농장을 찾아다니고 대안 무역이나 직수입을 꿈꾸던 시절이 있었는데, 현실을 이해한 후 농장을 직접 찾아다닐 것이 아니라, 커피 생산 국가에 가서 좋은 커피 농장을 발굴하고, 농장과 구매자를 연결해 주는 중간 상인과 협업해야겠다고 생각했습니다. 마침 고등학교 선배 한 분이 케냐에서 커피 딜러로 일하고 있었고, 과테말라에는 대학교수이자 선교사면서 커피 딜러 일을 하는 분도 있었으며, 에콰도르에 살고 있는 딜러도 우연한 기회에 만났습니다.

그들이 다양한 샘플을 들고 사무실에 와서 커핑을 하고 가격을 조정할 때까지 모든 일이 순탄해 보였습니다. 계약서를 작성하고 계약금을 송금했는데, 케냐와 과테말라, 에콰도르로 돌아간 그들은 그 후로 연락이 잘되지 않았습니다. 주로 농장에서 일하느라 전화를 못 받았다는 핑계를 댔는데, 한 번씩 통화가 되면 이런저런 핑계를 대며 시간을 더 달라고 했습니다. 커피 농장은 대개 후진국이고, 농부들의 비즈니스 관행이 한국과 너무 달라서 계획대로 되는 일이 없다는 이야기였죠. 결국 약속한 날이 되었지만, 커피는 한국에 도착하지 않았고, 우리는 대체 커피를 급히 찾아야 하는 이중 부담을 안게 되었습니다. 좀 늦긴 했지만, 일부는 계약한 대로 좋은 커피가 도착했습니다. 하지만 대부분 커피는 심각할 정도로 샘플과 다른 커피가 도착했고, 계약분의 절반 이상이 중간 상인들과 연락이 끊기면서 송금한 계약 금액을 손실 처리를 해야 하는 상황이 되었습니다.

기다리고 애태우며 분노로 보낸 시간뿐 아니라, 억 단위의 금전적 손실까지 본 후에 '우리의 마크를 찍은 커피 포대를 보는 일과 우리 커피는 모두 직수입한다는 꿈은 접어야 한다'라는 결론에 이르렀습니다.

큰 대가를 치른 후, 우리가 집중할 일은 좋은 커피를 찾아 농장을 헤매는 게 아니라 국내 생두 수입업자가 산지에서 가져온 커피 중에 우리에게 맞는 좋은 커피를 고르는 것이라는 사실을 깨달았습니다. 창업 후 6년이라는 시간이 지나서였습니다.

이즈음 서울도시가스의 자회사 LAF라는 커피 생두 수입업체에서 핸즈커피를 찾아왔는데, 그들은 커피 한 종류당 한 컨테이너 이상 스페셜티 커피를 주문할 수 있는 회사를 찾고 있었습니다. 그들은 지방에서 스페셜티 커피를 가장 많이 쓰는 곳이 핸즈커피라는 소문을 듣고 왔다고 말했습니다.

'LAF'는 Love and Food라는 의미로 서울도시가스 회장이 기독교 신앙에 근거해 설립한 회사인데, 가난한 나라에서 농지를 매입해서 지역의 농부를 고용하고, 지역 농산물을 재배, 유통하거나 지역 특산물 중에 한국에서 판매할 수 있는 것을 수입해서, 국내 판매 경로를 통해 유통하는 일을 하는 회사였습니다.

저는 세계 각국에 지사를 보유한 믿을 만한 대기업이 자신의 네트워크를 활용해 생두 사업을 시작하면 분명히 큰 도움이 될 거라는 확신이 들었습니다. 그래서 그 자리에서 〈케냐 AA〉 등급을 10톤 주문할 테니 샘플을 보내 달라고 했습니다. 우리는 그들이 보내준 샘플 중에 가장 맘에 드는 커피를 선택했고, 그들은 우리가 원하는 시점에 정확하게 커피를 보내주는 전문성을 보여 주었습니다. 물론 금전적인 측면에서도 기존 거래하던 거래처에 비해 훨씬 경쟁력이 있었습니다.

덕분에 핸즈커피는 싱글오리진을 사용하는 스페셜티 커피인 〈케냐 AA〉를 에스프레소 블렌드에 35%나 투입할 수 있었습니다. 이 말이 무슨 뜻인지 일반인은 잘 알 수 없겠지만, 커피 전문가들이 모두 놀랄 정도로 과감한 결정이었습니다. 2012년부터 핸즈커피는 싱글 오리진 뿐 아니라 에스프레소 블렌드에도 스페셜티급의 커피를 사용하는 진정한 스페셜티 커피 브랜드로 도약할 수 있게 된 것이죠. 이후 LAF는 〈알마씨엘로 Almaclelo〉로 브랜드 이름을 변경했고 자타가 공인하는 국내 생두 업계 대표 기업이 되었습니다.

경험을 통해 지혜를 얻고 생각의 패러다임을 바꾸니 새로운 시각이 생기기 시작했습니다. 농장에 직접 찾아가서 커피를 직수입하고 농부들과 교류하는 것이 주는 다양한 유익도 있겠지만, 국내 생두 수입업체와 협업해서 커피를 선별하고 구매하는 것도 충분히 매력 있다는 것을 알게 되었습니다.

가장 큰 유익은 자금 유동성이었습니다. 직수입할 경우, 계약 단계에 선금을 보내거나 LC[13]를 개설해야 하는 부담이 있었는데, 생두 수입업자와 계약을 하니 본품이 창고에 들어올 때까지 1원도 선투자 할 필요가 없어졌습니다.

---

13   letter of credit. 무역 실무 용어로 은행이 지급보증하는 결제 방식을 말한다

그 후 생두 수입업자에게 좀 더 과감하게 '계약 물량을 수입해서 당신들의 창고에 보관해 두고, 요청하는 물량 만큼씩 매월 분할해서 납품해 주면, 납품한 물량에 해당하는 금액을 다음 달 15일까지 지급하겠다. 그 조건으로 거래해 줄 수 있겠느냐?'라고 요청했습니다. 그랬더니 거래처 대부분 '일 년 계약분을 전부 소화해 준다면 창고 비용을 부담하겠다'라고 답했습니다. 그때까지 한 번도 들어보지 못한 파격적인 거래 조건이 성사된 것이죠.

자금 유동성뿐 아닙니다. 보통 농장에서 직접 수입하면 더 싸고, 더 좋은 품질의 커피를 가져올 것이라고 기대하지만 현실은 그렇지 않은 경우가 더 많습니다. 카페를 운영하면서 전 세계에 흩어져 있는 커피 농장과 교류하고, 직접 현지를 다니면서 커피나무를 연구하고 가공 과정까지 깊이 개입해 최선의 커피만 선별해 가져왔는데, 이 커피가, 커피 생산 국가에 거주하면서 수많은 농장주와 교류하고 다양한 품질과 가격대의 커피를 전문적으로 선별 구매하는 딜러가 보내준 커피와 비교했을 때 항상 더 좋은 커피라고 확신할 수 없는 것이 진실이라면, 어떻게 하는 게 더 지혜로운 것일까요? 어쩌면 그러한 수고에도 불구하고 딜러가 보내준 커피가 좋을 가능성이 더 큰 게 현실입니다.

결국 전문 딜러가 고른 일정 수준 이상의 커피 샘플을 비교하고 그중에 가장 좋은 커피를 고르는 것이 훨씬 지혜로운 방법이라는 결론에 이르렀습니다. 그래서 주요 거래처만 집중해서 거래하지 않고, 샘플을 제공할 의사가 있는 회사라면 어떤 회사든 환영한다는 거래 원칙을 세웠더니, 많은 스페셜티 커피 수입업자가 샘플을 보냈고, 그 결과 핸즈커피는 품질과 가성비를 모두 잡는 결과를 얻었습니다.

이즈음 저는 상해 커피 엑스포에 갔다가 밀란 골드라는 커피 회사가 만든 홍보 영상을 봤는데, 그 영상에 커피 생두를 창고에 입고하는 시점부터 원두를 로스팅한 후 QC를 진행하는 단계까지 세밀하게 점검하고 관리하는 모습이 담겨 있었습니다. 영상을 보면서 '커피를 이렇게 과학적으로 정밀하게 다룬다면 항상 같은 품질의 커피를 생산해 낼 수 있겠구나'라는 생각이 들었습니다.

커피 사업을 하면서 품질을 유지하는 것은, 고객에게 제공하고 싶은 커피를 선정하고 만든 다음 맛이 변하지 않도록 관리해서 우리만의 맛을 고객에게 각인시키는 과정이라고 할 수 있습니다. 하지만 커피는 생물이고 커피 맛을 결정하는 요소가 워낙 다양해서, 일정한 맛을 재현한다는 건 고도의 전문성과 집중력이 필요한 일입니다. 그래서 핸즈커피에도 커피만 생각하고 커피 품질을 제대로 관리하는 전문가가 필요하다는 생각을 가지고 돌아왔습니다.

생두 바이어, 로스터, 원두 품질관리자, 메뉴 개발자, 교육 강사, 홍보 담당자 등 필요한 전문가가 많지만 특히 커피의 원재료인 '생두'를 구매하는 생두 바이어의 역할이 가장 중요합니다. '생두의 품질이 곧 원두의 품질이 된다'라는 것은 모든 커피인의 공통된 의견이죠. 생두가 좋으면 로스팅과 추출의 스펙트럼이 넓어지지만, 생두가 나쁘면 로스팅이나 추출로 그 단점을 극복하는 게 주요 목표가 되기 때문에 선택의 폭은 그만큼 좁아집니다. 좋은 재료를 뛰어넘는 요리사와 바리스타는 세상에 없습니다. 그렇다고 무조건 좋은 생두만 찾으면 되는 것은 아닙니다. 상당한 수준의 전략이 필요하죠.

전략적으로 생두를 구매하는 것은 대륙별, 가공 방법별로 맛의 경향성이 겹치지 않도록 구성하는 것뿐 아니라, 구매하고자 하는 커피를 최선의 가성비로 구매할 수 있도록 주문량과 대금 결제 조건, 납품 방법 등을 조율한다는 의미까지 포함되어 있습니다. 무조건 좋은 커피와 비싼 커피만 선택해서 안 되고, 무조건 가성비 좋은 커피만 구매해도 안 됩니다. 어떤 경우 손해를 보더라도 구매해야 하는 커피가 있고, 어떤 경우 가성비를 중심으로 구매해야 하는 경우가 있습니다. 샘플을 요청할 때부터 거래처에 우리의 전략을 설명할 수 있어야 하고, 커핑을 할 때마다 감별사들에게 감별의 목적과 구매 전략을 설명할 수 있어야 합니다. 우리 브랜드가 추구하는 추출 방식과 블렌드의 경향성이 어떠냐에 따라 대륙별, 가공 방법별, 등급별, 가격대별 구매량을 결정하는 것을 '전략적 생두 구매'라고 합니다.

핸즈커피는 매년 커피 시장의 트렌드를 분석하고, 핸즈커피가 추구하는 싱글 오리진과 에스프레소 블렌딩의 경향성을 정의한 다음, 각 요소를 충족시켜 주는 커피를 선정하기 위해 전략적 감별 테스트를 진행했습니다. 그런 식으로 10년을 경험하니 이제 전략적 라인업이 무엇을 의미하는지 알 것 같다고들 말합니다.

전략적으로 구매한 생두를 원두로 만드는 일은 그 자체가 마술입니다. 아무런 향미가 없던 곡물이 로스터를 만나면 세상에서 가장 향기로운 음료가 됩니다. 로스팅을 잘한다는 것은 각각의 커피가 가진 향미가 가장 잘 발현되도록 하는 역량과 그것을 늘 일정하게 재현해 내는 역량을 의미합니다. 한번 잘 볶았다고 좋은 로스터라고 할 수 없고, 늘 똑같이 볶을 줄 안다고 좋은 로스터라 인정하기는 어렵습니다. 싱글 오리진을 볶을 때는 향미를 잘 발현시키고 일정하게 재현하는 프로파일 관리만 중요하게 고려하면 되는데, 블렌드의 경우는 배합비에 대한 지식과 경험 역시 중요합니다. 향미를 담당하는 커피와 바디와 무게를 담당하는 커피, 단맛과 밸런스를 담당하는 커피, 뉘앙스를 담당하는 커피가 모두 다르고, 브랜드가 추구하는 경향성에 따라 배합 비율과 로스팅 과정, 로스팅을 마무리하는 베스트 포인트가 전부 달라집니다. 이 정도 변수만 통제할 수 있으면 너무 좋은데, 로스팅은 열 공급 방법과 배기관의 길이와 상태, 날씨와 실내 온습도 등 관리 포인트가 너무 많아 커피 산업의 정점이라 불릴 만큼 전문성과 경험이 필요한 파트입니다.

로스팅된 원두는 생산 직후부터 변하기 시작합니다. 에이징aging이 되는 것이죠. 맨 처음 열 공전 중에 발생한 가스가 빠지고, 가스가 어느 정도 빠지면 커피 원두 속에 있는 유기산이 공기 중의 산소와 만나면서 산패가 진행됩니다. 그래서 로스팅 후 어느 시점에 추출하는지에 따라 커피 맛은 달라집니다. 커피가 가장 맛있는 에이징 기간이 있는데, 커피의 종류와 로스팅 포인트에 따라 기간이 또 달라집니다. 품질을 관리하는 QC

담당자는 로스팅이 적절하게 이루어졌는지, 가장 맛있는 에이징 기간에 변동은 없는지 확인해야 합니다. 물론 원두만 관리하는 것이 아니라 생두의 상태도 확인할 책임이 있습니다. 커피는 수확 후 1년이 지나면 향미가 떨어지고, 떫은맛이나 볏짚 향 같은 부정적인 향미가 나타나기 시작하는데, 이런 현상은 보관 상태에 따라 시점이 당겨질 수 있고 늦어질 수도 있습니다. 따라서 QC 담당자는 QC 과정에 원두와 생두의 상태를 동시에 점검할 필요가 있는 것이죠.

로스팅과 품질 관리가 잘 되면, 메뉴 개발자는 브랜드가 추구하는 경향성과 전략에 맞는 메뉴를 더 쉽게 개발할 수 있고, 새롭게 개발한 메뉴는 교육 담당자를 통해 각 매장에서 일하는 전문 바리스타들에게 일관성 있게 전달할 수 있습니다. 개발된 원두의 경향성과 메뉴의 특징, 그리고 개발 과정에서 발생한 비하인드 스토리는 홍보 담당자에게 전달되어 커피와 메뉴를 더 효과적으로 소개할 수 있습니다. 결국 커피 맛을 결정하는 모든 요소가 유기적으로 작동하고 관리될 때 고객은 커피를 좋아하고 브랜드를 더 깊이 신뢰할 수 있습니다.

시스템이 필요하다고 생각했을 때 다행히 핸즈커피에는 미각 능력이 검증된 12명의 큐그레이더가 각 파트에서 일하고 있었습니다. 저는 큐그레이더들 모두 '빈 매니징 시스템'에 합류하도록 요청했습니다. 빈 매니징 시스템을 만들기로 결정하자 커피의 품질을 결정하는 수 많은 요소를 통합적으로 관리하는 기준을 만들 수 있었고, 매년 새로운 커피를 구매하는 과정에서 경험하고 학습한 지식을 정기적으로 축적하고 보완하는 업무 매뉴얼을 만들 수 있었습니다.

그러다가 큐그레이더 중 한 명이 2018년 초 과장 승진 심사 프로젝트로 빈 매니징 시스템을 매뉴얼로 만들고 싶다는 계획서를 제출했습니다. 누군가가 꼭 해야 할 일이었는데 그 직원이 아이디어를 먼저 냈고, 이후 핸즈커피의 빈 매니징을 총괄하는 빈 매니저가 되었습니다. 그렇게 만들어진 시스템의 이름이 '핸즈 빈 매니징 시스템'입니다. 이 시스템은 저작권 등록을 했고 기업 내부 지식 관리 클라우드인 〈핸즈 위키〉에 1급 지식으로 분류해서 관리하고 있습니다.

앞에서 매뉴얼의 중요성에 대해 강조했습니다. 매뉴얼은 아무것도 없는 상태인 '0'에서 혁신을 통해 고객에게 사랑받는 '1'이라는 가치를 만든 회사가, '1'을 다시 'n'으로 확장하는 데 필요한 엔진 같은 것입니다. 빈 매니징 시스템이 매뉴얼화되자 복잡하고 가늠하기 어렵던 커피 품질 관리를 일정하게 재현할 수 있었고, 직원들이 전략적 시야를 갖게 되었으며, 품질은 점점 더 좋아졌습니다. 또한 시장 흐름에 신속하게 대응할 수 있었고, 생두 구매처와의 소통은 더 원활해졌으며, 내부적으로 지식을 전수하는 효율은 훨씬 탁월해졌습니다.

2023년 6월 커피 관련 유튜브 채널인 〈커핑 포스트〉가 우리나라 커피 브랜드 24곳에서 판매하는 아메리카노 27가지를 한곳에 모아 블라인드 테이스팅을 통해 어느 브랜드의 아메리카노가 가장 맛있는지를 등수매기는 이벤트를 진행했습니다. 그 이벤트는 실시간 유튜브로 방송이 됐습니다. 27개의 아메리카노는 7개 정도씩 4티어, 3티어, 2티어, 1티어로 나누었고 마지막에 1티어에 든 아메리카노 7개는 순위를 매겨 최종 1위를 선정했는데, 1위는 핸즈커피의 아메리카노였습니다. 진행자도 청취자도 지역의 브랜드가 1위로 뽑히자 모두 놀랬습니다. 유튜브 영상은 수십만 조회수를 넘었고 많은 이들이 라떼도 진행해 달라고 요청했습니다.

2023년 8월 〈커핑 포스트〉는 21개 브랜드의 아이스 카페 라떼를 모아 같은 방법으로 테이스팅해서 순위를 매겼는데, 그때도 1위는 핸즈커피의 카페 라떼였습니다. 도대체 핸즈커피가 어떤 회사길래 아메리카노와 카페 라떼 모두 1위를 했는가 의아해하는 사람들이 많았지만, 우리는 그 결과가 당연한 결과라는 자부심이 있었습니다. 왜냐하면 핸즈커피는 생두, 로스팅, 원두, 추출, 교육 등 커피 품질과 관련된 일련의 과정을 모두 정밀하게 관리하는 빈 매니징 시스템을 가진 브랜드이기 때문입니다. 바로 이런 것이 핵심 노하우가 아니고 무엇이겠습니까?

27   스스로 평가하면 스스로 잘하게 됩니다

"네가 스스로 한 말이냐 아니면 다른 사람들이 나에 대해 너에게 해 준 말이냐?"
—예수가 본디오 빌라도 총독에게 한 말

스스로 성장하려면

시스템이 창의성을 높여 줍니다. 사람들은 시스템화하면 사람의 사고가
경직된다고 하는데 그 생각은 일정 부분 오류가 있습니다. 오히려 시스템
이 없을 때 직원들이 생각을 멈추는 경우가 있습니다. 자신의 업무를 매
일 기록하고 기록한 내용을 스스로 평가하도록 한 후, 중간 관리자가 평
가 내용의 진위를 검증해서, 최종적으로 경영진이 그 성과에 대해 적절하
게 피드백하면 직원들은 어떤 일을 하는지 알게 됩니다. 회사가 주기적으
로 직원들 각자가 자신의 업무를 평가하도록 시스템을 만들면 직원들은
스스로 성장합니다.

저는 31살 이후 대부분의 시간을 경영자로 살면서 회사의 성장에 맞춰 때에 맞게 성장하지 못 한 이들이 회사를 결국 떠나는 모습을 수없이 봤습니다. 그게 창업 멤버와 초기 리더들의 아픔입니다. 그들은 자기 경험과 습관에 의존해서 일하기 좋아하고 새로운 업무나 시스템에 적응하는 것을 힘들어하는 사람이었습니다. 기업은 이런 사람들과 불가피하게 헤어지는 성장통을 거쳐 다음 단계로 넘어갑니다.

예전의 과업 관리는 경영자 혹은 관리자가 상명하달식으로 업무를 정의하고 부서와 개인의 목표를 부여한 다음 팀과 팀원들이 목표를 달성하도록 당근과 채찍을 주는 방법이었습니다. '직무 기술서'를 주고 매년, 매월, 매주 목표를 설정한 다음 그것을 이루면 보상하고 이루지 못하면 징계하는 방식이었죠. 이러한 테일러리즘[14] 기법은 컨베이어 벨트에서 생산성을 추구하던 시절에는 어느 정도 맞았으나 창의성과 노동자의 자발성을 요구하는 오늘날의 업무 조건에서는 더 이상 적합하지 않다는 연구 결과가 속속 나오고 있습니다. 사람을 기계화하고 동료를 경쟁 대상으로 보는 평가 방식은 근로자를 소모품이나 도구로 보는 비인격적 평가 도구라는 비난을 받았습니다.

최근 제너럴 일렉트릭, 마이크로 소프트, 휴렛 팩커드 등 초일류 기업

---

14 Taylorism. 노동 표준화를 통하여 생산 효율성을 높이는 체계. 테일러리즘의 노동 관리 방법은 작업 과정을 세밀하게 연구해서 각각의 작업 시간을 정확하게 부여하고 단순 조작으로 세분화하는 것이다.

은 상대 평가를 중단하고, 절대 평가 중심으로 이동하고 있습니다. 사람을 기계적으로 평가하는 것은 성과에 도움이 되지 않고 오히려 인간성과 창조성을 떨어뜨리는 결과가 생긴다고 보는 것입니다.

이렇게 인간성과 창조성을 강조하는 시대지만, 여전히 직장인은 자신이 무엇을 해야 하는지 잘 모른다고 합니다. 어떤 직장인은 "사원이었을 때는 그나마 괜찮았는데, 관리자가 된 후부터는 직원들에게 무슨 일을 시켜야 할지 몰라 하루하루가 고통스럽다"라고 합니다. 직원은 자신이 무엇을 해야 하는지 잘 모르고, 관리자는 직원들에게 어떤 일을 지시해야 하는지 모릅니다. 심지어 신입 사원이 출근했는데 무엇부터 가르쳐야 하는지 모르는 기업이 많습니다. 개인의 업무가 명료하지 못한 기업과 단체는 효율이 떨어지고 경쟁력을 잃게 됩니다. 직원들은 열심히 일하고 싶은데 무엇을 해야 할지 모르고, 대표는 열심히 일하지 않는 직원들이 불만인 상태가 지속되면, 상사의 눈치만 살피는 복지부동 문화가 들어오게 됩니다. 다시 테일러리즘으로 돌아가야 하는지 고민이 생기는 순간입니다.

———✄

스스로 평가하게 하라

창업 이후 7년 넘게 멘토를 만날 때마다 저는 인재가 없다는 말을 반복했습니다. 디자이너, 인테리어 전문가, 영상 전문가, 메뉴 개발자, 전략 기획자, 마케팅 담당자, 쇼핑몰 전문가, MD 등 프랜차이즈 사업에 필요한 인재를 구하기 힘들뿐더러 채용하더라도 대기업 인재보다 아쉽다는 느낌을 지울 수 없었습니다. 지방에서 소자본 생계형 매장으로 창업해 프랜차이즈 브랜드로 성장하는 과정에서 제일 어려웠던 일은 '인재에 대한 갈증'이었습니다. 멘토는 '인재 갈증은 세상의 모든 기업이 호소하는 어려움이지요. 우리도 그룹사이지만 S그룹의 인재를 부러워합니다. 그럼 S그룹은 인재 갈증이 없을까요? 그들은 애플과 구글의 인재들을 부러워한다고 해요. 그러니까 인재 갈증은 생각을 바꾸지 않는 한 계속 해결되지 않을 거예요'라고 말했습니다.

그룹사 인사 담당 CHO[15]인 멘토와 만날 때마다 핸즈커피에 적합한 인사 시스템을 개발하기 위해 KPI[16]나 MBO[17] 같은 다양한 인사관리 시스템에 관해 이야기를 나눴고, 나눈 내용 중 대부분은 실무에 적용하면서 핸즈커피만의 인사관리 시스템을 개발하기 위해 노력했지만, 매번 맞지 않은 옷을 입은 듯이 불편했습니다.

어느 날 멘토는 'SR을 한번 해 보면 어때요?'라고 말했습니다. SR은 주로 대학교에서 교수를 평가하는 방식인데, 교수는 독립적으로 자기 업무를 계획하고 진행하기 때문에, 스스로 연구 및 강의 성과를 보고하지

---

15 Chief Human resources Officer. 최고 인사 담당 책임자

16 Key Performance Indicator. 핵심 성과 지표. 목표를 성공적으로 달성하기 위해 핵심적으로 관리하는 요소에 대한 성과 지표이다.

17 Management By Objectives. 조직 내의 상하 구성원들의 참여를 통해 목표를 설정하고 조직의 효율성을 제고하는 관리 방식이다.

않으면 학교 측에서 성과를 평가하기 어렵습니다. 학과장이나 평가자가 일일이 교수를 따라다니며 관찰할 수 없기에 스스로 연구나 강의 실적을 보고하는 것인데, 이 SR 시스템을 핸즈커피 인사 시스템에 적용해 보라는 말이었습니다. 저는 적합한 인사 평가 시스템을 찾은 듯한 느낌으로 회사로 돌아왔습니다. 그때가 2014년 초였죠.

즉시 SR 시스템 개발에 착수했습니다. 직원이 스스로 본인의 업무를 정의하고 평가하는 '자가 업무 평가 시스템'이었습니다. 관련 자료를 찾으니 직원 스스로 자기 업무를 정의하는 것이 가장 효과적인 방법이라는 연구 결과가 곳곳에 있었습니다. 자신에게 주어진 업무 분야에서 어떤 일을 해야 하는지는 스스로 가장 잘 알고, 자신이 이룬 성과를 스스로 평가했을 때 가장 정확하다는 것이었습니다. '자발적인 동기에서 자기 업무를 정의하고, 자신이 이룬 성과를 스스로 평가하게 한다'는 개념에는 '이 시스템에 참여하는 사람들이 모두 정직하다'는 신뢰가 깔려 있었습니다. 정직하게 스스로 평가하고 그러한 평가를 신뢰하고 인정하는 문화는 얼마나 아름다운가요?

스스로 하는 말이냐?

성경 이야기를 하나 하려고 합니다. 예수의 마지막 교훈은 최후의 만찬과 빌라도 법정 그리고 십자가에서 남긴 이야기라 할 수 있습니다. 어쩌면 예수는 최후의 만찬에서 제자들에게 교훈을 남기고 십자가를 질 계획이었습니다. 왜냐하면 빌라도 법정에 선 예수는 시종일관 침묵했기 때문이죠. 그때 로마 총독 본디오 빌라도[18]가 의미 있는 질문을 던집니다.

"네가 유대인의 왕이냐?"

철저히 침묵하던 예수는 본디오 빌라도의 질문에 반응합니다. 그래서 질문이 중요합니다. 질문을 잘하는 사람은 성장의 기회와 역전의 기회를 얻을 수 있습니다. 그런 빌라도의 질문에 예수는 다시 질문을 던져서 '네가 유대인의 왕이냐?'라는 빌라도의 어리석은 질문에 대답합니다.

"네가 스스로 한 말이냐 아니면 다른 사람들이 나에 대해 너에게 해 준 말이냐?"

저는 이 질문이 예수의 마지막 교훈이라고 생각합니다. 이 질문은 오늘을 사는 이들에게 너무 중요합니다. 사람들은 책에서 멋진 말을 골라서 자기 말인 양 떠들고, 페이스북에서 읽은 지식을 자기 지식인 양 자랑하며, 강연자의 강의와 선배의 멋진 말이 자기 생각인 양 착각하면서 살

---

18 폰티우스 필라투스(Pontius Pilatus | 재임 : 26년~36년) 또는 본티오 빌라도(본디오 빌라도)는 로마제국 유대 속주의 다섯 번째 총독이다.

아갑니다. 스스로 생각하고, 스스로 결정해서, 스스로 평가할 줄 알아야 주도적이고 생산적인 인생을 살 수 있습니다. 하지만 언젠가부터 남이 만들어 둔 시스템에 안주하고, 상사가 시키는 일만 잘하면 된다고 생각하는 데다가, 대중이 추구하는 트렌드를 놓치면 낙오자가 될 것 같은 불안감에 사로잡혀 살고 있습니다. 어쩌면 이후 세대는 점점 더 스스로 생각할 줄 모르는 시대가 될 것 같습니다. 예수는 본디오 빌라도의 질문에 대한 답으로 던진 질문을 통해, 스스로 깊이 생각하고 오래 묵혀 지혜롭게 사용할 줄 아는 삶을 살아야 한다는 교훈을 주고 있습니다.

그런 의미에서 SR은 직장인에게 스스로 생각하고, 스스로 결정하고, 자신이 한 일을 스스로 평가할 줄 아는 사람이 되도록 돕는 시스템입니다.

———✺

내 것을 만드는 일은 늘 만만치 않다

SR 시스템을 개발하고 적용하는 일은 생각보다 어려운 일이었습니다. 특히 직원 개개인이 특정 부서, 특정 직급에서 어떤 업무를 수행해야 하는지 스스로 파악하는 데 꽤 오랜 시간이 걸렸고, 회사는 상당한 인내의 시간을 보내야 했습니다. 2014년 도입한 SR 시스템의 핵심은 직원들 스스로 자신의 업무를 정의하고 평가하도록 하는 것이었습니다. 처음 20개월 동안 매월 제출한 SR 리포트 양식을 계속 수정·보완하면서 시스템을 정착시키는 데 집중했습니다. 2016년부터는 2개월에 한 번씩 SR을 제출하고, 등급을 부여하기 시작했습니다. 제출된 SR 리포트를 부서장이 1차로 평가하고 대표가 최종 등급을 부여하는 방식이었는데 등급을 부여받은 SR은 '우수 SR'이라는 이름으로 전 직원에게 공개되었습니다. 대표는 모든 직원의 SR 보고서를 꼼꼼히 읽고, 개인의 업무를 평가해서, 잘한 일들을 공개 석상에서 격려했습니다.

직원들은 2개월에 한 번씩 공개적으로 자신의 업무를 평가받으면서 어떤 일을 해야 하는지 정확하게 알게 되었고, 성과의 유형을 이해한 후 스스로 자신의 업무 영역을 넓히거나 심화시킬 수 있었습니다. 물론 SR 평가로 인해서 확신과 힘을 얻는 직원이 많았지만, 좌절하고 불합리하다고 생각하는 직원도 많았습니다. 이럴 때 가장 중요한 것은 최고 경영자의 의지입니다. 저는 SR 시스템이 핸즈커피의 것이 될 것이라는 확신이 있었습니다.

───�֍

우수 SR 사례를 공개하는 이유

2016년 3월, 저는 SR 등급 기준과 우수 SR을 공개하는 이유를 직원들에게 이렇게 설명했습니다.

"회사는 이제부터 여러분이 스스로 자신의 업무를 평가한 SR 보고서를 2개월에 한 번씩 구체적으로 평가하여 우수한 성과를 낸 직원을 격려하고, 그 사실을 인사에 반영하여 직원들이 더 열정적으로 일할 수 있게 돕고자 한다. 직원들은 SR 등급 기준을 알고, 회사가 원하는 성과의 유형을 정확하게 이해하게 될 것이다. 회사가 원하는 것을 명료하게, 반복적으로 알려 주면, 직원은 자신의 업무 영역에서 무슨 일을 해야 하며 내가 어디까지 역량을 발휘할 수 있는지 알게 될 것이다. 나는 이 시스템이 직원과 회사 둘 다 성장하는 동력이 될 것이라 확신한다."

직원들은 평가까지는 좋은데 굳이 전체 직원 앞에서 우수 SR을 공개할 필요까지 있는지에 대해 오랫동안 부정적인 반응을 보였습니다. 누구는 기분이 좋고 영광스럽지만, 나머지는 위축되거나 억울하게 느끼는 경우도 많았기 때문입니다. 그러나 저는 우수 SR 사례를 공개하는 이유를 반복적으로 다음과 같이 설명했습니다.

1. 우수한 성과를 낸 직원은 격려받고,
2. 즉각적인 인정과 보상은 또 다른 열정을 불러일으키는 동기가 되고,
3. 회사가 원하는 성과의 유형을 정확하게 이해할 수 있게 되며,
4. 주변 동료는 성과 유형의 동료가 어떻게 생각하고 일하는지 성과의 패턴을 배우게 될 것이다.

SR 시스템을 시작한 지 10년 차에 들어선 2023년 6월 현재, 저는 이러한 생각이 여전히 유효하다는 확신이 듭니다.

——※

SR의 등급 분류

홀수 달 5일까지 제출한 SR 리포트는 1차로 부서장이 평가하는데, 리포트를 읽은 부서장은 미팅 일정을 잡아 리포트에 대한 의견을 주고받습니다. 주로 직원 스스로 성과라고 평가한 일의 사실 여부를 확인하는 과정이죠. SR 시스템을 유지하기 어려운 이유가 이 부분인데, 직원은 자신의 성과를 과대평가하고 부서장은 과소평가하는 경향이 있습니다. 그래서 SR 미팅이 논쟁하는 시간이 되지 않아야 한다는 부서장 평가 지침을 세우고, 미팅이 논쟁으로 번질 경우, 최종 결정을 대표에게 넘기라고 했습니다. 그러나 오래 지나지 않아 부서장 대부분이 자기에게 주어진 권한을 적절하게 사용할 줄 아는 지혜를 터득했고, SR 미팅은 생산성의 주요한 에너지원이 되었습니다.

2차 평가는 대표가 '개인 SR 리포트'와 '부서장 평가서'를 읽고 진행하는 데, 필요한 경우 부서장과 SR 평가 미팅을 요구해서 성과의 내용을 구체적으로 질문하고 등급을 조정하기도 합니다. 그 과정에서 우리는 성과의 등급을 크게 3가지로 나눌 수 있었습니다.

G3는 가장 기초적인 성과 유형으로 주어진 업무를 탁월하게 수행했다고 판단했을 때 주는 등급입니다. G2는 직급을 뛰어넘는 성과와 상당한 업무의 개선이 이루어졌을 때 주는 등급이고, G1은 금전적, 브랜드적 혁혁한 기여 혹은 경영자적 기여로 평가했을 때 주는 등급으로 분류했습니다.

———✖

그래도 이런 건 보완해야 한다

그 후 2개월마다 SR 평가를 반복하면서 스스로 평가하고, 성과에 대한 등급을 부여하는 이 시스템이 장기적인 관점에서 보완이 필요하다는 것을 알게 되었습니다. 2018년 6월에 정리한 SR 시스템의 문제점을 요약하면 다음과 같습니다.

1. SR 등급 기준은 업무 특성상 창의성과 개선의 필요가 많은 분야에서 일하는 직원에게 유리하다.
2. 반면에 단순 반복적이며 집요함을 필요로 하는 고난도 업무는 등급에서 소외되는 경향이 있다.
3. 이런 평가 시스템을 지속하면 대표는 회사가 성장할수록 SR 평가로 인한 업무 부담이 증가할 것이다.
4. 직원이 많아지면 중간 평가자와 대표의 판단 오류로 공정성을 잃을수 있다.

이러한 문제를 해결하기 위해 우리는 중간 관리자와 대표가 등급을 부여하는 방식에서 'SR 보고자 스스로 등급을 부여하는 방식'으로 시스템을 업그레이드했습니다. 업그레이드의 주요 내용은 이런 것이었죠.

1. 각 등급의 정의를 누구나 쉽게 이해할 수 있도록 한다.
2. 각 등급의 세부 유형을 추가하여 업무 특성상 성과 인정에 소외되는 부서가 없도록 한다.
3. 각 유형에 관한 사례집을 만든다.

다행히 2014년부터 2018년까지 4년 동안 2개월마다 우수 SR 사례들을 모았기 때문에, 사례집을 만드는데 필요한 자료가 충분히 있었습니다. 사례집을 직원들에게 배포하자 직원들은 어떻게 일해야 회사가 성과로 인정해 주는지 명료하게 알 수 있게 되었습니다. 성과를 모방하고 창조하는 연쇄 반응이 일어나기 시작한 것이죠.

———✄

스스로 개인 업무도 정의할 수 있게 되었다

SR이 1년 이상 모이면, 개인은 자신의 연간 업무가 어떻게 흐르는지 알게 됩니다. 2017년 12월, 수년간 SR 보고서에 기록한 자신의 업무를 집계하여 업무 분장표를 만들어 보라고 했는데, 어느 회사의 업무 분장표보다 더 탁월하고 실제적인 개인 업무 분장이 되었습니다. 지시한 업무가 아니라 스스로 정의하고 인정받은 과정을 거친 업무 내용이었기 때문이죠. 자신이 하는 일이 무엇인지 더 큰 그림에서 볼 수 있었고, 각 부서는 연간 업무 스토리와 부서별 업무 집계표를 더 정확하게 작성할 수 있게 되었습니다. 지난 수년간의 SR 보고서를 통해 자신이 어떤 일을 했으며 현재 어떤 일을 해야 하는지 정확하게 볼 수 있게 되었습니다.

결과적으로 핸즈커피는, SR 시스템을 개발하기 시작한 2014년 이후 COVID-19 상황 이전인 2019년 말까지, 노동 생산성이 225% 향상되었고 영업 이익률은 4배 이상 개선되었습니다.

여전히 SR 시스템은 보완 중입니다. OKR[19]같은 목표 관리 중심의 시스템이 가진 장점이 SR 시스템에서는 부족하고, 평가 과정에서 개인은 여전히 자신의 업무를 과대평가하는 경향이 있으며, 중간 관리자는 객관적인 중간 평가를 하기가 힘듭니다.

그럼에도 핸즈커피는, 정기적인 자기 업무 평가 시스템이 개인의 업무 역량을 강화시킬 뿐 아니라, 중간 관리자와의 공식적이고 정기적인 SR 미팅을 통해 서로의 기대와 역할에 대해 더 깊이 있게 이해할 수 있다고 확신합니다.

---

19 목표Objective와 핵심 결과Key Results의 약자로, 측정 가능한 팀 목표를 설정하고 추적하는 데 도움이 되는 목표 설정 방법론이다

28 축적, 지속 가능한 사업의 비결입니다

대부분의 자영업자는 축적의 문화를 만들기 힘든 조직 구조입니다. 그래서 단기 성과주의와 벤치마킹을 좋아하는 습관에 빠져있는 경우가 대부분이죠. 끈기는 있는데 축적이 없습니다.

지속 가능한 기업

이번 장에서는 지속 가능한 기업은 무엇에 집중하고 무엇을 미리 준비해야 하는지에 대해 이야기하려고 합니다. 책의 결론이라 할 수 있을 정도로 중요한 이야기입니다.

베인앤드컴퍼니 파트너이자 글로벌 전략 업무를 이끄는 공동리더 크리스 주크Chris Zook와 제임스 앨런James Allen은 『최고의 전략은 무엇인가』[20]에서 '하나의 상품을 성공적으로 만들어 내는 것보다 그 상품이 성공적인

---

[20] 청림출판 | 2013

이유를 아는 시스템과 그것을 체득한 사람이 중요하다'라고 했습니다.

좀 더 자세히 이야기하면, 반복 가능한 위대한 기업이 되기 위해서는 3가지 설계 원칙을 따라야 하는데, 첫째는 차별화된 핵심과 이를 복제하기 위한 활동 체계이고, 둘째는 전략을 구체화하여 일선 조직까지 전사적으로 전달하기 위한 타협할 수 없는 가치, 그리고 셋째는 학습과 적응을 촉진하기 위한 시스템으로 구성된다고 했습니다.

어려운 말이지만 한 줄로 정의하면 이렇습니다.

"반복 가능한 모델은 기업이 달성했던 가장 위대한 성공의 순간들을 포착하여 이를 계속 복제하는 것이다."

크리스 주크는 세계적인 경영 전략 컨설팅 기업인 베인앤드컴퍼니가 시행한 '반복 가능한 기업이 가진 수익성과 성장의 원천은 무엇인가?'에 대한 10년간의 연구 결과를 이렇게 설명하고 있습니다.

"우리는 유망 시장을 선택하는 것보다 전략적 방법론과 목표, 그리고 이를 실행하기 위한 비즈니스 모델이 수익성 있는 성장의 핵심이라는 사실을 발견했다. 또한 전략은 성장 시장을 쫓기 위해 수립된 엄격한 계획의 성격에서 벗어나, 심도 있고 강력한 기업 역량을 토대로 포괄적인 방향을 개발하는 쪽으로 변화하고 있다. 이러한 역량은 기업으로 하여금 끊임없이 학습하고, 개선하고, 테스트하고, 주춤했던 시간을 만회하고자 무작정 돌진하는 것이 아니라 변화하는 시장에 점진적으로 적응할 수 있게 한다. 결국 시장이 아니라 기업이 핵심이다."

이 말도 좀 복잡하지요? 간단하게 풀어서 설명하면, '상품이나 트렌드가 아니라 정확한 전략과 학습, 개선과 도전, 적응의 문화와 습관을 갖춘 조직이 핵심'이라고 말하는 것입니다. 『좋은 기업을 넘어 위대한 기업으로』를 쓴 짐 콜린스Jim Collins 역시 '위대한 기업은 플라이휠 안에서 축적의 과정을 거쳐 돌파에 이르도록 하는 규범과 문화를 가진 기업'이라고 했는데, 같은 이야기입니다.

위대한 기업은 축적의 규범이 있는 조직입니다. 이러한 규범을 저는 '매뉴얼과 시스템 역량'이라고 생각했습니다. 아이디어와 혁신을 상품화하고, 상품화한 이후 경험과 지식을 지속적으로 축적해 가는 조직 내 문화와 시스템, 그리고 시스템을 움직이는 조직원의 사고방식이 위대한 기업을 만드는 원동력으로 보는 것이죠.

국내 경영학계에서 핫 이슈인 서울대 이정동 교수가 쓴 『축적의 시간』, 『축적의 길』에는 '축적'과 '스케일 업'이라는 단어가 자주 등장합니다.

축적

축적은 기업과 개인이 비즈니스 전 영역에서 경험과 지식을 쌓는 것을 의미하는 포괄적인 개념입니다. 축적이 없으면 기업과 개인은 모방 추격,

아이템 성과주의에 빠집니다. 한국 커피 업계만 보더라도 이런 가치를 추구하는 경우를 많이 보는데, 그것은 차별화의 본질을 잘못 이해하는 것이고 너무 위험한 습관입니다. 우리는 예전 선배들이 선진국에 가서 멋진 상품의 샘플을 가져오거나, 자료를 가져와 카피하거나 흉내 내는 방법을 배우고 따라 합니다. 그게 쉽고 빠른 방법이기 때문입니다.

스케일 업

스케일 업은 아이디어나 특허를 시장에 내놓을 수 있는 상품으로 만들기 위해 개념 설계 단계와 벤치bench 연구 단계, 파일럿pilot 단계를 거쳐야 하는데, 그 과정에서 축적한 '지식의 부피'를 말합니다.

아이디어를 상업화하기 위해서는 스케일 업 시간이 꼭 필요합니다. 아이디어를 상품화하기까지 거치는 시행착오 과정에서 얻은 축적된 지식을 쌓아가려면 '버티는 힘'이 꼭 필요한데, 이정동 교수는 버티는 힘이 없으면 선진 기업이 되기가 힘들다고 말합니다.

독일에 바스프라는 회사가 있습니다. 화학 관련 분야 최고 수준의 기업인데, 바스프는 첨단 기술을 스케일 업하는 기술의 일인자입니다. 40년간의 경험으로 누구보다 빨리 스케일 업할 수 있는 기술을 갖추었습니다. 이런 회사가 미래 기업입니다. 다시 이정동 교수의 말을 빌려 정리해 보겠습니다.

"유망 산업은 없다. 유망 기업만 있다. 유망 기업은 스케일 업 역량이 얼마나 축적되었나와 오랜 스케일 업 아이템이 몇 개나 있는가가 중요하다. 구글의 기업 가치가 650조인 이유는 돈을 많이 벌기 때문이 아니라 스케일 업 아이템이 많기 때문이다. 애플, 구글, 테슬라는 스케일 업의 강자들이다. 아이디어보다 스케일 업이 100배 이상 중요하다. 전세계에 열려 있는 게 아이디어다. 그러나 전 세계 열려 있지 않은 것이 스케일 업 역량이다."

<축적의 시간2 : 스케일 업을 감당하는 기업의 비밀> | KBS 스페셜

핸즈커피는 외식, 서비스 산업에서 브랜드를 만드는 일과 필요한 공간을 만드는 일에 스케일 업 역량이 있습니다. 스케일 업을 위해서는 벤치 연구나 파일럿 단계가 필요한데, 이런 활동을 중국에서 하고 있습니다.

핸즈커피는 2008년 중국에 진출하여 막 대학을 졸업한 조선족 청년 4명과 '핸즈커피'를 창업했습니다. 우여곡절이 많았지만, 회사는 금세 성장했고 커피로 그 지역의 대표 브랜드가 되었습니다. 그러나 시장의 규모가 작은 지역이라 매장을 지속적으로 전개할 수가 없었고, 20호점 정도에서 성장이 멈췄습니다. 2014년부터 2015년 사이 2년 동안 새로운 매장 전개가 거의 없었습니다. 결국 두 번째 브랜드 론칭 시기를 원래 계획보다 앞당겨 2015년 8월 '핸즈쿡'이라는 서양식 패밀리 레스토랑을 오픈했습니다. 핸즈쿡을 성공적으로 오픈하고 3년 동안 3개의 매장을 오픈했는데,

다시 그 시장에서 더 이상 매장을 전개할 수 없었습니다. 조선족이 사는 연변이라는 시장의 규모가 너무 작았기 때문입니다.

'또 새로운 브랜드를 준비해야 하는가?'라는 고민에 빠졌을 때 새로운 사실을 하나 깨달았습니다. 핸즈커피가 중국 연변이라는 작은 시장에서 다양한 브랜드를 론칭하고 스케일 업한 다음 한국으로 가져갈 수 있겠다는 생각이었습니다. 연길 중국 사업부는 테스트 베드[21]의 역할을 했던 것입니다. 그 후 2019년 8월, 3번째 브랜드인 베트남 요리 전문점 '신짜오'까지 두 가지 레스토랑 브랜드를 론칭해서 지금까지 운영하고 있는데, 이 브랜드들을 충분히 스케일 업한 후 한국에도 론칭할 계획입니다. 커피는 한국에서 완성해서 중국에 가져갔지만, 다음 브랜드는 중국에서 스케일 업해서 한국으로 가져온다는 전략을 쓰고 있습니다.

빌드 업

빌드 업build up은 기업을 설립할 때 정립한 철학과 가치, 기업 운영에 필요한 시스템, 그리고 스케일 업 이후 시장에 나온 상품이 시장의 변화와 경쟁자의 등장, 기업 전략의 수정 등 다양한 원인으로 개선, 보완하면서 얻은 경험과 지식을 축적하는 것입니다.

---

21 testbed. 새로운 사업을 전개하기 전에 엄격하고 투명하며 재현 가능한 테스트를 수행하기 위한 플랫폼을 말한다.

모든 기업은 기록하고 쌓아야 합니다. 그래야 백 년 동안 경험을 축적한 회사에서 일하는 직원은 100년 차 경력자가 될 수 있습니다. 아무리 뛰어난 석학과 인재라도 축적이 없는 나라와 기업에 오면 1년 차 경력자가 되는데, 축적된 인재나 매뉴얼이 없기 때문입니다.

핸즈커피는 경험을 통해 이러한 축적은 누구나 할 수 있는 일이란 것을 알게 되었습니다. 엘리트가 아니어도 가능합니다. SR 시스템과 업무 스토리북 같은 시스템을 기업 문화로 안착시킬 수만 있다면 어떤 회사도 축적에서 오는 성과를 금세 맛볼 수 있을 것이라 확신합니다.

스케일 업과 빌드 업 같은 축적의 역량을 가치로 전환하면서 효과를 극대화하는 역량을 '컨티뉴continuum 역량'이라고 합니다. 컨티뉴 역량이란 아이디어와 숨은 가치를 상품화하고, 핵심 역량과 핵심 역량을 융합해서, 절대 가치를 반복 생산할 수 있도록 만드는 조직 역량입니다.

쉽게 설명하면 미국은 한국에 비해 아이디어를 사업화하고 핵심 기술들을 연결해서 융합할 수 있도록 정보를 제공하는 국가적 시스템이 잘 갖추어진 나라입니다. 이러한 국가적 시스템을 컨티뉴 역량이라고 합니다. 한국에서는 아이디어만 가지고는 법적 검토, 특허권, 투자 등 한 번도 경험해 본 적 없고 배운 적 없는 일들을 스스로 해결해야 하는 어려움이 있습니다. 국가적 컨티뉴 역량이 없는 것입니다.

그래서 미국은 페이스북, 스페이스 엑스, 테슬라, 구글 같은 혁신 기업이 많고, 지금도 창업자가 계속 나오는 것이죠. 기업 내부에도 이런 조직 역량이 필요합니다. 누군가 좋은 아이디어를 내면 조직 체계에서 아이디어를 공식화해서 투자하고 전문가를 배치할 수 있는 시스템이 필요합니다. 이미 상품화된 아이템 역시 계속 빌드 업해야 누구도 흉내 낼 수 없는 절대 가치에 도달할 수 있습니다. 이러한 시스템과 문화가 아이디어와 창의성을 유발하고 그런 기업은 카피하고 흉내 내는 기업이 절대 따라갈 수 없는 기업 성장의 토양을 가집니다.

이제 축적의 역량과 컨티뉴 역량이 어떻게 사업이라는 연속적인 활동에서 작동하는지 살펴보겠습니다(표21).

모든 기업은 창업의 단계를 거칩니다. 창업 단계에서 기업가는 사업 혁신을 이루어야 하는데, 고객들이 대가를 기꺼이 치르고 구매할 만한 가치를 지닌 상품을 개발해야 한다는 의미입니다. 모든 기업가는 사업 혁신을 통해 창업에 이르는 것이죠. 그 가치가 고객들의 사랑을 받으면 기업은 성장합니다.

도약기를 거쳐 성장기에 이르면 기업 내부에 '엉킴과 지침' 현상이 일어납니다. 그건 운영 혁신 즉, 매뉴얼화와 시스템화를 해야 하는 임계점이 왔다는 증거입니다. 성공적으로 운영 혁신을 이루면 기업은 빌드 업되고 가치는 상승합니다. 지적 재산도 늘고 유동성 역시 개선됩니다. 이때 개선된 유동성을 다른 곳에 허비하면 안 됩니다.

자금을 스케일 업 아이템에 투자해야 합니다. 다시 말씀드리지만, 스케일 업은 상품화 전 단계의 투자입니다. 어쩌면 지루하고 상품화하지 못할 수도 있는 일에 투자하는 것입니다. 그러나 이런 투자와 준비가 없으면

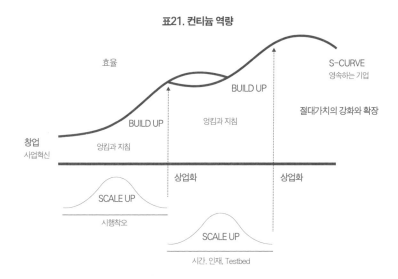

표21. 컨티뉴 역량

기업은 어느 순간 쇠퇴기에 접어들어 서서히 패망의 길을 걷습니다. 그때 무언가 새로운 일을 시작하면 늦습니다. 그래서 지속 가능한 기업은 모두 스케일 업의 강자들입니다.

이렇게 준비된 스케일업 아이템은 적절한 타이밍에 상업화되고, 상업화된 아이템은 기업이 다시 S 커브를 그리며 성장할 수 있는 힘을 부여합니다. 새로운 아이템과 비즈니스 모델이 조직 내부에 들어오면 새로운 환경과 상황에서 직원들은 다시 엉키고 지치게 됩니다. 이때 기업은 다시 운영 혁신을 통해 엉킴과 지침의 문제를 풀고, 문제가 풀리고 질서가 잡히면 기업의 가치는 다시 빌드 업 됩니다. 기업이 성장하면서 얻은 유동성을 다시 새로운 스케일 업 아이템에 투자하면 다음 S 커브를 위해 준비하게 됩니다.

지속 가능한 기업, 영속하는 기업은 이런 과정을 거치면서 계속 S 커브를 그리며 성장하고 상품은 절대 가치의 수준으로 강화됩니다. 이런 상품은 단시간에 흉내 내거나 따라잡을 수 없는 수준이 됩니다.

이렇게 투자하고 기다리며 집요하게 스케일 업하고 빌드 업하는 조직 문화는 어떤 상품보다 더 탁월한 경쟁력이고 역량이 됩니다. 기업가 정신이 없이는 불가능한 일이죠. 이런 일련의 시스템적 조직력을 축적의 역량이라고 하고 이런 축적의 역량을 가진 기업은 결국 강소기업으로 성장해 갈 수 있을 것입니다.

대부분의 자영업자는 축적의 문화를 만들기 힘든 조직 구조입니다. 그래서 단기 성과주의와 벤치마킹[22]을 좋아하는 습관에 빠져있는 경우가 대부분이죠. 끈기는 있는데 축적이 없습니다.

충분히 스케일 업한 상품을 내놓는 끈기의 힘을 가져야 합니다. 창업하고 기업이 성장해서 규모가 커지면 또 새로운 축적을 배워야 합니다. 사업하는 지역을 이해하기 위해서도 축적의 시간이 필요하고 사람을 키우는데도 축적의 시간이 필요합니다. 오래 경영하다 보면 시간이 또 다른 연륜을 만들어 줄 것입니다. 그렇기 때문에 절대 서두르면 안 됩니다.

우리는 결국 아이템 하나를 잘 선택하기보다 아이템을 반복해서 경험

---

22 benchmarking. 측정의 기준이 되는 대상을 설정하고 그 대상과 비교 분석을 통해 장점을 따라 배우는 행위. 경영 분야에서 '벤치마킹'이란 어떤 기업이 다른 기업의 제품이나 조직의 특징을 비교 분석하여 장점을 보고 배우는 경영 전략 기법을 말한다.

하는 과정에 차별화된 상품을 만들어 갈 수 있는 역량을 갖추어야 합니다. 모든 가성비 있는 상품, 탁월한 절대 가치는 하루아침에 이루어지지 않습니다. 스케일 업과 빌드 업이란 축적의 과정을 거쳐야 탄생합니다.

셀프헬프
self·help
시리즈 ㉖

"나다움을 찾아가는 힘" 사람들은 흔히, 지금의 내가 어제의 나와 같은 사람이라고 생각한다. 이것만큼 큰 착각이 또 있을까? 사람은 매 순간 달라진다. 1분이 지나면 1분의 변화가, 1시간이 지나면 1시간의 변화가 쌓이는 게 사람이다. 보고 듣고 냄새 맡고 말하고 만지고 느끼면서 사람의 몸과 마음은 수시로 변한다. 그러니까 오늘의 나는 어제의 나와는 전혀 다른 사람이다. 셀프헬프self·help 시리즈를 통해 매 순간 새로워지는 나 자신을 발견하길 바란다.

핸즈커피 이야기

초판 1쇄 발행 2024년 5월 30일	지은이	진경도
	펴낸이	김태영

씽크스마트

경기도 고양시 덕양구 청초로 66
덕은리버워크 지식산업센터 B동 1403호

전화	02-323-5609
홈페이지	www.tsbook.co.kr
블로그	blog.naver.com/ts0651
페이스북	@official.thinksmart
인스타그램	@thinksmart.official
이메일	thinksmart@kakao.com

씽크스마트 더 큰 세상으로 통하는 길   '더 큰 생각으로 통하는 길' 위에서 삶의 지혜를 모아 '인문교양, 자기계발, 자녀교육, 어린이 교양·학습, 정치사회, 취미생활' 등 다양한 분야의 도서를 출간합니다. 바람직한 교육관을 세우고 나다움의 힘을 기르며, 세상에서 소외된 부분을 바라봅니다. 첫 원고부터 책의 완성까지 늘 시대를 읽는 기획으로 책을 만들어, 넓고 깊은 생각으로 세상을 살아갈 수 있는 힘을 드리고자 합니다.

도서출판 큐 더 쓸모 있는 책을 만나다   도서출판 큐는 울퉁불퉁한 현실에서 만나는 다양한 질문과 고민에 답하고자 만든 실용교양 임프린트입니다. 새로운 작가와 독자를 개척하며, 변화하는 세상 속에서 책의 쓸모를 키워갑니다. 흥겹게 춤추듯 시대의 변화에 맞는 '더 쓸모 있는 책'을 만들겠습니다.

ISBN 978-89-6529-406-1 03320   ⓒ 2024   진경도